KB215977

시대에 따른 진리

TRUTH ACCORDING TO THE AGES

시대에 따른 진리

김경환 목사 지음

BBCI

"네가 진리의 말씀을 올바로 나누어 자신이 하나님 앞에
부끄럽지 않은 일꾼으로 인정받도록 공부하라."

(디모데후서 2:15)

하나님께서는 세상을 창조하시고 인류를 위해 그분의 진리를 글로써 남겨주셨다. 인류 역사를 통해 매 시대마다 당대의 사람들에게 그분의 계획을 점진적으로 계시하셔서서 그에 따라 생활하도록 하셨다. 현시대를 살고 있는 우리들은 그 모든 시대에 주셨던 말씀들이 한 권의 성경책으로 엮어져 있기에 쉽게 하나님의 진리의 말씀 전체를 공부할 수 있다. 그러나 많은 사람들이 이 한 권에 있는 말씀들이 각 시대에 살았던 당대의 사람들에게 주어진 지침들이었다는 점을 간과하기 때문에 성경을 공부해도 완전한 진리를 찾지 못하고 구원론조차 바르게 정립하지 못함으로써 구원을 받지 못하고 있다.

이 책은 2010년에 14주에 걸쳐서 했던 동 제목의 설교 시리즈(유튜브 채널 Real Bible 1611)를 편집하여 책으로 엮은 것으로, 하나님께서 인류에게 주신 계명과 인류를 다루신 방법이 시대마다 어떻게 바뀌었는지를 설명한다. 성경을 올바로 나누어 하나님 앞에 부끄럽지 않은 일꾼으로 인정받도록 공부하라는 디모데후서 2장 15절의 대주제 하에서 발간된 이 책이 독자들에게 성경적 진리에 눈 뜨는 귀한 계기를 가져다주기를 간절히 기도한다.

김경환 목사
2024년 5월

목 차

시대에 따른 성령의 역사　　　　　　　10

시대에 따른 하나님과 인간의 관계　　　30

시대에 따른 표적의 은사　　　　　　　54

시대에 따른 구원 방법　　　　　　　　71

시대에 따른 부의 개념　　　　　　　　94

시대에 따른 하나님의 성전　　　　　　113

시대에 따른 하나님의 명절들　　　　　128

시대에 따른 사탄의 사역　　　　　　　144

시대에 따른 예수님의 사역　　　　　　164

시대에 따른 이스라엘의 변천사　　　　186

시대에 따른 이방인의 변천사　　　　　205

시대에 따른 교회의 변천사　　　　　　227

시대에 따른 왕국의 변천사　　　　　　249

시대를 나누지 못해 생긴 이단 교리들　268

하나님의 구원 계획　　　　　　　　　291

* 본 저서에 인용된 구절은 〈한글킹제임스성경〉입니다.

시대에 따른 : 성령의 역사

하나님과 인간의 관계

표적의 은사

구원 방법

시대에 따른
성령의 역사

『너희가 나를 사랑하면 나의 계명들을 지키라. 또 내가 아버지께 기도하겠고, 그분께서 또 다른 위로자를 너희에게 주시리니 그가 너희와 함께 영원히 거하시리라. 진리의 영인 그를 세상은 영접할 수 없으니 이는 세상이 그를 보지도 못하며 또한 알지 못하기 때문이라. 그러나 너희는 그를 아나니 이는 그가 너희와 함께 거하시며 또 너희 안에 계실 것임이라』(요 14:15-17).

성령에 대해 성경적으로 바르게 아는 것은 매우 중요하다. 성령의 역사를 올바로 알지 못하면 구원론마저 흔들리고, 말씀이 아닌 느낌과 체험으로 구원의 확신을 가지려 함으로써 혼란에 빠지기 때문이다. 성령님에 대해 가장 먼저 알아야 할 것은, 성령님은 하나님이시라는 것이다. 이를 믿지 않는 대표적인 예는 삼위일체의 하나님을 믿지 않는 여호와의 증인들인데, 그들은 성령님을 하나님의 능력 또는 영향력 정도로만 생각한다.

성경을 통해 성령 하나님의 속성에 대해 알아보자. 먼저, 성령님은 영원하시다. 『하물며 영원하신 성령을 통하여 흠 없는 자신을 하나님께 드린 그리스도의 피가 어찌 죽은 행실에서 너희 양심을 정결케 하여 살아 계신 하나님을 섬기게 하지 못하겠느냐?』(히 9:14) 영원하신 분은 하나님 한 분 외에는 없다. 성경은 성령님이 영원하신 하나님이라고 증거한다.

또한 성령님은 하나님과 마찬가지로 무소부재하시다. 『내가 주의 영으로부터 벗어나 어디로 가며 주의 면전에서 벗어나 어디로 피하리이까? 내가 하늘로 올라갈지라도 주께서는 거기 계시며 내가 지옥에 잠자리를 마련한다 하여도, 보소서, 주께서는 거기 계시나이다』(시 139:7,8). 인간은 장소와 시간의 제약을 받지만 성령 하나님께서는 어느 곳에나 계신다.

성령 하나님은 전능하시다. 『그는 그의 영으로 하늘들을 단장하셨고 그의 손이 꼬부라진 뱀을 지으셨도다』(욥 26:13). 이 구절은 우주 성단이나 모든 만물들을 성령께서 창조하셨다고 말씀한다.

성령 하나님께서는 모든 것을 다 아시는 전지하신 분이며 하나님의 깊은 것들까지도 통찰하신다. 『그러나 하나님께서 이것들을 우리에게 그의 영으로 나타내셨으니 이는 성령께서는 모든 것, 심지어 하나님의 깊은 것들까지도 통찰하시기 때문이라. 사람의 일을 그 사람 안에 있는 사람의 영이 아니면 누가 알리요? 이와 같이 하나님의 일도 하나님의 영이 아니면 아무도 모르느니라』(고전 2:10,11).

성령님은 진리이시다. 『이분은 물과 피로 오신 분, 곧 예수 그리스도시라. 물로만이 아니라 물과 피로니라. 증거하시는 이는 성령이시니, 성령은 진리이시기 때문이라』(요일 5:6). 성령께서는 하나님만이 하실 수 있는 사역을 하신다. 아버지 하나님, 아들 하나님, 성령 하나님, 세 분의 인격체가 한 분의 여호와 하나님이신 것이다.

교회에 다니는 사람치고 삼위일체 하나님을 모르는 사람은 없을 것이다. 그런데 문제는 성령의 사역과 역사에 대해서 잘 모르기에 성령으로 가장한 미혹의 영에 속는다는 점이다. 오늘날 많은 목사들이 성령의 역사라고 생각하고 하는 많은 일들이 실제로는 악령의 역사이다. 자신은 성령으로 충만해서 사역을 한다고 하지만 알고 보니 악령에 충만한 사역이었다면, 이 얼마나 심각한 일인가.

성경을 바르게 알지 못하면 속을 수밖에 없다. 기만하는 자요, 모방의 천재인 사탄은 성령님이 하시는 일을 모방하여 사람들을 멸망으로 이끈다. 많은 사람들로 하여금 마지막 때에 미혹의 영이 하는 일을 성령의 역사로 착각하고 종국에는 구원의 확신조차 갖지 못하게 하는 것이 바로 사탄이 이루고자 하는 일이다. 사람들이 사탄에게 속는 이유는 보이지 않는 성령님을 느끼려 하고 무언가를 체험하려 하기 때문이다. 그러다가 정작 느끼고 체험하는 것이 성령 하나님이 아니라 마귀의 영인 것을 모르고 속는 것이다.

꿈이나 환상을 보았다는 사람들, 예언의 은사나 신유의 은사가 있다는 사람들, 귀신을 쫓아낸다는 사람들('귀신' 역시 바른 성경에는 마귀로 되어 있지만 개역한글판성경 등 변개된 성경에는 마귀가 '귀신'으로 변개되어 있다.)은 자신들이 마치 성령의 역사로 그렇게 한다고 착각하지만 성경적으로 보았을 때 그들이 하는 것은 예수 그리스도께서 행하신 표적과 기적, 사도들이 행한 권능과 표적과는 아무 상관도 없다. 그런데도 많은 사람들이 그것이 성령의 역사인 줄 알고 쫓아가고 있는 것이 오늘날 교회들의 현실이다.

우리는 성령님께서 시대별로 어떻게 다르게 역사하셨는지를 알아야 하는데, 지면상 전체적으로 다룰 수는 없고 요약하여 구약, 신약, 대환란으로 나누어 살펴보기로 한다.

구약 시대 – 성령이 떠나실 수 있었음

『파라오가 그의 신하들에게 말하기를 "우리가 이 사람과 같이 하나님의 영이 그 안에 있는 사람을 발견할 수 있으리요?" 하며, 파라오가 요셉에게 말하기를 "하나님께서 이 모든 것을 네게 보여 주셨으니, 너와 같이 신중하고 현명한 사람이 없도다』(창 41:38,39). 이 구절에서 요셉은 파라오 앞에서 성령의 힘, 곧 하나님의 영의 힘으로 꿈을 해석했다. 그가 그렇게 할 수 있었던 것은 그 안에 하나님의 영, 성령께서 계셨기 때문이다.

『주께서 모세에게 일러 말씀하시기를 "보라, 내가 유다 지파 훌의 손자요, 우리의 아들인 브살르엘을 지명하여 불렀노라. 내가 그를 하나님의 영으로 충만케 하여 지혜와 명철과 지식과 여러 가지 기술로써 정교한 기술을 고안하여 금과 은과 놋으로 만들게 하며 또 보석을 깎아 물리며 나무를 새겨서 온갖 기술로써 일하게 하였노라』(출 31:1-5).

이스라엘 민족이 출애굽한 후에 하나님께서는 이스라엘 민족에게 성막과 그 안의 기구들을 만들도록 명하셨다. 이때 주님께서는 기술자로 뽑힌 자를 하나님의 영으로 충만케 하셨다는 위의 말씀에서 우리들은 구약 시대에도 성령님이 사람 안에 계셨고 또 그 사람을 충만케 하시기도 했다는 것을 알 수 있다.

『여인이 한 아들을 낳고 그의 이름을 삼손이라 하니라. 아이가 자라니 주께서 그에게 복을 주시니라. 주의 영이 소라와 에스타올 사이에 있는 단 진영에서 때때로 그를 감동시키기 시작하더라』(판 13:24,25). 주님께서는 재판관 시대에 삼손이라는 재판관을 하나님의 영으로 감동시키셨다.

『그때에 삼손과 그의 아비와 어미가 팀나로 내려가서 팀나의 포도원에 이르렀는데, 보라, 젊은 사자 한 마리가 그를 향하여 으르렁거리더라. 주의 영이 그에게 강하게 임하니 그의 손에 아무것도 가지지 아니하였으나 그가 그 사자를 새끼 염소 찢듯이 찢고 그가 행한 일을 그의 아비나 어미에게 말하지 아니하였더라』(판 14:5,6).

주의 영이 삼손에게 강하게 임하였다고 말씀하신 데서 구약 때에 하나님께서 주님을 섬기는 사람들을 선택하시고 그들에게 성령이 임하게 하시는 것을 볼 수 있다. 이 구절에서 보듯 하나님께서 원하시는 대로 당대의 사역을 위해서 주의 영을 임하게 하시어, 6절과 같이 사자와 염소를 찢는 일이 나타났고, 19절에서는 다시 주의 영이 삼손에게 임하여 삼십 명을 죽이는 일이 일어났다. 이처럼 당시에 주의 영이 임하는 장면은 신약 교회 시대, 즉 은혜 시대인 오늘날과는 다른 것을 알 수 있다.

『그가 레히에 오니 필리스티아인들이 그를 치려고 소리치자 주의 영이 그에게 강하게 임하여 그의 팔에 있는 밧줄이 불에 탄 아마같이 되어 그 묶은 것이 손에서 벗겨지더라. 삼손이 나귀의 새 턱뼈를 보고 손을 내밀어 그것을 취하여 그것으로 일천 명을 죽이고』(판 15:14,15). 하나님께서 삼손에게 주의 영이 임하게 하셔서 원수들과 싸워 엄청난 승리를 거두게 해 주신다. 그러나 나실인인 그가 머리를 깎지 말아야 하는데도 불구하고 머리를 깎자 주의 영은 삼손에게서 떠나셨다. 『그녀가 말하기를 "삼손이여, 필리스티아인들이 당신에게 닥쳤도다." 하니 그가 잠에서 깨어나 말하기를 "내가 이전처럼 나가서 몸을 흔들어 버리리라." 하더라. 그는 주께서 자기에게서 떠나신 줄을 알지 못하더라』(판 16:20). 그리고 30절에서는 성령께서 다시 삼손에게 임하시어 거대한 필리스티아인의 신전 기둥들을 무너뜨리게 하신다. 이렇듯 성령께서는 구약 시대에 임의적으로 어떤 사람에게 임하기도 하시고 떠나기도 하신다는 것을 알 수 있다.

사울의 예에서도 성령의 임하심과 떠나심을 모두 볼 수 있다. 당시 하나님께서는 사울을 왕위에서 폐하시고 다윗을 왕으로 세우려 하시던 전환기였다. 『그러자 사무엘이 기름 뿔을 가지고 그의 형제들 가운데서 그에게 기름을 부으니 주의 영이 그 날로부터 다윗에게 임하시더라. 그리하여 사무엘이 일어나서 라마로 가니라. 주의 영이 사울에게서 떠나고 주로부터 온 악령이 그를 괴롭히더라』(삼상 16:13,14).

이것은 신약 시대에 예수 그리스도를 믿는 즉시 성령께서 그 사람 안에 들어가셔서 인치시고 영원토록 함께 거하시는 것과는 다르다(고후 1:22). 목사들이 이러한 신약과 구약의 차이점을 제대로 알지 못하면 결국 구약의 이런 구절들을 들어서 '죄를 지으면 성령이 떠난다', '구원을 받았어도 죄를 지으면 구원을 잃어버린다'고 가르치게 된다. 위의 구절들을 제대로 해석하지 못하기 때문에 한번 받은 구원은 영원하다는 '구원의 영원한 보장'을 오히려 이단 교리라고 비난하는 것이다.

방언을 해야 성령 받은 것이라고 믿는 은사주의자들은 또 어떤가. 그들은 이상한 뱀 소리, 동물 소리를 내며 방언을 하는 것이 성령 세례를 받은 것이라고 하는데 (사실 성경의 '방언'은 언어이지 이상한 소리가 아니다. 행 2:8 참조) 방언을 하다가 어느 날 더 이상 방언이 안 나오면 성령이 떠났다고 생각하며 죽으면 지옥에 가는 줄 알고 괴로워한다. 믿음 생활을 그런 식으로 하다가는 결국 정신 이상이 오게 된다.

구약 때 성령께서 떠나시는 또 하나의 예는 다윗의 기도에서 볼 수 있다. 『우슬초로 나를 정결케 하소서. 내가 깨끗게 되리이다. 나를 씻기소서. 내가 눈보다 더 희게 되리이다. 나로 기쁨과 즐거움을 듣게 하소서. 주께서

꺾으신 뼈들이 즐거워하리이다. 나의 죄들로부터 주의 얼굴을 가리소서. 나의 모든 죄악들을 지워 버리소서. 오 하나님이여, 내 안에 깨끗한 마음을 창조하시고 내 안에 바른 영을 새롭게 하소서. 주의 면전에서 나를 내어쫓지 마시고 주의 거룩한 영을 내게서 거두어 가지 마소서』(시 51:7-11).

다윗이 죄를 짓고 나서 회개하는 장면인 위 구절에서 그의 기도는 오늘날 우리들이 기도하는 것과 완전히 다르다. 오늘날 구원받은 우리들은 죄를 회개할 때 성령님이 떠나시지 않도록 구하는 것이 아니라 죄를 자백한다. 성령님은 구원받은 사람 안에 오셔서 영원토록 같이 거하신다는 것이 주님의 약속이기 때문이다. 그러나 다윗은 구약 체제하에 있기 때문에 성령님이 임하셨다가도 다시 떠날 수 있었다. 교회 시대를 살고 있는 우리는 구약 시대에 비하여 얼마나 큰 축복을 가졌는가. 성령으로 인침을 받은 우리는 죄를 지을 때마다 성령님이 떠나실까 봐 염려하지 않아도 되는 것이다.

『주의 구원의 기쁨을 내게 회복시키시고 주의 자원하는 영으로 나를 붙드소서. 그리하면 내가 범법자들에게 주의 길을 가르치리니 죄인들이 주께로 돌아오리이다. 오 하나님이여, 피흘린 죄에서 나를 구해 주소서. 주는 나의 구원의 하나님이시니이다. 내 혀가 주의 의를 소리 높여 노래하리이다』(시 51:12-14).

또 다니엘의 예를 보면, 바빌론 왕국에 있던 다니엘이 느부캇넷살왕의 꿈을 해석하는 구절에서 성령 하나님께서 다니엘에게 역사하셔서 꿈을 해석하게 하신 것을 볼 수 있다(단 5:11,12). 이처럼 구약 시대에 하나님의 영은 누군가에게 임하시고 그를 감동시키시어 하나님의 일을 하게 하시지만 그가 죄를 지으면 떠나기도 하셨다.

신약 시대의 시작

먼저 신약 시대의 시작점을 이해하는 것이 중요하다. 예수님께서 지상에 오셔서 사역을 하신 당시에도 경륜에 있어서는 분명한 구약 시대였다. 오직 믿음으로만 구원을 받는 신약 시대는 십자가 사건 이후에 열린 것이다. 십자가 이전에 주님께서 제자들에게 하신 말씀인 본문 요한복음 14장 16,17절을 보면 주님께서 위로자 성령님을 보내주시겠다고 약속하고 계시다. 『또 내가 아버지께 기도하겠고, 그분께서 또 다른 위로자를 너희에게 주시리니 그가 너희와 함께 영원히 거하시리라. 진리의 영인 그를 세상은 영접할 수 없으니 이는 세상이 그를 보지도 못하며 또한 알지 못하기 때문이라. 그러나 너희는 그를 아나니 이는 그가 너희와 함께 거하시며 또 너희 안에 계실 것임이라.』

한편 요한복음 20장에서는 주님께서 십자가에 달리시기 전에 제자들에게 일시적으로 성령을 주시는 장면이 나온다. 『그때 예수께서 그들에게 다시 말씀하시기를 "너희에게 평강이 있으라. 나의 아버지께서 나를 보내신 것같이 나도 너희를 보내노라." 하시고, 이 말씀을 하신 후 그들에게 숨을 내쉬며 말씀하시기를 "성령을 받으라"』(요 20:21,22). 십자가 이전 주님은 일시적으로 제자들에게 성령을 주셨지만, 요한복음 14장에서는 영원히 거하시는 성령을 보내주시겠다고 약속하셨다.

그 약속대로 영원히 거하시는 성령님을 주신 것은 예수님이 승천하신 후 제자들이 모여 있던 사도행전 2장에서이다. 당시 제자들은 오직 믿음으로만 구원받는 은혜 복음에 대해서 잘 알지 못했다. 그같은 상황 속에서 이제 구약 시대를 뒤로 하고 구원 교리가 완전히 달라진 신약 시대가 열리는 '전환기'를 다룬 책이 바로 사도행전이며, 사도들이 각 장에서 가르친 내용을 따라가면 주님께서 사도들에게 오직 믿음만으로 받는 구원의 교리를 어떻게 점진적으로 계시해 주셨는지를 알 수 있다.

사도행전 – 구약에서 신약으로의 전환기

먼저, 제자들이 모여 있던 오순절에 성령께서 그들에게 임하시는 장면을 사도행전 2장에서 볼 수 있다. 『그후 오순절 날이 되자 그들이 다 하나가 되어 한 장소에 모였는데 갑자기 하늘에서 거친 강풍 같은 소리가 나더니 그들이 앉아 있는 온 집안을 가득 채우더라. 거기에 불 같은 모양으로 갈라진 혀들이 나타나 그들 각 사람 위에 머물더니 그들 모두가 성령으로 충만하여 성령께서 그들에게 발설하게 하신 대로 다른 방언들로 말하기 시작하더라. … 그런데 어떻게 해서 우리 각 사람이 우리가 태어난 곳의 고유 언어로 말하는 것을 듣게 된단 말인가?』(행 2:1-8)

주님께서 승천하시면서 약속하신 위로자 성령님이 임하신 것을 유대인들이 (복음이 이방인들에게 전파되기 전) 알 수 있으려면 표적이 있어야 했다. 유대인들은 표적을 구하는 민족이기 때문이다(고전 1:22). 성령님께서 임하는 장면을 이스라엘 민족이 보고 성령이 오셨음을 알 수 있게 한 표적은 바로 방언이며, 이 방언은 위 구절에서 알 수 있듯이 그 나라 고유의 언어, 즉 외국어다. (오늘날 많은 교회들이 '방언'이라고 하면서 이상한 소리를 내는 것은 성경의 방언이 아니라 미혹의 영이 주는 것이다. 요일 4:6 참조). 우리가 살고 있는 현재 교회 시대는 유대인들을 위한 '표적'이 필요한 시대가 아니다. 우리의 믿음은 표적을 봄으로써 생기는 것이 아니라 하나님의 말씀을 듣고 그 말씀을 믿음으로 나오는 것이다. 『믿음은 들음에서 나오며 들음은 하나님의 말씀에 의해서니라』(롬 10:17).

만약 어떤 이상한 체험으로 믿음을 갖게 되었다고 하면 그는 마귀에게 속은 것이다. 누군가는 "그런 체험을 한 뒤 제가 변했고 술, 담배도 끊었는데요?"라고 할지 모르나, 문제는 그 체험을 믿으면서 하나님을 믿는다고 착각한다는 데 있다. 우리가 거듭나는 것은 썩어질 씨로 되는 것이 아니라 썩지 아니할 씨로 된 것이니 살아 있고 영원히 거하는 하나님의 말씀(벧전 1:23)으로 되는 것이다. 성령으로 거듭나려면 복음을 믿고 거듭나는 것이지 어떤 체험을 한다고 해서 거듭나는 것이 아니다.

체험으로 믿는 믿음은 거짓된 믿음이다. 체험으로 '하나님을 만났다'고 하는 대부분의 사람들이 구원받지 못한 채 지옥으로 향하고 있다. 체험이 왔기 때문에 하나님을 믿은 사람은 체험이 없었다면 하나님을 믿지 않았을 것이기 때문이다. 그의 믿음의 기초는 말씀이 아니라 미혹의 영에 의한 거짓 체험이다. "저는 체험을 하고 그 뒤에 말씀을 믿었는데요"라고 하더라도, 말씀에 기록된 복음을 믿고 성령께서 그의 안에 오셔서 새로운 피조물로 만들어주신 적이 없다. 그가 믿은 것은 자신의 체험을 믿은 것이고 하나님 말씀은 그저 체험이 있었기에 믿는다고 하는 것이다.

말씀에 근거한 믿음을 갖는 것과 체험 때문에 믿는 것의 차이를 모르고 혼동하는 사람들이 많다. 은사주의에 빠졌던 사람들은 자신의 체험이 마귀가 준 것임을 깨닫고, 지금까지 자신이 마귀를 섬기고 있었던 것을 회개하고 어린 아이처럼 하나님의 말씀이 제시하는 복음을 믿을 때 거듭날 수 있다. 이를 절대로 혼동하지 말아야 한다.

『죄들을 사함받은 것으로 인하여(for the remission of sins)』(행 2:38).

이 구절은 많은 문제가 되는 구절이다. 분명히 알아야 할 것은 사도행전 2장 당시는 전환기였고, 베드로는 이스라엘 백성을 대상으로 설교하고 있었다는 점이다. 그때 성령이 임하심으로써 그가 섬긴 분이 그리스도이신 것을 알게 해 주셨다. 또한 이스라엘은 자신들이 죽인 메시아를 믿으려면 어떻게 해야 하는지를 묻고 있는 것이다. 이 질문은 이방인인 우리들이 물을 질문이 아닌 것이다.

오늘날 우리는 "주 예수 그리스도를 믿으라. 그리하면 너와 네 집안이 구원을 받으리라."고 설교한다. 그러나 베드로는 "회개하라. 그리고 죄들을 사함받은 것으로 인하여 침례를 받으라."고 했다. 우리와 분명히 다른 것이다. 하나님께서는 구약 체제 하에서 동물의 피로써 일시적으로 이스라엘의 죄를 사해 주셨다. "예수 그리스도의 이름으로 침례를 받으라."고 하는 것은 그들이 메시아이신 예수 그리스도를 죽였기 때문이다. 오늘날의 우리처럼 '아버지와 아들과 성령의 이름으로' 받는 것이 아니다(마 28:19).

성경적으로 믿는 침례교회를 제외하고는 장로교, 감리교, 카톨릭 교회 등 모든 교단이 이 구절을 구원론으로 가르친다. 이 구절대로 해야 구원받고 성령을 받는다고 가르친다. 목사들이 개별적으로 그렇게 가르치는지와 관계없이 교단 교리서에 그렇게 적혀 있다. 그렇기 때문에 세례를 엄청나게 중요시한다(성경적으로 침례가 옳다는 내용은 차치하고서라도). 교직원을 채용할 때에도 '세례 교인'이라는 조건을 중요하게 내건다. 이 구절에 근거해서 세례를 받아야 성령을 받는다고 믿기 때문이다. 그러나 이 구절은 메시아를 죽인 이스라엘 백성이 성령을 받으려면 어떻게 해야 하는지를 설명하고 있다. 오늘날 우리에게 적용되는 구원 교리를 정립하는 것은 바울 서신서인데, 바울 서신에서 말하는 성령을 선물로 받는 방법은 그와 전혀 다르다.

유대인들을 위해 주어졌던 방언

사도행전에 성령이 가시적으로 임하는 장면이 네 번 나오는데, 각각 다른 부류의 사람들에게 최초로 성령을 주시는 모습을 보여주고 있다. 이는 오늘날 개개인이 구원을 받는 모습과는 완전히 다르다. 처음에 예루살렘에서 이스라엘 백성에게, 그 뒤 사마리아인들에게, 코넬료(이방인)에게, 침례 요한의 제자들에게이다. 그 다음부터는 성령을 받을 때에 가시적인 징표가 나타나지 않는다. 이것을 올바로 알지 못하기 때문에 방언을 해야 성령을 받은 것이라고 가르치는 자들이 나오는 것이다.

『그러나 사람들은 빌립이 하나님의 나라와 예수 그리스도의 이름에 관한 일들을 전파하는 것을 믿었을 때 남녀가 모두 침례를 받으니라』(행 8:12). 기억할 것은, 예루살렘에서 이스라엘 백성에게는 성령을 받기 위해서 침례를 받아야 한다고 말했다는 점이다(행 2:38). 그런데 여기서는 성령과 상관없이 침례를 받으라고 한다. 이러한 차이점이 있다는 것을 분명히 인지해야 한다. 사마리아인들은 이스라엘과는 다른 혼혈 민족이다. 『예루살렘에 있던 사도들이 사마리아가 하나님의 말씀을 받았다는 말을 듣고 그들이 베드로와 요한을 그 사람들에게 보내니라』(행 8:14). 성령의 역사는 예루살렘에서부터 시작되는 것이기 때문에 사마리아인들에게는 '사도들의 권위'가 필요했다. 『그들이 내려가서 사마리아인들이 성령을 받도록 기도하니 (이는 성령께서 아직 그들 가운데 아무에게도 내리신 적이 없고 다만 주 예수의 이름으로 침례만 받았음이라.) 그때 두 사도가 그들에게 안수하니 그들이 성령을 받으니라』(행 8:15-17). 역시 우리와 다르다는 것을 알 수 있다. 사도행전 2장에서는 안수하고 성령받은 일이 없었으나 여기서는 그 대상이 사마리아인들이기 때문에 사도들에게 안수받는 것이 필요했다. 이 구절을 가지고 자신에게 안수를 받아야 성령을 받는다고 가르치는 거짓 목사들도 있다.

전환기 때의 성령의 역사는 여러 가지 방법으로 다양하게 나타났던 것인데 목사들이 성경을 모르면서 사람들에게 잘못된 교리를 가르쳐 지옥으로 향하게 만드는 것이다. 전환기 때에 하나님께서 그때그때 달리 역사를 하셨다는 사실을 알지 못하고 이런 구절 하나를 들어서 구원의 교리로 가르치는 것은 사람들을 지옥으로 보내는 것이다.

정리하면 사도행전에서는 예루살렘에서 시작해서 사마리아, 그리고 이방인의 순서로 복음이 전파된다. 예수님께서 제자들에게 복음을 맡기시면서 전파하라고 하신 순서도 그와 동일하다. 성령의 역사도 그 순서를 따라가는 것이다. 『그러나 성령께서 너희에게 임하시면 너희가 능력을 받으리니 그러면 예루살렘과 온 유대와 사마리아와 땅 끝까지 이르러 내게 증인이 되리라』(행 1:8).

『그리하여 주께서 우리에게 명령하사 사람들에게 전파하게 하시고, 또 하나님께서 산 자와 죽은 자의 심판자로 지정하신 분이 바로 그분임을 증거하게 하셨느니라』(행 10:42). 베드로는 사도행전 10장에서 처음에는 이방인인 코넬료에게 가고 싶어하지 않았다. 그러나 하나님께서는 베드로에게 더러운 짐승을 잡아먹으라는 환상을 보여 주시는데, 환상 가운데 이를 세 번 거부한 베드로는 자신을 찾아온 이방인들을 보고서야 주님께서 이방인들에게 복음을 전하라고 하신다는 것을 깨닫는다. 그렇다면 사도행전 10장에서 그러한 일을 겪기 전까지 베드로는 주님의 말씀을 이방인에게 전해야 한다는 것조차 알지 못했음이 분명하다. 그런데 어떻게 사도행전을 가지고 오늘날 구원의 복음을 전할 수 있겠는가.

『그분에 대하여 모든 선지자도 증거하기를 "누구든지 그를 믿는 자는 그의 이름으로 말미암아 죄들의 사함을 받으리라."고 하였느니라』(행 10:43). 이 구절은 사도행전 2장의 메시지와 다르다. 이러한 차이점들을 정확하게 볼 수 있어야 한다.

『베드로가 아직 이런 말을 하고 있을 때 성령께서 그 말씀을 듣는 모든 사람에게 임하시더라』(행 10:44). 사도행전 2장에서는 '침례를 받아야' 성령 받는다고 했는데, 여기에서는 성령이 임하시도록 침례를 받은 사람이 없고 오히려 믿고 성령을 받은 뒤인 48절에서 침례를 받는다. 또 8장에서는 사도들에게 안수를 받아야 성령을 받았는데, 여기서는 그냥 말씀을 듣고 있는데 성령을 받는다. 따라서 성령 받기 위해 어느 목사에게 가서 안수를 받을 필요가 없는 것이다. 괜히 은사주의 교회에 가서 목사에게 안수를 받았다가는 실제로 악령이 들어가게 된다.

『그러므로 베드로와 함께 온 모든 할례받은 믿는 자들이 성령의 선물을 이방인들에게도 부어 주심을 보고 놀라니 이는 그들이 방언으로 말하며』(행 10:45,46). 믿는 자들에게 성령이 임했다는 것을 어떻게 알게 되었는가. 유대인들이 믿기 위해 필요한 것은 표적이었다. 그래서 그들이 보고 믿을 수 있도록 46절에 방언을 주신다. 『이 사람들이 우리와 마찬가지로 성령을 받았으니 어느 누가 물로 침례받는 것을 금하리요?" 하며 주의 이름으로 침례를 받으라고 그들에게 명하더라』(행 10:47,48). 예수의 이름으로 침례를 베푸는 것이 아니라 주의 이름으로 베푸는 모습에서 달라진 점을 볼 수 있다. 또 여기서는 성령을 먼저 받은 뒤에 침례를 받는다. 점점 더 '정립된' 이방인들의 교리 쪽으로 전개되는 것이다. 오늘날 교회 시대에 우리는 예수님을 구주로 믿을 때 성령을 받고, 그 뒤 구원받은 간증으로서 물 침례에 순종한다.

많은 목사들이 성령을 받으려면 침례를 받아야 한다거나 안수받아야 한다고 가르치는 것은 모두 거짓이다. 가시적인 성령의 강림은 집단을 대상으로 해서 한 번씩 이루어졌고, 그 후에는 개인적으로 믿을 때 성령께서 그 사람 안에 들어오시는 것이다. 이 교리는 바울 서신에 기록되어 있다.

『아볼로가 고린도에 있을 때 바울이 북부지방을 경유하여 에베소로 와서 어떤 제자들을 만나 그들에게 말하기를 "너희가 믿은 후에 성령을 받았느냐?"라고 하니 그들이 말하기를 "우리는 성령이 있다는 것조차 듣지 못했나이다."라고 하니라』(행 19:1,2). 침례인 요한의 제자들은 성령이 있다는 것조차 듣지 못했다. 따라서 그들이 믿었던 것이 오늘날 우리가 믿는 은혜 복음과는 결코 같을 수 없다. 성령의 역사와 복음의 역사는 이런 식으로 전환기를 거쳐서 전개된 것이다.

『그러면 무슨 침례를 받았느냐?"라고 하니 그들이 말하기를 "요한의 침례니이다』(행 19:3). 그들은 요한의 침례만 받았을 뿐 성령에 대해서는 전혀 알지 못했다. 『그러자 바울이 말하기를 "요한은 정녕 회개의 침례로 침례를 주면서 백성들에게 자기 뒤에 오실 이, 곧 그리스도 예수를 믿어야 한다고 말하였노라."고 하니 그들이 이 말을 듣고 주 예수의 이름으로 침례를 받더라. 그리하여 바울이 그들에게 안수하니 성령께서 그들 위에 임하시어 그들이 방언들로 말하며 예언하니』(행 19:4-6).

이렇게 사도행전의 네 군데 외에 성령은 가시적으로 임하시지 않는다. 오늘날 이 구절들에 근거한 방식으로 성령을 받는다고 하는 것은 잘못된 것이다.

교회 시대 - 성령의 영원한 인치심

교회 시대에는 어떻게 성령을 받는 것인가. 『너희도 진리의 말씀, 곧 너희 구원의 복음을 듣고서 그분을 신뢰하였으니 또 너희가 그분을 믿고서 약속의 그 성령으로 인침을 받은 것이니라』(엡 1:13). 우리는 믿었을 때 약속의 성령으로 인침을 받으며, 성령은 우리의 유업의 보증이 되신다.

『이는 값주고 사신 그 소유를 구속하기까지 우리의 유업의 보증이 되사』(엡 1:14). 예수 그리스도를 믿는 사람들은 그 안에 위로자 성령이 계시며, 그분은 우리와 함께 영원히 거하신다. 사울, 다윗 등 구약 때의 사람들은 성령이 떠나실 것을 염려했지만 우리는 염려할 필요가 전혀 없다.

『또 우리로 하여금 믿음으로 말미암아 성령의 약속을 받게 하려는 것이라』(갈 3:14). 성령의 약속을 받는 것은 안수도 아니고 침례도 아니다. 예수 그리스도를 믿음으로 받는 것이다. 바람이 어디로 와서 어디로 가는지 알 수 없는 것처럼 성령님께서는 그렇게 우리 안에 들어오신다. 한 번 받은 구원을 영원히 보장받는다고 하는 것을 잘못된 교리라고 하는 이들은 구약 그리고 전환기 시대의 성령의 역사에 대해 바르게 알지 못하는 것이다.

『그러나 하나님의 영이 너희 안에 거하시면 너희가 육신 안에 있지 아니하고 성령 안에 있나니 이제 누구든지 그리스도의 영이 없으면 그의 사람이 아니니라』(롬 8:9). 성령이 계시지 않으면 하나님의 사람이 아니다. 하나님의 아들이 된 사람은 결코 성령을 잃어버릴 수 없다.

여기서 우리가 예수 그리스도를 믿을 때 영적으로 어떤 일이 일어나는지를 살펴보자. 『또한 너희가 그의 안에서 손으로 하지 아니한 할례를 받았으니 곧 그리스도의 할례로 육신의 죄들의 몸을 벗어 버린 것이라』(골 2:11). 구약 때 이스라엘 백성은 율법 하에서 할례를 받았다. 이것을 가지고 예수님을 믿은 후에 할례를 받아야 구원받는다는 이단들이 나와서, 할례

없이 예수 그리스도를 믿는 믿음만으로 구원받는다고 한 사도 바울을 공격했다. 믿음만으로 구원받는다는 이 한 가지 교리로 인해 박해가 시작된 것이다. 오늘날도 사도 바울 당시와 마찬가지로 오직 믿음만으로 영원한 구원을 받는다고 전하면 비난과 박해를 받는다.

"육신의 죄들의 몸을 벗어 버린 것이라." 우리의 육신에 죄가 있는데, 죄를 가지고는 하늘나라에 갈 수 없다. 육신의 죄의 몸을 벗어버리려면 그리스도의 할례가 있어야 한다. 육체의 할례가 아니라 '영적 할례'를 받아야 하는 것이다. 이것은 우리가 하나님의 말씀으로 거듭날 때 일어나는 일이다. 말씀은 성령의 칼이기 때문에 말씀을 믿을 때 우리의 몸과 혼이 갈라진다(히 4:12). 오늘날 칼을 대지 않아도 레이저로 수술을 받을 수 있는 점에 빗대어 생각하면 이해가 쉬울 것이다. 전해진 하나님의 말씀을 믿을 때 몸과 혼을 가르시는 것이 성령의 역사로 인한 그리스도의 할례이다.

『너희가 침례로 그와 함께 장사되었고 또 하나님께서 그를 죽은 자들로부터 살리신 역사를 믿음으로 말미암아 너희도 그와 함께 살아났느니라』(골 2:12). 이 구절을 보고 물로 침례를 받아야 구원받는다고 하는 사람들이 있다. 그러나 이 구절은 '침례'라고 했지 '물 침례'라고 하지 않았다. 여기서 말씀하는 침례는 영적인 침례, 즉 '성령 침례'이다. 물로 받는 침례는 우리가 받는 영적인 구원의 모형이다. 주님과 함께 장사되었음을 모형으로 보여주기 위해 물에 잠기는 것이다. 물에서 나오는 것은 주님과 함께 부활하여 새로운 삶을 살게 되었음을 보여준다.

『유대인이나 이방인이나, 종이나 자유인이나 한 성령에 의하여 우리 모두가 한 몸 안으로 침례를 받았으며 또 모두가 한 성령 안으로 마시게 되었느니라』(고전 12:13). 예수님을 믿을 때 성령님이 오셔서 우리 모두가 한 몸

즉 그리스도의 몸 안으로 침례를 받는다. 구원받기 전에는 몸과 혼이 붙어 있었기 때문에 몸이 죄를 지으면 그 혼도 죄를 지었다. 혼이 죄를 짓기 때문에 하늘나라에 갈 수 없었다. 그러나 신약 시대에 믿는 자들이 받는 이 영적 침례는 우리의 몸과 혼을 가르고, 우리를 육신의 죄의 몸에서 벗어나게 해 준다. 그렇기 때문에 구원받은 사람은 죄를 짓는다 하더라도 지옥에 가지 않고 여전히 하늘나라에 가는 것이다. 죄 때문에 육신은 무덤에서 썩어도 혼은 하늘나라에 간다.

육신에 죄가 없다면 썩지도 않고 부활하신 주님의 영광된 몸처럼 영원히 살아야 한다. 그러나 영광된 몸을 입기 전 우리 몸은 죄악투성이기 때문에 질병에 걸리고 죽어서는 썩는 것이다. 거짓 목사들은 예수 믿으면 모든 병이 낫는다고 속이면서 정작 자신이 질병에 걸리면 제일 먼저 병원 문부터 두드린다.

이것이 성령의 칼, 하나님의 말씀을 믿을 때 우리에게 일어나는 일이다. 그런데 이상한 체험을 믿는다면 이런 영적 할례가 일어나겠는가. 결코 그렇지 않다. 그렇기 때문에 지옥에 가는 것이다. 지금까지 체험을 믿고서 구원받았다고 생각한 사람은 회개해야 한다. 어린 아이처럼 하나님 말씀을 믿고 구원받아야 한다. 『네가 네 입으로 주 예수를 시인하고 또 하나님께서 그를 죽은 자들로부터 살리신 것을 네 마음에 믿으면 구원을 받으리라』(롬 10:9). 어린 아이처럼 말씀을 받아들이고 입으로 시인할 때 성령 침례, 영적 할례가 일어나는 것이다.

구원받은 사람은 예수 그리스도의 몸의 한 지체가 되기 때문에 지옥에 갈 수 없다. 구원을 받아도 지옥에 갈 수 있다고 하는 사람은 성경을 전혀 모르는 것이다. 이처럼 성령의 역사를 바르게 아는 것은 구원의 교리의 기초를 쌓는 것이다. 기초가 없으면 그 위에 어떤 것도 쌓이지 못하고 혼동 속에 빠지게 된다.

이제 우리 안에 계신 성령께서는 우리 안에서 어마어마한 사역을 하시는데, 이것을 놓칠 수가 있다. 세상의 정욕을 이기는 방법은 단 하나, 성령의 도우심을 받는 것이지만, 성령을 무시한다면 그와 같은 복을 받을 수 없다. 이상한 방언을 하고 병을 고치는 것이 성령의 역사라고 생각하는 사람들은, 하나님 말씀을 믿는 믿음으로 세상의 악과 싸워서 이기는 것이 성령의 능력인 것을 알지 못한다. 우리를 위해 중보하시는 성령님의 도우심으로 우리는 죄와 싸워서 이기고 하나님 말씀을 깨닫는다. 성령께서는 우리에게 능력을 주셔서 거리에서 복음을 전파할 수 있게 하시고 지옥을 경고할 수 있게 해 주신다. 또 성령의 열매를 맺게 해 주시고, 성령으로 충만케 하셔서 주님께 영광을 돌리게 하신다. 성령의 역사는 우리에게 이런 엄청난 복을 주시는데, 이를 제쳐두고 악령의 역사를 따라가는 어리석은 자가 되어서는 결코 안 된다.

대환란 때 – 성령이 떠나실 수 있음

대환란 때 성령께서는 오늘날처럼 한 번 오셔서 그 사람 안에 영원히 내주하시는 것이 아니라 구약 때처럼 죄를 지으면 다시 떠나신다.

『실로 하나님께서 허락하시면 우리가 이것을 하리라. 한 번 깨우침을 받고 하늘의 선물을 맛보며, 성령의 동참자가 되고 하나님의 선한 말씀과 오는 세상의 능력을 맛본 자들이 만약 떨어져 나간다면 다시 새롭게 하여 회개시킬 수 없나니, 이는 그들이 스스로 하나님의 아들을 다시 십자가에 못박아 공개적으로 조롱함이라』(히 6:3-6). 그때에는 믿음만으로 구원받는 것이 아니라 믿음을 끝까지 지키는 행위가 있어야 하기 때문이다. 교회의 휴거 이후 성령께서는 구약 때처럼 역사하시는데, 한 번 임하신 뒤에도 그 사람이 믿음을 지키지 못하면 떠나신다. (김경환 목사 저 〈구원에 관한 문제의 구절들〉 참조)

대환란은 히브리인들이 다시 하나님께 돌아오는 기간이기 때문에 '야곱의 고난의 때'로 불린다. 그 기간을 통과하는 히브리인들은 예수님을 믿을 뿐 아니라 적그리스도의 표를 받지 않아야 한다. 그렇지 않으면 구약 때처럼 성령께서 떠나가시는 것이다. 말씀이 적용되는 시대를 올바로 구분하지 못하고 대환란 때 적용되는 구절을 오늘날에 적용해서는 안 된다. 성경 66권은 모두 하나님의 말씀이지만 시대별로 특정 집단에게 주신 교리들이 있다. 오늘날 교회 시대에 적용되는, 바울 서신에 기록된 은혜 복음은 우리에게 영원한 구원의 보장을 주지만, 앞으로 올 대환란 때는 행위로써 자신의 믿음을 끝까지 지키지 못하면 구원을 잃어버린다.

시대에 따른
하나님과 인간의 관계

『내가 아는 것은 하나님께서 하신 것은 무엇이나 영원히 있을 것이라는 것이라. 아무것도 거기에 첨가될 수 없고 또 아무것도 거기서 뺄 수도 없으니 하나님께서 그것을 행하심은 사람들이 그분 앞에서 두려워하게 하려 하심이라』(전 3:14).

"하나님께서 하신 것은 무엇이나 영원히 있을 것이라." 하나님께서 인간과 맺으신 관계는 영원히 거하는 하나님의 말씀을 통해 알 수 있다. 하나님께서는 자신의 말씀에서 그 무엇도 빼거나 첨가해서는 안 된다고 하시며, 하나님께서 자신이 말씀하신 바를 행하시는 것은 인간으로 하여금 하나님을 두려워하게 하기 위함이라고 말씀하신다.

하나님을 두려워함 가운데 사는 것은 인간에게 마땅한 것이며 이 땅에서 지혜롭게 사는 방법임에도 불구하고 많은 거짓 목사들은 회중들이 오히려 하나님을 두려워하지 않도록 만들고 있다. "하나님은 사랑이시라"는 성경의 진리를 왜곡하여 반쪽짜리 하나님을 제시하는 것이다. 하나님은 사랑이시기에 죄악도, 비성경적인 것도 다 용납하신다고 가르친다.

그러나 성경이 가르치는 것은 그와 정반대이다. 하나님을 두려워하는 것은 지혜의 시작이기에(잠 9:10) 지혜롭게 되기 원한다면 하나님을 두려워해야 한다. 또한 하나님을 두려워하는 것은 지식의 시작이기에 하나님의 말씀의 지식을 얻으려면 하나님을 두려워하는 것에서 시작해야 한다. 사탄은 이것을 잘 알기 때문에 거짓 목사들을 통해서 교인들이 하나님을 두려워하지 않도록 만들고 있다. 하나님에 대한 지식과 지혜가 없는 자들은 사탄이 장악할 수 있기 때문이다.

우리가 구원받은 후 가장 먼저 갖추어야 하는 것은 하나님 말씀을 통해 하나님께서 행하신 일들을 보면서 하나님을 두려워하는 마음을 갖는 것이다. 그럴 때 우리는 올바른 그리스도인이 될 수 있다. 오늘날 세상에 교회는 많지만 올바른 그리스도인을 찾아보기 어렵다. 지혜와 지식이 없이 각자가 믿고 싶은 대로 하나님을 믿고 있다. 이는 하나님을 두려워함이 사라졌기 때문이다.

많은 사람들이 성경을 단편적으로만 보기 때문에 하나님의 경륜과 섭리를 알지 못한 채 혼란에 빠져 있다. 하나님께서 인간을 창조하시고 인간에게 무한한 자비와 은혜를 베풀어 주셨으나 인간은 계속해서 하나님의 명령에 불복종해 왔다. 그럴 때마다 하나님께서는 인간을 심판하시고 그 후에 다시 기회를 주셨다. 인간의 역사 6천 년은 그러한 하나님의 심판과 자비의 연속이다.

무죄 시대

하나님께서는 그의 선하심으로 인간을 창조하셨다. 『하나님께서 말씀하시기를 "우리의 형상대로 우리의 모습을 따라 사람을 만들자. 그리하여 그들로 바다의 고기와 공중의 새와 가축과 모든 땅과 땅 위를 기어다니는 모든 기는 것을 다스리게 하자." 하시니라. 그리하여 하나님께서 자신의 형상대로 사람을 창조하셨으니, 곧 하나님의 형상대로 그를 창조하셨으며 그들을 남자와 여자로 창조하셨느니라』(창 1:26,27). 하나님께서 6천 년 동안 자신의 성품을 인간에게 보여 주셨음에도 불구하고 인간은 하나님의 인격과 성품을 받아들이지 않고 불복종해 왔다. 인간을 창조하신 뒤 주님은 인간에게 한 가지 명령을 주셨다. 『주 하나님께서 그 사람을 데려다가 에덴의 동산에 두시고 그것을 관리하고 지키게 하시더라. 주 하나님께서 그 사람에게 명령하여 말씀하시기를 "동산의 모든 나무에서 나는 것을 네가 마음대로 먹을 수 있으나 선과 악의 지식의 나무에서 나는 것은 먹지 말라』(창 2:15-17).

하나님께서 인간을 창조하신 후 무죄 시대가 시작되었다. 아직 선과 악, 즉 죄에 대한 인식이 형성되지 않은 어린 아기들은 잘못을 해도 죄로 인해 지옥에 가지 않는데, 아담과 이브는 옷을 벗고 있어도 부끄러움이 없는 어린 아이들과 같았다. 『남자와 그의 아내가 둘 다 벌거벗었으나 부끄러워 아니하더라』(창 2:25).

인간을 창조하신 하나님께서는 그들을 위해 모든 것을 다 마련해 주셨고 그들이 죄와 무관하게 살도록 만들어 주셨다. 다른 모든 것은 다 해도 상관없으나 오직 한 가지만 하지 말라는 명령을 주셨는데 인간은 그 한 가지 명령을 어겼다. "선과 악의 지식의 나무에서 나는 것은 먹지 말라"(창 2:17). 저주받기 전 에덴 동산은 얼마나 아름다운 자연이었겠는가. 아담은 그런 완벽한 동산에서 모든 동물들을 다스리고 일일이 이름을 지어 줄 정도로 현명했다. 완벽한 시대에 완벽한 환경 속에 있었으며 완벽한 IQ를 지녔던 아담이 단 한 가지 명령을 어김으로 온 세상에 저주가 들어온 것이다.

『여자가 보니 그 나무가 먹음직하고 보기에도 즐겁고 현명하게 할 만큼 탐스러운 나무인지라, 그녀가 거기에서 그 열매를 따서 먹고 그녀와 함께한 자기 남편에게도 주니, 그가 먹더라. 그러자 그들의 눈이 둘 다 열려, 그들은 자기들이 벌거벗은 줄 알고 무화과나무 잎을 엮어 자기들의 치마를 만들더라』(창 3:6,7). 선과 악을 알게 되었기 때문에 부끄러움을 모르던 그들이 부끄러움을 갖게 되었다. 이것을 어린아이들에게 적용시켜 본다면, 아이들도 커가면서 선과 악을 분별하는 시점이 오는데 그때가 구원을 받아야 할 시점이다. 그 이전 연령의 어린아이들이 죽으면 구원과 무관하게 하늘나라에 간다. 오늘날 나체족들은 성경을 모르는 무지한 자들이다. 아담과 이브가 선과 악을 알게 되자 하나님께서는 바로 그들에게 옷을 입혀 주셨기 때문이다. 그들은 선과 악을 알기 이전의 상태로 돌아가고자 하지만 이미 죄인으로 태어난 악한 인간에게 그것은 불가능한 일이다.

『주 하나님께서 그 뱀에게 말씀하시기를 "네가 이것을 행하였으니, 너는 모든 가축과 들의 모든 짐승보다 저주를 받아 네 배로 다닐 것이며 네 평생토록 흙을 먹을지니라』(창 3:14). 아담과 이브에게 금지된 열매를 먹게 만든 뱀은 하나님께 심판을 받는다.

『내가 너와 여자 사이에, 또 네 씨와 그녀의 씨 사이에 적의를 두리니, 그녀의 씨는 너의 머리를 부술 것이요, 너는 그의 발꿈치를 부술 것이라."하시고』(창 3:15). 이 구절은 메시아에 대한 예언의 구절로서, 주님의 십자가 사건과 재림 사건을 말씀하는 것이다.

그 뒤 여자에 대한 심판을 말씀하신다. 『여자에게 말씀하시기를 "내가 너의 고통과 너의 임신을 크게 늘리리니, 네가 고통 가운데서 자식들을 낳을 것이요, 너의 바람은 네 남편에게 있을 것이니, 남편이 너를 주관할 것이라.” 하시더라』(창 3:16). 아내들이 남편에게 복종해야 하는 이유가 여기에 나온다. 오늘날은 여성의 권리를 외치는 시대이지만 그들은 성경을 모르기 때문에 하나님의 계획을 거스르는 것이다.

그 다음은 아담에게 주시는 말씀이다. 『또 하나님께서 아담에게 말씀하시기를 “네가 네 아내의 음성에 경청한 까닭에, 내가 네게 명하여 말하기를 ‘너는 그것을 먹지 말라.’고 한 그 나무의 열매를 먹었으니, 너로 인하여 땅은 저주를 받고 너는 너의 전 생애 동안 고통 중에서 그 소산을 먹으리라. 또 땅은 네게 가시나무와 엉겅퀴를 낼 것이요 너는 들의 채소를 먹을 것이며, 네가 땅으로 돌아갈 때까지 네 얼굴에 땀을 흘려야 빵을 먹으리니, 이는 네가 땅에서 취해졌음이라. 너는 흙이니 너는 흙으로 돌아갈 것이니라.” 하시니라』(창 3:17-19). 아담과 이브의 불순종으로 인하여 땅은 저주를 받았고 이 저주받은 땅에서 나는 것을 먹는 인간은 병이 나는 것이다. 남자는 이 저주받은 땅에서 전 생애 동안 땀을 흘리며 고통 가운데 일을 하고 결국에는 죽어 흙으로 돌아가는 것이다.

그 와중에 주님께서는 은혜를 베풀어 주신다. 『또 주 하나님께서는 아담과 그 아내에게 가죽으로 옷들을 만들어 그들에게 입히시니라』(창 3:21). 피의 희생제사를 말씀하시는 것이다. 이때부터 동물의 피로써 ‘일시적인 죄 사함’을 주셨는데, 이는 전적인 하나님의 은혜로서 구약을 관통하는 진리이다. 이로 인해 구약에서 제단을 쌓는 모습들을 보게 된다.

양심 시대

주 하나님께서 말씀하시기를 『보라, 그 사람이 우리 중 하나와 같이 되어 선과 악을 알게 되니』(창 3:22). 선과 악을 구별하는 양심을 갖게 된 인간에게는 양심에 따라 살아야 하는 책임이 생겼으며, 이제 양심의 시대가 열렸다. 모든 인간에게는 양심이 있다. 물론 양심에 어긋나게 행동하는 사람들이 있지만, 그럼에도 불구하고 모든 인간에게는 하나님께서 주신 양심이 있어 선과 악을 구별할 수 있다.

4장에서는 카인의 잘못된 제물에 대한 말씀이 나온다. 『주께서 카인에게 말씀하시기를 "네가 어찌하여 격노하느냐? 어찌하여 네 안색이 변하느냐? 네가 바르게 행하면 받아들여지지 않겠느냐? 네가 바르게 행하지 아니하면 죄가 문 앞에 엎드리느니라. 죄의 욕망이 네게 있으니, 너는 죄를 다스릴지니라." 하시니라』(창 4:6,7). 당시에 동물의 피로써 죄사함을 받았기 때문에 아벨은 하나님께 제물을 드렸는데, 카인은 동물의 피제사가 아니라 자신이 땀 흘려 농사지은 곡물을 가지고 나아갔으며 하나님께서는 이를 받지 않으셨다. 무죄 시대에는 오직 선과 악의 지식의 나무의 열매를 먹지 않아야 한다는 한 가지 명령만 지키면 됐지만 이제 양심 시대에 인간의 책임은 더 무거워졌다. 뱀이 유혹한 대로 선과 악을 구별할 수 있게 되면 신처럼 될 것 같았지만, 불복종은 결국 인간에게 재앙을 가져온 것이다. 이제 인간은 주님께 복종할지 불복종할지, 선과 악 사이에서 자신이 구별하여 살아야 한다.

인간은 양심에 따라 선하게 사는 대신 하나님께 불복종했다. 『사람들이 지면에서 번성하기 시작하고 딸들이 그들에게서 태어났을 때, 하나님의 아들들이 사람들의 딸들이 아름다운 것을 보고 그들이 택한 모든 자를 아내들로 삼으니라. 주께서 말씀하시기를 "내 영이 항상 사람과 다투지는 않으리니, 이는 그도 육체임이라. 그래도 그의 날들이 일백이십 년이 되리라." 하시니라. 그 당시에 땅에는 거인들이 있었고 그 후에도 있었으니, 즉 하나님의 아들들이 사람의 딸들에게 들어와서 그녀들이 그들에게 자식들을 낳았을 때며, 그들은 옛날의 용사들로 유명한 사람들이 되었더라. 하나님께서 사람의 사악함이 세상에 창대해짐과 그 마음의 생각의 모든 상상이 계속해서 악할 뿐임을 보시고 주께서 땅 위에 사람을 지으셨음을 후회하셨으니, 그 일이 그의 마음을 비통케 하였더라. 주께서 말씀하시기를 "내가 창조한 사람을 지면에서 멸망시키리니, 사람과 짐승과 기는 것과 공중의 새들 모두라. 이는 내가 그들을 지었음을 후회함이라." 하시니라』(창 6:1-7).

최초의 무죄 시대에서 양심 시대로 넘어옴으로써 인간은 양심에 따라서 하나님이 계시하신 대로 따라 살면 되었지만, 타락한 천사인 하나님의 아들들(유 6절)과 연루되어 사악한 죄를 지어 거인들이 태어나게 되었다. 세상의 모든 우상 숭배는 여기에서 시작되었는데 그리스 신화, 로마 신화를 비롯해 수많은 민족들의 건국 신화에 등장하는 반인반수, 거인 등은 모두 여기서 나온 것이다.

하나님께서는 선하게 다시 시작하려 하셨지만 인간은 사악한 죄를 범하고 하나님께 불복종하며 도전함으로 하나님께서는 물로 세상을 심판하셨다. 『그러나 노아는 주의 눈에서 은혜를 찾았더라. 이것이 노아의 내력이라. 노아는 의인이요 그 당대에 완전한 사람이었으며 하나님과 동행하였더라』(창 6:8,9). 어떤 목사들은 노아가 예수님을 믿고 의인이 된 것이라고 하지만 그것은 거짓이다. 노아는 당시에 주님과 동행했기 때문에 주님께서 그에게 은혜를 베푸셔서 땅을 물로 심판하실 것이니 방주를 지으라고 명하셨다. 이 명령에 순종함으로써 노아는 자신과 가족을 구할 수 있었던 것이지 오늘날 그리스도인들처럼 예수 그리스도를 믿음으로써 의인이 된 것이 아니다.

홍수로 인해 모든 사람은 멸망했고, 아담의 때에 아담으로부터 전 인류가 시작되었던 것처럼 노아의 가족 8명으로부터 전 인류가 다시 시작되었다. 우리의 조상은 노아에게로 거슬러 올라가며 아시아인인 우리는 특히 셈에게로 거슬러 올라간다.

인간 정부 시대

이렇게 노아를 통해 다시 한번 세상을 시작하신다. 이것이 인간 정부 시대이다. 『노아가 주께 제단을 쌓고 모든 정결한 짐승과 모든 정결한 새 가운데서 취하여 제단에 번제를 드리더라. 주께서 그 향기를 맡으시고 주께서 그 마음속으로 말씀하시기를 "내가 다시는 사람으로 인하여 땅을 저주하지 않으리니, 이는 사람의 마음의 상상이 어려서부터 악함이라. 내가 다시는 내가 행한 것과 같이, 살아 있는 모든 것을 죽이지 아니하리라. 땅이 있는 동안에는 씨 뿌리는 시기와 추수하는 시기와 추위와 더위와 여름과 겨울과 낮과 밤이 그치지 아니하리라." 하시더라』(창 8:20-22).

"다산하고 번성하여 다시 채우라."(창 9:1)는 하나님의 명령은 에덴에서 아담에게 주셨던 것과 동일하신 말씀으로, 하나님께서는 노아를 통하여 한 번의 기회를 인간에게 더 주신 것이다. 『살아서 움직이는 모든 것은 너희에게 먹을 것이 되리라. 내가 모든 것을 푸른 채소같이 너희에게 주었느니라. 그러나 고기를 그 생명과 더불어, 즉 그 피째 먹지 말지니라. 내가 반드시 너희 생명의 피를 찾으리니, 모든 짐승의 손과 사람의 손에서도 내가 그것을 찾을 것이며, 모든 사람의 형제의 손에서도 내가 그 사람의 생명을 찾으리라.』(창 9:3-5)는 말씀은 사형제도를 말씀하고 있다. 이때부터 사형제도가 시작되는 것이다. 인간의 사형제도는 하나님께서 시작하신 것이며, 하나님은 피를 흘린 자는 피로써 갚으신다. 오늘날 인권을 내세워 사형제도를 반대하는 것은 비성경적인 것이다. 사형제도는 하나님께서 창세기 9장에서 정립하신 것이다.

인간 정부 시대가 오고 주님께서는 인간에게 피를 흘리지 말라고 하셨고 흘려진 피는 피로 갚으신다고 경고하셨으나 인간은 이에 불복종했다. 이로 인해 앞으로 있을 대환란의 아마겟돈 전쟁 때는 피가 말고삐까지 차도록 흘려지는 심판이 있을 것이다(계 14:20). 어마어마한 수의 사람들이 죽음으로써 이 땅에서 흘려진 모든 피가 갚아지는 그 날에 하나님의 약속에 근거한 심판이 이루어지는 것이다.

창세기 11장에는 인간이 또다시 하나님을 대적하는 바벨탑 사건이 나온다. 『온 땅에 하나의 언어와 하나의 말만 있더라. 그들이 동쪽으로부터 이동하여 시날 땅에서 평원을 만나니 거기에서 거하였더라. 그들이 서로 말하기를 "가서 벽돌을 만들어 단단하게 굽자." 하고 그들은 벽돌로 돌을 대신하고 역청으로 회반죽을 대신하였으며, 또 그들이 말하기를 "가서 우리를 위하여 성읍과 탑을 세우되 탑 꼭대기가 하늘에 닿도록 하여 우리의 이름을 내자. 그리하여 우리가 온 지면에 멀리 흩어지지 않게 하자." 하더라』(창 11:1-4).

하나님께서는 노아에게 자손을 통해서 전 세계에 퍼지라고 하셨는데 인간은 이 명령에 불복종하고 한데 모여서 하나님을 완전히 대적하는 것이다. 이처럼 인간이 모이면 그 결과는 하나님을 대적하는 것으로 귀결된다. 마지막 시대에도 바벨탑 사건과 똑같이 하나님을 대적하기 위해 인간이 한데 모이는 일이 일어난다. UN을 만들고, 세계 은행을 만들고, 세계 모든 종교를 하나로 통합하려 하는 등의 일들이 그것이다. 결국 인간이 하나가 되려는 것은 적그리스도의 왕국을 가져오기 위한 준비를 하는 것으로, 이는 정확히 창세기 11장으로 돌아가는 것이다. 이렇게 인간은 지속적으로 하나님을 대적하고 말씀에 복종하지 않기에 주님께서 심판하신다.

『주께서는 사람의 자손들이 세우는 성읍과 탑을 보시려고 내려오셨더라. 주께서 말씀하시기를 "보라, 백성이 하나요 그들 모두가 한 언어를 가졌기에 이런 일을 시작하였으니, 이제는 그들이 하기로 구상한 일은 아무것도 막을 수 없을 것이라. 가자, 우리가 내려가서 거기에서 그들의 언어를 혼란시켜 그들이 서로의 말을 알아듣지 못하게 하자." 하시고』(창 11:5-7). 세상의 모든 언어들이 나온 것은 바벨탑 사건 때인 것을 알 수 있다. 하나의 언어를 가진 인간들이 하나님을 대적하자 하나님께서 인간의 언어를 나누심으로 서로의 말을 알아듣지 못하게 하셨고, 하나님을 대적하는 구상을 못하도록 하신 것이다. 인종학이나 언어학에서 인간의 언어가 처음 갈리게 된 것이 아프리카에서 일어난 일이고 인종의 시발도 아프리카라고 하는 이유는 언어의 기원을 알려주는 하나님 말씀에 대적하려는 것이다. 인간의 교육이 항상 하나님의 말씀과 반대되는 내용을 가르치는 이유는 하나님의 말씀을 지키면 자신이 원하는 대로 살지 못하기 때문이다.

『그러므로 그것의 이름을 바벨이라 불렀으니, 이는 주께서 거기에서 온 땅의 언어를 혼란케 하셨음이라. 주께서는 거기서부터 그들을 온 지면에 멀리 흩으셨더라』(창 11:9). 인간이 흩어지게 된 것은 주님의 심판이었다. 인간의 계속적인 불복종에 대해서 주님은 다시 한번 기회를 주시는데 약속 시대

또는 족장 시대에 있었던 아브라함의 언약이다.

약속 시대

『주께서 아브람에게 말씀하셨는데 "너는 네 고향과 네 친족과 네 아비의 집을 떠나 내가 네게 보여 줄 땅으로 가라. 내가 너로 큰 민족을 이루게 할 것이며 네게 복을 주고 네 이름을 위대하게 하리니, 너는 복이 되리라. 너를 축복하는 자들에게 내가 복을 주고 너를 저주하는 자를 저주하리라. 네 안에서 땅의 모든 족속들이 복을 받을 것이라』(창 12:1-3). 바벨탑 사건 후 모든 인간은 흩어진 곳에서 우상을 숭배했지만 하나님의 자비와 은혜로 또 한 번의 기회가 아브라함을 통해 주어진다. 하나님께서 아브라함을 부르시지 않으셨으면 인간의 역사는 거기서 끝났을 것이다. 인간은 지속적으로 하나님의 말씀에 불복종하지만 하나님께서는 계속해서 은혜를 주셨다. 아브라함의 언약은 지금도 계속 이어지고 있다.

『주께서 아브람에게 나타나시어 말씀하시기를 "내가 이 땅을 네 씨에게 주리라." 하시니, 그가 그곳에다 자기에게 나타나신 주께 제단을 쌓았더라』(창 12:7). 그 뒤에 약속된 땅으로 떠나라는 명령에 따라 떠나게 된다. 아브라함은 그의 자손을 통해 온 세상이 복을 받는다는 말씀과 그의 자손이 하늘의 별들처럼 증가한다는 말씀을 들었을 때 믿었다. 야고보서에는 그가 그 말씀을 믿었을 때 그것이 그에게 의로 여겨졌다고 말씀한다.

『아브람이 말씀드리기를 "보소서, 주께서 내게 씨를 주시지 않았으니, 보소서, 내 집에서 태어난 자가 내 상속자가 될 것이니이다." 하니, 보라, 주의 말씀이 그에게 임하여 말씀하시기를 "이 사람은 너의 상속자가 되지 않을 것이니, 네 자신의 몸에서 나올 자가 네 상속자가 되리라." 하시고 그를 밖으로 데리고 나가 말씀하시기를 "이제 하늘을 쳐다보고 별들을 셀 수 있다면 그 별들을 세어 보아라." 또 그에게 말씀하시기를 "너의 씨가 이와 같으리라." 하시더라. 아브람이 주를 믿으니 주께서 그것을 그에게 의로 여기셨더라』(창 15:3-6).

아브라함은 그 당시에 예수를 믿고 의인이 된 것이 아니라 주님의 말씀 즉 "별들을 세어 보아라. 너의 씨가 이와 같이 되리라."는 말씀을 믿었을 때 의로 여겨진 것이다. 반복하지만 그가 예수 그리스도를 믿어서 구원받았다는 것은 거짓이다. 은혜 시대와 다른 시대의 복음을 구분하지 못한다면 결국은 행위 구원으로 돌아갈 수밖에 없다. 은혜 시대를 제외한 다른 모든 시대는 조금씩 다르긴 하지만 하나님의 말씀을 믿을 때 그 믿음만으로 의인이 된 것이 아니다. 아브라함도 마찬가지였다. 믿었을 때 그것이 의로 여겨졌지만, 이삭을 제물로 바쳤을 때 그 행함으로 의인이 된 것이다. 즉 의로 여겨진 것과 의인이 된 것은 차이가 있다. 이것을 제대로 해결하지 못하기 때문에, 믿음만으로 구원받는 것이 아니라 행함이 있어야 한다는 거짓 교리를 가르치고 은혜 복음을 파괴시킨다. 그러나 아브라함은 우리와 같이 예수님을 믿는 믿음만으로 구원받은 것이 아니라 '자손이 별들처럼 증가하리라'는 하나님의 말씀을 믿었을 때 그 믿음이 의로 여겨졌고, 이삭을 바쳤을 때 의인이 되었다. 반면, 은혜 시대에 구원받은 자들은 예수 그리스도를 믿었을 때 의인으로 여겨질 뿐만 아니라 동시에 의인이 된다. 이것이 아브라함과 우리와의 차이점이다.

하나님께서는 우상을 숭배하던 인간들에게 다시 한번 기회를 주셔서 아브라함을 불러내셔서 약속하신 땅으로 가게 하셨다. 그러나 이스라엘 자손은 약속된 땅이 아닌 이집트로 들어가게 된다. 『그때 이집트로 들어간 이스라엘의 자손들의 이름들은 이러하니, 모든 남자와 그의 가족이 야곱과 함께 왔더라 … 요셉이 죽고 그의 모든 형제들과 당대의 사람들도 모두 죽었더라』(출 1:1,6). 이스라엘은 요셉이 죽을 때까지 이집트에서 살았다. 인간은 하나님께서 그때그때 주시는 계시를 믿고 하나님의 말씀대로 순종하며 살면 되는 것인데, 아브라함의 자손은 약속된 땅을 떠나서 이집트로 들어가서 결국에는 이집트에서 심판을 받게 된 것이다. 이로 인해 이스라엘 자손은 이집트에서 비참하고 고된 노예 생활을 하게 된다.

율법 시대

이후 또다시 하나님의 자비로 모세 시대가 열린다. 주님께서 모세를 통해서 이스라엘 백성을 이집트에서 데리고 나오시면서 율법을 주셨다. 출애굽기 20장부터 이스라엘 백성에게 율법을 주셨으며 이때부터 인간은 율법을 지켜야 했다. 율법은 주님의 거룩하심의 징표이다. 이처럼 주님은 각 시대별로 주님의 성품을 나타내셨지만 인간은 그것을 모두 거절했다.

오늘날 어떤 이들은 예수님을 믿음만으로 구원을 받는 것이라면 그것은 너무 쉽게 구원받는 것이기 때문에 받아들이지 못하겠다고 한다. 구원받지 못한 자들이 심판받는 백보좌 심판에서 그들은 주님께 "어떻게 예수님만 믿고 구원을 받습니까? 저는 그래도 율법을 지킴으로써 구원을 받는다고 생각합니다"라고 할 것이다. 그렇다면 율법 시대는 어떻게 끝났는지를 보자. 이스라엘은 율법을 거절하고 하나님께 불복종함으로써 바빌론으로 사로잡혀가게 된다. 반대로 율법 시대에 속한 자가 백보좌 심판에서 "제가 행위가 아니라 믿음만으로 구원받는 시대에 살았더라면 영생을 얻을 수 있었을텐데요"라고 한다면 어떻겠는가. 오늘날은 오직 믿음만으로 구원받는 교회 시대이건만 사람들은 그 쉬운 하나님의 구원 계획을 받아들이지 않고 오히려 행위로 구원을 받고자 거짓 목사들을 좇아가고 있지 않은가!

『그들 두 사람은 하나님 앞에 의로운지라, 주의 모든 계명과 율례를 흠 없이 행하더라』(눅 1:6). 신약 교회 시대의 의로움과 율법 시대의 의로움에는 차이가 있다. 예수님께서 지상에서 사역하시던 공생애 기간 동안이라 할지라도 이 시기는 십자가 이전으로 율법 시대에 속한다. 따라서 주님 자신도 율법을 지키셨던 것이다. 그렇기 때문에 복음서의 구절들을 가지고 은혜 복음을 전하려 하다가는 행위 구원을 가르쳐 혼들을 지옥으로 보내게 된다.

이러한 율법 시대 역시 이스라엘 백성이 하나님의 말씀을 멸시했기 때문에 바빌론 포로 생활로 끝이 난다. 『그들 조상의 주 하나님께서 그들에게 사자들을 통해 말씀을 보내시되, 제때에 일어나사 보내셨으니 이는 그분께서 그의 백성과 그의 처소를 긍휼히 여기셨음이더라. 그러나 그들이 하나님의 사자들을 우롱하고 그의 말씀을 멸시하며, 그의 선지자들을 학대하였으니 주의 진노가 그의 백성에 대하여 일어나 치유의 방책이 없게 되었더라』(대하 36:15,16). 에스겔과 예레미야 등 그때마다 선지자들이 일어나 하나님의 무서운 심판을 경고했음에도 불구하고 오히려 이스라엘은 하나님의 선지자들을 박해하고 하나님의 말씀을 무시했다. 그럼으로써 심판을 받아 이스라엘 백성은 비참한 생활을 한다. 비록 70년 포로생활 뒤에 예루살렘으로 돌아오지만 주님께서 재림하시기까지 비참한 생활을 한다. 율법을 어김으로써 주님의 심판을 받은 것이다.

전환기 시대 – 메시아 탄생으로부터 사도행전 15장까지

이제 마태복음 1장에서 주님께서 메시아로 오신다. 하나님께서 구약에서 약속하신 구원자, 메시아를 보내 주신 것이다. 『이제 예수 그리스도의 탄생은 이러하니라. 그의 모친 마리아가 요셉과 정혼하였으나 동침하기 이전에 성령으로 잉태된 것이 그녀에게 나타났더라 … 그녀가 한 아들을 낳으리니 너는 그의 이름을 예수라 하라. 이는 그가 자기 백성을 그들의 죄들에서 구원할 것이기 때문이니라."고 하니라』(마 1:18,21). 인간이 몇천 년 동안 지속적으로 하나님을 거역해 왔어도 하나님께서는 창세기 3장에서 약속하신 여자의 씨, 동정녀를 통해 탄생하신 메시아를 주신다는 약속을 이루신 것이다.

하나님께서는 인간을 구원해 주시기 위해 육신의 몸을 입고 오셨다. 이에 대한 인간의 책임은 기다리던 메시아를 믿고 받아들이는 것이다. 『그 무렵에 침례인 요한이 와서 유대 광야에서 전파하여, 말하기를 "너희는 회개하라. 천국이 가까이 왔느니라."고 하니』(마 3:1,2). 침례인 요한이 천국이 가까이 왔다고 전할 때에, 이스라엘 민족이 주님보다 앞서 보내심을 받은 그의 말을 듣고 회개하고 침례를 받으면, 구약에서 말씀하시고 자신들이 소망하였던 왕국이 설립될 것이었다. 그러나 그들은 회개는커녕 메시아를 거부하고 그를 십자가에 처형했다.

율법 시대 다음에 교회 시대가 도래하는데, 교회 시대 이전 즉 예수님의 탄생부터 사도행전 15장까지는 전환기 시대이다. 이 시기에 주님께서는 여러 가지 방법으로 계시를 주셨다. 이 당시 인간에게 요구되는 것은 침례인 요한의 말을 듣고 회개하고 침례를 받는 것이었다. 그러나 소수만 침례를 받고 대부분은 메시아를 거절했으며 결국 마태복음 27장에서 이방인의 손을 통해 메시아를 죽인다. 『제육시에서 제구시까지 어두움이 온 땅을 덮었더니 제구시경에 예수께서 큰 음성으로 소리질러 말씀하시기를 "엘리, 엘리, 라마 사박타니?" 하시니, 이는 "나의 하나님, 나의 하나님, 어찌하여 나를 버리셨나이까?" 라는 말이라. 거기 서 있던 자들 가운데 몇 사람이 그 말을 듣고 말하기를 "이 사람이 엘리야를 부른다."고 하더라. 그러자 그들 가운데 한 사람이 즉시 달려가서 해면을 가져다가 식초에 적셔 갈대에 꿰어 주께 마시라고 주더라. 그러나 나머지 사람들이 말하기를 "가만두어라. 엘리야가 와서 그를 구원하나 보자."고 하더라. 예수께서 다시 큰 음성으로 소리지르신 후, 숨을 거두시더라』(마 27:45-50).

하나님께서 말씀으로 계시하시고 율법을 주시고 메시아를 보내 주셨는데도 불구하고 메시아께서 오시자 받아들이기는커녕 천국이 도래하지 못하도록 죽이는 것이 인간의 사악함이다. 주님께서는 사도행전 7장까지 기회를 주신다. 주님께서는 십자가에서 죽으시면서까지 "아버지시여, 저들을 용서해 주옵소서. 그들은 자기들이 하는 것을 알지 못하나이다."라고 기도하신다. 그래서 이스라엘 백성들에게 한번 더 기회가 주어져서 사도행전 7장에서 스데반이 그들에게 설교를 하는데, 이 기회마저도 스데반을 죽임으로써 사라지게 된다. 『그들이 이런 말을 듣고 마음이 상하여 그를 향해 이를 갈더라. 그러나 그는 성령으로 충만하여 하늘을 주시하여 우러러보니 하나님의 영광과 예수께서 하나님의 오른편에 서신 것을 보고』(행 7:54,55). 스데반이 하늘을 보았을 때 예수님은 앉아 계신 것이 아니라 서 계셨다. 그 당시에 주님께서는 바로 내려오셔서 천국을 도래하게 하실 수 있었던 것이다. 물론 휴거가 일어나고 대환란이 열리고 재림이 순서대로 진행되었겠지만, 침례인 요한이 전파했던 대로 천국이 몇 년 안에 도래할 수 있었다. 그러나 이스라엘 민족은 스테판을 죽임으로써 예루살렘 성전의 완전한 파괴(AD 70년)와 600만 명의 학살 등 피로 점철된 역사를 갖게 되고 민족은 세계 각국으로 흩어지게 된다.

교회 시대

『그때 그들이 큰 소리를 지르며 자기들의 귀를 막고 일제히 그에게 달려들어 그를 성읍 밖으로 끌어내어 돌로 치고 증인들은 겉옷을 벗어 사울이라고 하는 한 젊은이의 발 앞에 놓더라. 그들이 스테판을 돌로 치니 그가 하나님을 부르며 말하기를 "주 예수여, 나의 영을 받아 주소서." 하고 무릎을 꿇고 큰 소리로 부르짖기를 "주여, 이 죄를 그들에게 돌리지 마옵소서."라는 이 말을 하고 잠드니라』(행 7:57-60). 이렇게 스테판이 죽고 이때 처음 사울이 등장하는데, 이 사울은 주님의 미리 아심을 통해서 이방인의 사도로 부르심을 받게 된다. 이후 사도행전 8장에서 사마리아인들이 복음을 받아들이고 10장에선 이방인 코넬료가 구원을 받는다. 사도행전 9장에서 바울은 구원받고 난 후, 행위없이 예수님을 믿는 믿음만으로 구원을 받는다는 은혜 복음을 전한다. 사도행전 15장 1절에서 유대인들이 믿음으로만 구원을 받을 수 없다고 반박한다. 『유대에서 내려온 어떤 사람들이 형제들을 가르치며 말하기를 "너희가 모세의 율례에 따라 할례받지 않으면 구원을 받을 수 없노라."고 하더라.』

사도 바울이 구원받은 뒤 은혜 복음을 전하면서, 율법을 지킴으로써 의인이 되는 것이 아니라 오직 믿음으로써 구원을 받는다고 전하자 이에 반대하는 자들이 있었다. 그래서 예루살렘에 내려가서 사도들과 논의 끝에 교리적인 결정을 내린다. 『많은 논의가 있은 후에 베드로가 일어나서 그들에게 말하기를 "형제 여러분, 당신들이 아는 대로 하나님께서 오래전부터 우리 가운데 택하시어 나의 입을 통하여 이방인들이 복음의 말씀을 듣고 믿게 하셨느니라. 마음을 아시는 하나님께서는 우리에게 행하신 것과 마찬가지로 그들에게도 증거하시어 성령을 주셨으며 우리와 그들 사이에 어떤 차이도 두지 아니하셨으니 믿음으로 그들의 마음을 정결케 하셨느니라』(행 15:7-9).

위와 같이 베드로가 믿음으로 구원받는 것을 이야기할 수 있었던 것은 사도행전 10장에서 이방인 코넬료 집에 가서 복음을 전했을 때 구원받는 장면을 목격했기 때문이다. 베드로도 10장 이전까지는 몰랐지만 이방인들에게 가서 설교할 때 그들이 구원받는 장면을 보고서, 이방인들에게도 복음이 전해지는 것을 알게 되었고 15장의 예루살렘 회의에서 결정할 수 있었던 것이다. 그렇기 때문에 사도행전 15장까지를 전환기 시대라고 부르는 것이다. 이때까지 정확하게 은혜 복음에 대해서 확정되지 않았기 때문이다. 이것을 모르는 거짓 목사들은 오늘날 교회 시대의 구원론으로 마태복음에서부터 사도행전 15장 전까지의 구절들에 의한 행위 구원을 가르치고 있다. 이들은 구원받기 위해서는 예수님을 믿을 뿐 아니라 산상수훈도 지키고 침례도 받아야 한다는 등 행위에 의한 구원을 가르쳐 사람들을 지옥으로 끌고가고 있다.

사도 베드로는 9절에서 "믿음으로" 그들의 마음을 정결케 하셨다고 정확하게 자신이 경험한 것을 이야기하고 있다. 『그런데 이제 너희가 어찌하여 하나님을 시험하여 우리의 조상이나 우리도 감당할 수 없었던 멍에를 제자들의 목에 걸려고 하느냐? 우리는 주 예수 그리스도의 은혜로 구원받는 것을 믿으며 그들도 마찬가지니라."고 하더라』(행 15:10,11). 이제는 은혜 시대가 열리게 되었다. 물론 은혜는 6천 년 동안 모든 시대에 걸쳐 흐르고 있었다. 그러나 우리가 오늘날을 은혜 시대라고 말하는 것은 오직 믿음으로만 구원을 받기 때문이다. 신약에서 믿음이 왔다고 말씀하는 이 '믿음'은 구약의 믿음과 다른 믿음이다. 이 믿음은 예수 그리스도를 믿는 믿음이며, 이제부터의 인간의 책임은 바로 이 믿음인 것이다.

그러나 인간은 이 역시 받아들이지 않는다. 이 시대의 끝이 어떻게 되는지를 디모데후서 3장에서 볼 수 있다. 이방인들이 꺾이고 이스라엘이 회복되는 로마서 11장과 연결하여 볼 수 있다. 『또 이것을 알라. 마지막 날들에 아주 어려운 때가 오리라. 사람들이 자기를 사랑하고 돈을 사랑하며, 자긍하고 교만하며, 하나님을 모독하고 부모에게 불순종하며, 감사하지 아니하고 거룩하지 아니하며 무정하고, 화해하지 아니하며, 모함하고 절제하지 못하며, 사납고, 선한 것을 좋아하지 아니하며 배반하고 분별이 없으며, 자만하고 쾌락을 사랑하는 것이 하나님을 사랑하는 것보다 더하며 경건의 모양은 있으나 경건의 능력은 부인하리니, 이런 자들에게서 돌아서라. 이들 중에는 가정집에 몰래 들어가 어리석은 여인들을 사로잡아 죄들을 짊어지게 하여 여러 가지 정욕으로 끌려가게 하는 자들이 있나니 항상 배우나 진리의 지식에는 결코 이를 수 없느니라』(딤후 3:1-7).

이것이 교회 시대 끝의 모습이다. 오늘날 수많은 거짓 목사들이 하나님께서 말씀하신 위의 말씀 그대로 돈 문제, 이성 문제로 세상의 비방거리가 되고 있고, 수많은 사람들을 속이며 하나님의 거룩한 교회를 망가뜨리고 있다. 이에 대한 하나님의 심판은 마태복음 24장에 주님께서 경고하신 대환란이다. 하나님께서는 은혜를 주셔서 쉽게 구원을 받을 수 있는 길을 열어 주셨는데도 불구하고 이를 거부하기에 앞으로 올 대환란의 심판에 처하게 되는 것이다. 반복적으로 기회를 주시는 하나님께 대하여 계속해서 불순종하고 주님의 말씀을 거부하는 인간을 심판하시는 것이 주님의 방법이다.

대환란

『이는 그때에 대환란이 있으리니, 그와 같은 것은 세상이 시작된 이후로 지금까지 없었으며, 또 결코 없을 것이기 때문이라』(마 24:21). 대환란에 대한 자세한 말씀이 요한계시록에 나온다. 물론 그 전에 데살로니가전서 4장의 말씀대로 교회 시대에 구원받은 자들은 들림을 받는다. 주님께서 땅에 내려오시는 것이 아니라 공중에서 우리를 데려가실 때 우리는 올라갈 것이다. 그 뒤에 땅에 남는 자들은 복음을 거절했기 때문에 대환란으로 들어가게 된다

『그때 네 짐승들의 한가운데서 한 음성을 들었는데, 말하기를 "밀 한 되가 한 데나리온이요, 보리 석 되가 한 데나리온이라." 하고 또 "너는 기름과 포도주는 손상시키지 말라." 하더라 … 이에 내가 보니, 보라, 창백한 말 한 마리가 있는데 그 위에 탄 자의 이름은 사망이요 지옥이 그 뒤를 따르니, 그들에게 칼과 굶주림과 사망과 땅의 짐승들로 땅의 사분의 일을 죽일 권세가 주어졌더라』(계 6:6,8).

대환란 때는 기근, 굶주림, 사망, 땅의 짐승들 등 여러 가지 일들로 고난을 겪게 된다. 대환란 끝에는 주님께서 재림하신다. 『또 내가 하늘이 열

린 것을 보니 흰 말이 보이더라. 그 위에 앉으신 분은 신실과 진실이라 불리며 의로 심판하고 싸우시더라』(계 19:11). 예수님께서 재림하셔서 심판하시는 모습이다. 주님께서는 은혜 복음을 받아들이지 않은 자들로 대환란을 통과하게 하시고, 대환란 끝에 재림하셔서 이들을 모두 멸망시키신다. 재림하시는 주님께 대하여도 인간은 아마겟돈 전쟁에서 함께 모여서 끝까지 대적한다. 아마겟돈 전쟁은 인간끼리 하는 전쟁이 아니라 예수 그리스도와 그의 군대를 대적하여 싸우는 전쟁이며, 주의 군대는 흰 말을 타고 내려오는 우리 구원받은 자들이다. 하나님을 대적하는 인간의 모습이란 얼마나 한심한 것인가.

『또 내가 보니, 그 짐승과 땅의 왕들과 그들의 군대가 그 말 탄 분과 그의 군대에 대적하여 전쟁을 하려고 다 함께 모였더라. 그러나 그 짐승[적그리스도]이 잡히고, 짐승 앞에서 기적들을 행하던 거짓 선지자도 그와 함께 잡혔으니 그는 짐승과 더불어 그 짐승의 표를 받은 자들과 그의 형상에 경배한 자들을 속이던 자라. 이 둘이 유황으로 불타오르는 불못에 산 채로 던져지더라. 그리고 그 남은 자들은 말 위에 앉으신 분의 칼, 즉 그의 입에서 나오는 칼로 살해되니 모든 새들이 그들의 살로 배를 채우더라』(계 19:19-21). 대환란 때의 예언을 담고 있는 요한계시록에는 이상한 존재들이 하늘과 땅에서 나오고 타락한 천사들이 출현하며 사탄이 내려오는 등 엄청난 일들이 벌어진다. 지금 우리들이 상상할 수 없는 존재들이 등장하고 어마어마한 일들이 벌어지는 때이다. 이때 사탄의 삼위일체 중 적그리스도와 거짓 선지자가 붙잡혀 불못에 던져지고 사탄도 붙잡힌다.

천년왕국

『또 내가 보니, 한 천사가 하늘에서 내려오는데, 그의 손에는 끝없이 깊은 구렁의 열쇠와 큰 사슬을 가졌더라. 그가 그 용을 잡으니, 곧 마귀요 사탄인 옛 뱀이라. 그를 천 년 동안 묶어 두니 그를 끝없이 깊은 구렁에 던져서 가두고 그 위에 봉인하여 천 년이 찰 때까지는 민족들을 다시는 미혹하지 못하게 하더라. 그후에는 그가 반드시 잠시 동안 풀려나게 되리라』(계 20:1-3). 마귀요 사탄인 옛 뱀이 잡혀서 끝없이 깊은 구렁에 천 년 동안 갇혀 있게 되므로 천년왕국 때는 산상수훈을 지킬 수 있는 것이다. 천년왕국 때 구원을 받는 방법은 산상수훈에 나오는 법을 모두 지켜야 하는, 완전한 행위 구원이다. 그때는 지금과 같은 믿음으로 구원받는 것이 아니다. 믿음은 보이지 않는 것을 믿는 것인데 그때는 예수님께서 물리적인 왕국에서 실제로 다스리시는 때인지라 믿음이 필요없이 행위가 필요한 시대이다.

그런데 이 천년왕국 기간에도 바다의 모래 같은 수많은 인간들이 깊은 구렁에서 풀려난 사탄과 함께 주님을 대적하는 일이 일어난다. 주님께서 주신 천년왕국에서, 그 회복된 땅에서 살게 하시는데도 인간은 또 반란을 일으키는 것이다. 『그 천 년이 끝나면 사탄이 그의 감옥에서 풀려나, 땅의 사방에 있는 민족들, 곧 곡과 마곡을 미혹하려고 나가서 그들을 함께 모아 전쟁을 일으키리니 그 수가 바다의 모래 같으리라. 그들이 땅의 넓은 데로 올라가서 성도들의 진영과 사랑하시는 도성을 포위하니, 하늘에서 불이 하나님께로부터 내려와 그들을 삼켜 버리더라. 그들을 미혹하던 마귀가 불과 유황 못에 던져지니 그곳에는 그 짐승과 거짓 선지자도 있어 영원무궁토록 밤낮 고통을 받으리라』(계 20:7-10). 상상할 수 있겠는가. 천 년 동안이나 예수님의 권능을 보고 그분의 통치를 받았음에도 불구하고 인간은 급기야 또 주님을 대적하고 마는 것이다.

천년왕국도 하나님의 심판으로 끝나게 되는데, 사탄의 삼위일체 모두가 불못에 던져져 영원무궁토록 밤낮 고통을 받게 되고, 인간들은 각자의 행위에 따라 백보좌 심판에서 심판을 받고 불못에 던져진다. 『또 내가 큰 백보좌와 그 위에 앉으신 분을 보니, 그의 면전에서 땅과 하늘이 사라졌고 그들의 설 자리도 보이지 않더라. 또 내가 죽은 자들을 보니, 작은 자나 큰 자나 하나님 앞에 서 있는데, 책들이 펴져 있으며 또 다른 책도 펴져 있는데 그것은 생명의 책이라. 죽은 자들은 자기들의 행위에 따라 그 책들에 기록된 대로 심판을 받더라. 바다도 그 안에 있던 죽은 자들을 넘겨주고 또 사망과 지옥도 그들 안에 있던 죽은 자들을 넘겨주니 그들이 각자 자기들의 행위에 따라 심판을 받으며 사망과 지옥도 불못에 던져지니 이것이 둘째 사망이라. 누구든지 생명의 책에 기록되지 않은 자는 불못에 던져지더라』(계 20:11-15).

하나님께서 아담의 무죄시대부터 대환란과 천년왕국 때까지 얼마나 오랫동안 인간에게 자비를 베푸시고 오래 참으셨는가. 하나님의 오래 참으심은 인간들이 멸망치 않고 다 회개에 이르도록 기회를 주시기 위함이었지만, 너무나도 쉽게 구원을 받을 수 있는 은혜 복음을 지금 이 순간에도 거절하고 거짓 목사들이 '믿음만으로 구원받는 것이 아니라 예수도 믿고 여러 가지 선행을 해야 구원받는다'고 하는 거짓말에 속아서 모두 대환란으로 달려가고 있다. 이것이 인간의 모습이다.

하나님께서는 선하심과 오래 참으심, 공의로우심을 시대별로 다 보여주시고 은혜를 베푸셨으나 끝내 인간은 받아들이지 않고 시대별로 소수만 구원을 받아들인다. 노아의 때에도 8명만 구원을 받았고, 아브라함의 때도 수많은 사람들이 우상을 숭배하는 가운데서 아브라함 한 사람을 주님께서

택하셨다. 오늘날 교회 시대에도 한국에만 6만 개의 교회가 있음에도 말씀대로 믿고 행하는 교회는 극소수이다. 지금도 롯의 때나 노아의 때와 똑같은 상황으로 성경은 이러한 때를 '마지막 때'라고 하신다. 교회가 많다고 좋아할 것이 하나도 없는 것이 오히려 이 교회들이 순수한 은혜 복음을 막아버리고 하나님을 대적하기 때문이다. 이러한 교회들이 없었다면 더 쉽게 많은 사람들이 구원받을 수 있었을 것이다. 그러나 이런 교회의 난립으로 인하여 사람들은 자신들의 교회가 잘 믿고 잘 가르친다고 생각하고, 성경적으로 믿는 사람들이 전하는, 오직 믿음만으로 구원받는 은혜 복음을 가려버린다. 그러나 하나님의 말씀은 교회 시대에 구원은 믿음으로만 받는다고 하셨음을 바로 알고 이를 전해야 하는 것이다.

새 하늘과 새 땅

『또 내가 새 하늘과 새 땅을 보니, 처음 하늘과 처음 땅은 사라지고, 바다도 더 이상 있지 아니하더라. 나 요한은 거룩한 도성 새 예루살렘이 하나님께로부터 하늘에서 내려오는 것을 보았는데 마치 신부가 자기 남편을 위하여 단장한 것같이 예비되었더라』(계 21:1,2). 이제 하나님께서 또 한 번의 기회로 주시는 것이 영원 세계이다. 이것은 마지막 기회이다. 그동안 하나님의 말씀을 거절한, 구원받지 못한 자들은 불못에 가고, 구원받은 자들은 주님과 같이 새 하늘과 새 땅, 새 예루살렘에서 영원히 살게 되는 것이다. 이것이 하나님의 심판이다. 하나님께서는 모든 시대에 걸쳐 심판 가운데서도 반복적으로 인간에게 기회를 주셨다. 우리의 임무는 이러한 하나님의 은혜를 전하는 것이다.

시대에 따른
표적의 은사

『십자가를 전파하는 것이 멸망하는 자들에게는 어리석은 것이지만 구원을 받은 우리에게는 하나님의 능력이라. 기록되기를 "내가 지혜 있는 자들의 지혜를 멸하고 총명한 자들의 명철을 없애리라." 하였느니라. 지혜 있는 자가 어디 있느냐? 학자가 어디 있느냐? 이 세상의 변론가가 어디 있느냐? 하나님께서 이 세상의 지혜를 어리석게 만드신 것이 아니냐? 하나님의 지혜에 있어서는 세상이 그 지혜로 하나님을 알지 못하였기에 하나님께서 복음 전파의 어리석음으로 믿는 자들을 구원하시기를 기뻐하셨느니라. 유대인들은 표적을 구하고 헬라인들은 지혜를 찾지만 우리는 십자가에 못박히신 그리스도를 전파하노니 이것이 유대인들에게는 거치는 것이 되고 헬라인들에게는 어리석은 것이 되지만 부르심을 받은 사람들에게, 유대인들에게나 헬라인들에게나, 그리스도는 하나님의 능력이요, 또 하나님의 지혜니라. 이는 하나님의 어리석음이 사람들보다 더 지혜롭고 하나님의 연약함이 사람들보다 더 강하기 때문이니라』(고전 1:18-25).

오늘날 한국 교회에 가장 문제가 되고 있는 것 중 하나가 소위 '표적의 은사'이다. 표적의 은사를 추구하는 동향은 1900년대 초에 시작되었는데, 이는 강력한 마귀의 영이 한국 교회뿐만 아니라 전 세계적으로 퍼뜨린 누룩, 즉 거짓 교리이다. 사도 시대에 있었던 은사가 오늘날에도 주어진다고 믿는 '은사주의'의 이단성에 대해서 공부할 때 정확히 알아야 할 가장 중요한 문제는 바로 표적의 은사에 대한 오해이다.

은사주의자들이 하나님 말씀을 제쳐두고 체험을 좇아가는 이유는 하나님께서 자신에게 초자연적인 권능을 주셨다고 착각하기 때문이다. 그러나 이들이 받았다고 하는 그 권능이 하나님으로부터 온 것인지 아니면 다른 영으로부터 온 것인지를 알아야 하는데, 성경은 이들을 거짓말쟁이이며 기만하는 자들이라고 하신다. 하나님의 말씀에는 우리가 속지 않도록 모든 것이 완벽하게 기록되어 있다. 거짓 교리에 속지 않으려면 하나님의 말씀을 어린 아이처럼 믿고 따르면 된다. 그것이 하나님께서 우리에게 원하시는 것이지만 사람들은 하나님의 말씀을 따르지 않는다.

본문 말씀과 같이 하나님께서는 우리 인간을 구원하실 때 복음 전파의 어리석음으로 믿는 자들을 구원하기를 기뻐하신다. 이렇게 분명한 말씀이 있는데도 많은 사람들은 이상한 '체험'을 통해 믿으려고 한다. 여기서부터가 성경과 어긋나는 것이다. 속지 않으려면 오직 하나님의 말씀으로만 인도되어야 한다. 표적으로 구원을 받는 것이라면 하나님께서 왜 복음 전파의 어리석음으로 구원하기를 기뻐하신다고 말씀하셨겠는가. 하나님의 말씀이 전파되어 그것을 믿는 자들을 구원하시는 것이 하나님께서 원하시는 구원의 방법이다.

많은 목사들이 하나님의 말씀과 반대되는 것을 가르친다. 하나님의 말씀은 제쳐두고 이상한 체험을 하도록 종용하면서, 그런 체험을 하는 것이 '은혜받는 것'이라고 가르치고 있는 것이다. 이런 목사들이 만나는 사람들에게 "은혜를 받으셨습니까? 체험이 있습니까?" 하고 물으니 성경을 모르는 사람들은 은혜를 받으려면 체험이 있어야 된다고 생각하는 것이다. 성경을 잘 모르는 사람들은 그러한 목사들의 말 한 마디에 그대로 영향을 받는다. 나도 예수 그리스도를 믿기 전, 목사들이 "예수님을 만나야 구원을 받는다"고 하기에 어떻게 예수님을 만나는 것인지 고민하던 때가 있었다. 교회에 오래 다닌 사람이라면 무슨 뜻으로 이런 말을 하는지 어느 정도는 이해할 수도 있을 것이다. 그러나 성경을 전혀 모르는 사람에게 예수님을 만나야 구원받는다고 하면 무슨 환상, 환청 등을 통해서 예수님을 만난 느낌과 체험이 있어야만 구원받는 것이라고 착각하게 만들 수 있다. 나도 이와 같이 어떤 초자연적인 것을 경험해야 구원을 받는 것인 줄 알고 한때 혼란스러웠다.

많은 한국 교회들이 은사주의에 물들어 방언, 신유, 축사를 하고 있다. 이것이 마귀의 영에 의한 것임에도 불구하고 이를 성경적으로 지적하고 반대하는 교회들은 찾아볼 수 없다. 반대는커녕 교회 성장을 위해서 모두 은사주의를 표방하고 있다. 이것이 성경적으로 잘못된 것임을 아는 소수의 목사들조차도 이를 지적하거나 반박하지 않는다. 반대하지 않는 것은 거짓 교리를 퍼뜨리는 데 일조하는 것이다. "당신은 체험이 있습니까? 나는 방언도 하고 병 고치는 은사도 있는데 당신은 그런 체험을 했습니까?"라는 질문을 받으면 순진한 사람들은 현혹되어 '왜 나는 그런 체험이 없을까? 왜 나는 그런 은사가 없을까? 하나님은 나를 덜 사랑하나보다.' 하면서 성령을 달라고 간구하게 된다. 방언을 해야만 성령받는 것이라고 믿는 것이다. 이런 거짓 가르침이 무지하여 미혹의 영에 사로잡힌 목사와 교인들에 의해서 퍼져나가고 있다.

표적은 믿지 않는 이스라엘을 위한 것

방언과 신유에 대해 우리가 분명히 알아야 할 것은, 그것이 표적의 은사라는 점이다. 은사에는 일반적 은사가 있는가 하면 표적의 은사가 있다(고전 12:4-11). 오늘날 한국 교회들에서 행한다고 하는 방언, 신유, 축사는 표적의 은사이며, 이는 하나님께서 초대교회에 주신 은사였다.

하나님께서 표적의 은사를 주신 이유는 무엇인가? 오늘날 은사주의 목사들이 말하는 것처럼 이 세상에서 병 걸리지 않고 건강하게 잘 살라고 주신 것인가? 만약 하나님께서 표적의 은사를 주신 목적이 그런 것이라면 누구나 병들지 않아야 하며 아픈 사람들은 모두 병 고침을 받아야 할 것이다. 구원받은 사람들이 질병에 걸리지 않게 하는 것이 목적이라면 하나님께서는 당연히 모두의 병을 낫게 해 주실 것이다. 그러나 하나님께서 그렇게 하시지 않는 이유는, 표적의 은사는 우리가 이 세상에서 건강하게 잘 살라고 주신 것이 아니라 말 그대로 '표적'으로 주신 것이기 때문이다. 믿지 않는 사람들이 요구했던 것이 표적이었다. 표적은 그들에게 하나님의 말씀을 확증하는 도구였던 것이다. 성경이 분명히 말씀하는 것은 표적의 은사가 믿지 않는 사람들을 위해 주어졌다는 것이다. 병 고침 받고 건강하게 잘 살라고 주신 것이 아니다. 오늘날 은사주의자들이 구하고 있는 표적의 은사는 그 목적부터가 철저하게 잘못된 것이다.

본문 22절은 "유대인들은 표적을 구하고 헬라인들은 지혜를 찾지만"이라고 말씀한다. 이스라엘 민족은 그 탄생부터 하나님 말씀을 믿기 전에 먼저 표적을 보아야 하는 민족이었다. 하나님께서 모세를 보내셨을 때에도 그 백성에게 먼저 표적을 보여주어야 했다. 성경에서 병 고치는 은사가 가장 먼저 등장하는 것은 모세의 손이 문둥병에서 나았던 출애굽 때인 것을 기억해야 한다. 이스라엘 백성을 이집트에서 불러내실 때 그들로 하여금 믿게 하기 위해서 표적을 보여 주셨던 것이 분명하다면, 사도행전에서 유대인들이 복음을 거부한 뒤에는 더 이상 표적을 주셔야 할 필요 자체가 사라진 것이다.

하나님께서 표적을 주시는 목적이 무엇인지를 확실히 인지해야 한다. 표적은 하나님의 말씀을 믿지 않는 유대인들을 돌이키게 하기 위해서 주신 것이다. 오늘날 은사주의를 표방하는 목사들은 표적의 은사가 무엇인지, 왜 주어진 것인지에 대해 무지한 채 이를 사람들을 모으기 위한 방편으로 사용하고 있다. '우리 교회에 나오면 병 낫는다, 귀신을 쫓아 준다'고 말하며 거짓 표적, 거짓 은사로 사람들을 속이고 있다.

성경에 나오는 방언은 외국어

오늘날 많은 교인들이 소위 '방언'을 한다고 한다. 그러나 그들이 하는 방언은 성경의 방언과 다르다. 성경의 방언은 사도행전에서 분명히 알 수 있듯이 다른 나라의 언어를 말한다. 혹자는 사도행전의 방언이 있고 고린도전서의 방언이 있다고 한다. 즉 '알지 못하는 방언'과 '알 수 있는 방언' 두 가지가 있다는 것이다. 그러나 성경에 의하면 방언은 두 군데에서 모두 외국어를 뜻한다. 듣는 이가 그 언어를 모른다면 무슨 말을 하는지 알아듣지 못하기 때문에 통역의 은사가 필요한 것이다. 그렇기 때문에 고린도전서 14장에서 "알지 못하는 방언"이라고 말씀하는 것이다. 즉 어떤 희한한 영계의 언어이기에 알지 못하는 방언이라고 한 것이 아니라는 말이다. 만일 내가 강단에서 히브리어로 설교를 하면 우리 회중이 알아듣지 못하는 것과 같다. 그 히브리어가 회중에게는 알지 못하는 방언이 되는 것이다.

어떤 이들은 또 고린도전서의 방언은 믿는 사람의 방언이고 사도행전의 방언은 믿지 않는 사람을 위한 방언이라고 한다. 그러나 고린도전서 14장은 두 가지 방언이 있다고 하지 않고 "방언들은 믿는 자를 위한 것이 아니라 믿지 않는 자를 위한 것"이라고 분명하게 말씀한다. 여기서 믿지 않는 자란, 교회에 다니지 않는 불신자가 아니라 유대인들을 말한다. 사도행전의 방언과 고린도전서의 방언은 같은 것이며 초대교회 때 그 은사가 주어졌던 이유는 유대인들을 위해서였다.

사도 바울이 사도행전에서 제일 먼저 복음을 전한 대상이 누구였는지를 생각해보면 이해하기가 쉽다. 그는 소아시아 등을 포함해 곳곳에 흩어져 있던 유대인들에게 가서 복음을 전했다. 이방인들이 아니라 유대인들이 모이는 회당으로 먼저 갔었다. 유대인들이 복음을 거부하자 이방인들에게로 갔지만, 그렇게 되기 전까지 당시 유대인들이 믿도록 하기 위해 하나님께서는 바울에게 표적의 은사를 주신 것이다. 일부 유대인들은 바울이 행하는 표적을 보고 하나님의 말씀을 믿었다.

표적의 은사 자체가 없었다고 말하는 것이 아니다. 초대교회 때 분명히 표적의 은사는 존재했었다. 그러나 사도 바울의 사역이 끝나갈 무렵, 특히 그가 옥중서신을 썼을 때에는 표적의 은사에 대해서 별로 이야기하지 않는 것을 볼 수 있다. 그 이유는 표적의 은사가 더 이상 필요 없어졌기 때문이다. 이스라엘 백성들이 복음을 거절하고 이제 그 복음은 이방인들에게 넘어갔기 때문이다. 이방인들은 하나님 말씀을 믿고 구원받는 것이지 표적을 보고 믿고 구원받는 것이 아니다.

AD 100년경에 신구약성경이 완성되고 난 후, 이제 표적은 더 이상 필요치 않게 되었다. 믿음은 들음에서 나오고 들음은 하나님의 말씀으로 말미암게 되었다(롬 10:17). 하나님께서는 그분의 말씀을 믿는 모든 자들을 구원해 주시는데, 이는 이스라엘이 거부하고 이방인들이 복음을 받아들이게 된 그 시기이다. 사도행전 28장에서 유대인들이 거절하자 사도 바울은 로마로 가는데, 그의 사역 끝에는 표적의 은사가 사라지고 없는 것을 볼 수 있다.

S교회 K목사로 대표되는 은사주의 교회에서 말하는 신유, 방언, 축사 등의 '은사'는 성경의 진리와는 전혀 관계가 없다. 이는 신비주의 사상, 무속신앙을 교회에 접목시킨 것이다. 어떤 환상을 보고 영안이 뜨였다느니, 입신을 해서 영계를 보았다느니 하는 사람들은 더러운 영과 접신하고 마귀에게 점령당한 것이다.

요사이는 특히 근육을 이완시키고 긴장을 푸는 운동으로 요가가 유행이다. 그러나 문제는 요가에서 마음을 비우라고 하는 데 있다. 사람이 마음을 비우려 하면 정신이 맑아지고 마음이 깨끗해지는 것이 아니라 오히려 그 사람 안에 더러운 영이 들어가게 된다. 깨끗이 소제된 집에 더러운 영이 다른 더 악한 일곱 영을 데리고 들어간 이야기가 누가복음 11장에 나오지 않는가. 아무리 초보 단계 요가를 한다 해도 이는 영적 생활이 무력해지는 결과를 가져온다. 첫 단계부터 마귀가 잠입하기 때문이다. 우리는 마음을 비우는 것이 아니라 성령으로 가득 채우심을 받아야 한다. 요가를 하면 긴장이 풀릴 것 같고 운동이 될 것 같지만 그리스도인으로서 그만큼 영적으로 손해보는 일을 하는 것이다. 오히려 무기력해지고 영적 능력은 파괴되고 만다. 차라리 밖에 나가서 동네 한 바퀴를 걷거나 달리고 들어오는

편이 훨씬 낫다.

하나님께서 표적의 은사를 주신 이유는 인간이 하나님의 말씀을 믿지 않기 때문이며, 이는 구약 때나 신약 때나 동일하다. 『내가 확실히 아노니, 어떤 능한 손으로도 이집트 왕이 너희를 결코 가게 하지 아니할 것이나, 내가 나의 손을 뻗쳐 그들 가운데서 행할 나의 모든 이적들로 이집트를 치리니 그후에야 그가 너희를 가게 하리라』(출 3:19,20). 하나님께서는 표적과 이적을 보여주더라도 파라오가 믿지 않을 것을 미리 아셨다. 그런데도 표적을 베푸신 이유는 믿지 못하던 유대인들이 표적을 보고 모세를 따라오게 하기 위함이었다. 즉 파라오를 위해서 주신 것이 아니라는 말이다. 파라오가 후에 유대인들을 가게 한 이유는 표적을 보고 나서 회개하고 믿었기 때문이 아니라 자신의 맏아들이 죽었기 때문이었다.

혹자는 사도행전 10장에서 코넬료 집안 사람들이 복음을 들었을 때 그 자리에서 방언을 한 사람들이 이방인들이기 때문에 방언은 유대인들만을 위한 것이 아니라 이방인들을 위한 것이기도 하다고 말한다. 그러나 그 방언은 이방인들도 성령을 받았다는 것을 베드로와 나머지 유대인들이 보고 믿도록 하기 위한 것이었다. 베드로는 이방인들이 자신들처럼 성령을 받을 줄은 꿈에도 몰랐다. 하나님께서 그에게 환상으로 미리 계시를 하셨지만 깨닫지 못했었다. 그런데 설교를 듣던 이방인들이 갑자기 성령을 받고 방언을 하기 시작한 것이다. 그 자리에 있던 유대인들은 그들이 예수님을 구주로 영접하고 나서 다른 언어들로 '하나님을 높이는 것'을 들을 수 있었다. 여기서 다시 한번 강조하지만 이들은 명백한 외국어를 구사한 것이지 오늘날 많은 은사주의 교회에서 하듯 '랄랄라 셰셰셰' 하는 이상한 소리를 낸 것이 결코 아니었다. 방언을 받고 싶으면 먼저 "혀에 완전히 힘을 풀고 할

렐루야를 수백 번 반복해서 연습해야 된다"고 하는 목사들이 있다는 것은 한국 기독교계의 웃지 못할 현실이다.

『모세가 대답하여 말씀드리기를 "그러나 보소서, 그들이 나를 믿지도 아니하고 내 음성에 경청하지도 아니하리니, 그들이 말하기를 '주께서 네게 나타나지 아니하셨다.' 하리이다." 하자』(출 4:1). 하나님께서 직접 모세에게 말씀을 하고 계시는 상황인데도 모세는 하나님 말씀을 믿지 못하고 있다. 만일 그가 '네, 알겠습니다. 제가 가겠습니다' 했더라면 하나님께서 표적을 보여 주실 필요가 없었을 것이다. 『네 손에 있는 것이 무엇이냐?" 하시니 그가 말씀드리기를 막대기니이다." 하더라. 주께서 말씀하시기를 "그것을 땅에다 던지라." 하시기에 그가 그것을 땅에 던졌더니 그것이 뱀이 된지라, 모세가 그것 앞에서 피하더라. 주께서 모세에게 말씀하시기를 "손을 내밀어 그 꼬리를 잡으라." 하시기에 그가 손을 내밀어 그것을 잡으니, 그것이 그의 손에서 막대기가 되더라』(출 4:2-4). 인류 최초로 뱀을 다루는 장면이 나오는데, 이는 예수님께서 마가복음 16장에서 제자들에게 하신 말씀과 연관된다. 『믿는 자들에게는 이러한 표적들이 따르리니, 즉 내 이름으로 그들이 마귀들을 쫓아내고 … 그들은 뱀들을 집을 것이요』(막 16:17,18). 주님께서는 제자들이 독뱀을 만져도 죽지 않으리라고 말씀하셨고, 이 말씀은 사도 바울에게서 실제로 이루어진다(행 28장). 이렇게 초대교회 사도들에게 주신 표적의 시초는 주님께서 이스라엘 백성을 이루실 때 보내셨던 모세에게로 거슬러올라간다.

위 구절에서 한 가지 중요한 것은, 쫓아내는 것이 '마귀'이지 '귀신'이 아니라는 점이다. S교회의 K목사, G교회의 K목사, H목사 등이 소위 귀신을 쫓아낸다고 하는 것은 성경에서 마귀를 쫓아내는 것과 아무 관계가 없다.

그들은 예수님을 믿지 않고 죽은 자의 혼이 귀신이 되어 떠돌아다닌다고 하는데, 이것은 한국인들이 믿어온 샤머니즘에 기초한 것이지 성경적 교리가 결코 아니다.

한국인들은 전통적으로 죽은 자들의 혼이 초자연적인 힘을 갖고 있어 살아 있는 자들에게 복을 주거나 저주를 가져올 수 있다고 믿었다. 이러한 영들과 접촉하고 다스리는 것이 샤먼, 즉 무당들이 하는 일이었는데, 이러한 무당의 역할을 오늘날 목사들이 교회 안에서 버젓이 하고 있는 것이다. 그러한 가르침은 인간을 멸망으로 인도하는 마귀의 속임수에 불과하다. 성경은 죽은 사람의 혼은 그 즉시 죄가 있으면 지옥에 가고 죄가 없으면 '셋째 하늘', 즉 하나님이 계신 '하늘나라'에 간다고 말씀한다.

『그후 열한 명이 앉아 식사할 때에, 주께서 그들에게 나타나시어 그들의 믿음 없음과 마음이 완악한 것을 꾸짖으시니 이는 그들이 주께서 살아나신 후 주를 본 자들의 말을 믿지 아니하였기 때문이라』(막 16:14). 주님께서 오셔서 표적을 보여주셨는데도 불구하고 이스라엘 백성은 소수 외에는 믿지 않았다. 이스라엘이 민족적으로 복음을 거절하고 그 복음이 이방인들에게로 넘어왔기 때문에 교회 시대에는 더 이상 표적이 필요하지 않게 되었다. 하나님께서 표적을 행하실 능력이 없는 것이 아니라 필요가 없어진 것이다.

『어떤 독을 마실지라도 결코 해를 입지 않을 것이며, 병자에게 안수하면 그들이 회복되리라."고 하시더라. 그리하여 주께서 그들에게 말씀하신 후, 하늘로 들림을 받아 하나님의 오른편에 앉으셨더라』(막 16:18,19). 승천하시기 전 주님께서는 제자들이 나가서 복음을 전할 때 그 말을 믿는 사람들에게 따를 표적을 말씀하셨다. 『그후 제자들이 나가서 곳곳마다 전파하니, 주께서 그들과 함께 역사하시고, 또 따르는 표적들로 말씀을 확고하게 하시더라. 아멘」(막 16:20). 역시 표적의 목적은 하나님의 말씀을 믿게 하는 것이었지만 이스라엘 백성들은 표적을 보고서도 믿지 않았다. 여기서 확고히 하신 것이 과거 시제인 점을 주목해야 한다. 성경이 완성된 뒤로 유대인들을 위한 표적의 은사는 끝난 것이다. 표적은 오늘날 이방인인 한국인들이 믿도록 하기 위해서 주신 것이 아니다.

믿음을 파괴시키는 표적의 은사

표적과 믿음은 서로 정반대에 위치한 것으로, 오늘날 은사주의 목사들은 표적을 강조함으로써 하나님 말씀을 믿는 믿음을 파괴시키고 있다. 마귀가 거짓 표적을 주는 이유는 간단하다. 하나님 말씀에 대한 믿음만 파괴시키면 쉽게 장악할 수 있기 때문이다. 설혹 구원을 받았다 하더라도 마귀가 하라는 대로 좇아가게 된다. 마귀에게 점령당해 온갖 죄를 저지르고 복음을 방해하는 훼방꾼 노릇을 하게 되어 있다.

표적을 구하는 사람들은 말씀에 의한 믿음을 등한시한다. 그들에게 말씀으로 복음을 전하면 "저는 이미 성령을 받은 체험이 있기 때문에 괜찮습니다"라고 하면서 받아들이지 않는다. 하나님 말씀을 최종적인 권위로 삼지 않고 무시하기 때문에 결국 지옥으로 가는 것이다. 우리가 하나님 말씀을 믿을 때 영적인 수술인 그리스도의 할례가 이루어지고 우리의 몸과 혼이 갈라지게 된다(골 2:11). 그렇기 때문에 구원받은 후에 육신으로 죄를 지어도 우리의 혼이 하늘나라로 갈 수 있는 것이다. 구약 때에는 더러운 시체를 만지면 그 몸이 더러워졌으므로 성전에 들어갈 수 없었다. 몸과 혼이 붙어 있기 때문에 몸이 죄를 지으면 혼에까지 그 죄가 전가되었다. 반면 오늘날 교회 시대에는 하나님 말씀으로 구원받을 때 그 사람의 몸과 혼은 성령의 칼로 갈라진다. 그러나 말씀을 등한시하고 체험을 믿는다고 고집한다면 그런 영적 수술이 일어날 수가 없다. 따라서 몸과 혼이 붙어 있는 상태에서 몸은 항상 죄를 접하고 있기 때문에 지옥에 가는 것이다.

『주께서 그에게 또 말씀하시기를 "네 손을 지금 네 품에 넣으라. 하시기에, 그가 자기 손을 품에 넣었다 꺼내니, 보라, 그의 손이 문둥병에 걸려 눈처럼 되었더라』(출 4:6). 그들이 믿지 않으면 어떻게 할지를 알려 주시는데, 그 대상은 유대인들이다. 『주께서 말씀하시기를 "네 손을 네 품에 다시 넣으라." 하시므로 그가 그의 손을 품에 다시 넣었다가 품에서 꺼내니, 보라, 그의 손이 그의 다른 살과 같이 되었더라』(출 4:7). 최초의 신유의 은사가 등장하는 곳은 초대교회 때가 아니라 모세가 문둥병에서 낫게 되는 이곳이다. J목사가 모세처럼 표적의 은사를 가졌다면 그는 여의도 교회에 있을 것이 아니라 나병환자촌인 소록도에 가고 암 병동에 가서 모든 환자를 치유해 주어야 할 것이다. 그가 그렇게 하지 않는 이유는 그런 능력이 없기 때문이다.

또한 은사주의 목사들은 안수해서 병이 낫지 않으면 그 사람이 믿음이 부족해서 그런 것이라고 변명을 한다. 그러나 예수님께서는 주께 나아오는 모든 사람들을 고쳐 주셨고 주님의 옷에 손만 닿아도 병이 나았으며, 사도 베드로의 경우 그의 그림자만 지나가도 치유를 받았다. 당사자에게 믿음이 있는지 없는지는 관계가 되지 않았다. 믿음이 있으면 낫고 없으면 낫지 않는다는 조건은 성경에 근거하고 있지 않다. 이처럼 성경에 나오는 표적과 은사주의 목사들이 말하는 표적은 완전히 다른 것이다. 전자는 성령께서 역사하신 것이고, 후자는 사탄이 사람들을 속이는 것이다.

『만일 그들이 너를 믿지 아니하고 처음 표적의 소리에 경청하지 아니하면, 그들이 나중 표적의 소리를 믿으리라. 만일 그들이 이 두 표적도 믿지 아니하고』(출 4:8,9). 결국 그들은 믿지 않는다. 여러분도 만일 눈 앞에서 표적의 은사가 일어나는 것을 본다면 어떻겠는가. 자신은 당연히 믿을 것이라고 생각할지 모르지만, 유대인들은 죽은 자를 살리시는 예수님의 기적을 보고서도 그분을 십자가에 처형했다. 인간의 마음은 이처럼 악한 것이다.

『주께서 모세에게 말씀하시기를 "파라오에게로 들어가라. 내가 그의 마음과 그의 신하들의 마음을 완악하게 함은, 내가 그 앞에서 이러한 나의 표적들을 보여 주려 함이며』(출 10:1). 칼빈주의를 믿는 자들은 하나님께서 파라오의 마음을 완악하게 만드셨기 때문에 그가 완악해진 것이지 그의 자유 의지 때문이 아니라고 한다. 이것이 오류인 이유는 그들이 하나님의 미리 아심을 간과하기 때문이다. 예정, 즉 미리 정하심에 의해서가 아니라 미리 아심에 의해서 그의 마음을 완악하게 하신 것이다. 예정과 미리 아심의 순서를 뒤바꾸다가는 마귀의 교리를 가르치게 된다.

『내가 이집트에서 행한 일들과 내가 그들 가운데서 행한 내 표적들을, 너로 네 아들과 네 아들의 아들의 귀에 전하게 하려 함이요』(출 10:2). 표적은 이스라엘 백성과 그 자손에게 전하기 위해 주신 것이지 파라오에게 주신 것이 아니다. 그렇기 때문에 주님께서 파라오의 마음을 완악하게 하신 것이다. 그가 완악했기 때문에 계속해서 표적을 보여주셨던 것이고 이를 보고 이스라엘 자손이 모세를 따라서 이집트를 떠나 하나님의 백성으로 삼아지게 되었다. 목적은 그것 하나였다.

『내가 어찌하여 주인가를 너희로 알게 하려는 것이라』(출 10:2). 이스라엘 자손이 표적을 구하기 때문에 예수님께서는 오셔서 표적을 행하시고 자신이 구약에 약속된 메시아임을 선포하셨다. 육신으로 나타나신 하나님께서 죽은 자를 살리고 병자들을 고치고 마귀들을 쫓아내셨다. 그런 표적들을 보았음에도 대다수는 믿지 않고 메시아를 죽였다. 예수님께서는 십자가에서 이들을 용서해 달라고 기도하시고 죽으시고 부활 승천하셨다. 그후 스데판의 설교를 들은 유대인들은 그 마지막 기회마저 받아들이지 않고 그를 돌로 쳐서 죽였다. 그래서 유대인들의 표적의 은사는 그 필요가 상실되었기 때문에 점차 사라졌다.

복음이 예루살렘에서 전파된 이후에 사마리아인들에게 또 이방인들에게 전파되었고 주님께서는 그때마다 그곳에서 말씀을 듣는 유대인들을 구원하시기 위해 표적을 보여주셨지만 그들은 여전히 받아들이지 않았다. 결국 사도 바울의 사역 끝에는 표적의 은사를 거두어가셨다.

표적이 주어진 이유는 사람들이 하나님의 말씀을 믿지 않기 때문이었으며, 예수님께서는 표적을 구하는 유대인들을 '음란한 세대'라고 책망하셨다. 은사주의 목사들이 표적을 구하는 것은 그들이 음란하기 때문이며 J목사, 오럴 로버츠(Oral Roberts), 로버트 슐러(Robert Schuller), 베니 힌(Benny Hinn) 등 많은 이들이 간음, 음행으로 문제가 되었다는 사실이 이를 증명한다.

필요한 것은 표적이 아닌, 믿음

하나님께서 오늘날 그리스도인들에게 원하시는 것은 표적을 보고 믿음을 갖는 것이 아니다. 우리가 가져야 할 믿음은 히브리서 11장에 나와 있다. 『이제 믿음은 바라는 것들에 대한 실상이요, 보이지 않는 것들에 대한 증거니』(히 11:1). 오늘날 교회 시대에는 보이지 않는 것을 믿는 것이다. 우리는 지옥도, 하늘나라도, 예수님도 볼 수 없다. 그러나 하나님 말씀을 믿음으로써 그 믿음이 우리에게 증거가 되고 실상이 되는 것이다. 보지 않아도 증거와 실상이 된다.

『그러므로 우리는 몸에 있는 집에 거할 때 주로부터 멀리 떨어져 있다는 것을 알면서도 항상 자신에 차 있으니 (이는 우리가 믿음으로 행하고 보는 것으로 하지 아니함이라.) 우리가 자신에 차 있으니 정녕 몸에서 떠나 주와 함께 있는 것을 오히려 더 원하노라』(고후 5:6-8). 우리는 믿음으로 행하고 보는 것으로 행하지 않는다. 유대인들은 보는 것으로 행하는 반면 우리는 믿음으로 행한다. 이것이 차이점인 것이다. 예수 그리스도를 믿는 믿음은 들음에서 나오고 들음은 하나님의 말씀에 의한다. 그 믿음 외에는 우리를 구원할 수 있는 것이 없다. 안식교의 창시자 엘렌 화이트(Ellen G. White)처럼 수천 가지 꿈을 꾸고 환상을 보았어도 지옥에 가는 것이다. P교주, L교주, M교주 등 많은 사람들이 신비하다고 하는 체험을 하고 환상을 보았다고 해도 그것이 영생을 주는 것이 아니다. 영생은 하나님 말씀을 믿음으로써 얻는 것이다. 사도 바울은 보지 않았는데도 자신에 차 있었다. 예수님을 믿고 구원받았기 때문에 죽으면 즉시 혼이 주님께로 간다는 것을 알았던 것이다.

『에라스도는 고린도에 머물러 있고, 트로피모는 몸이 아파서 밀레토에 남겨 두었느니라』(딤후 4:20). 죽은 자도 살리던 사도 바울인데 어떻게 몸이 아픈 트로피모를 그대로 두고 온단 말인가. 이는 표적의 은사가 사라졌음을 말하는 것이다. 『이제부터는 물만 마시지 말고 네 위장과 자주 앓는 질병을 위하여 포도주를 조금씩 쓰라』(딤전 5:23). 능력으로 병을 고쳐주지 않고 약을 쓰라고 권고하고 있다.

대환란 때 다시 등장하는 표적

그러나 앞으로 올 대환란 때에는 달라진다. 이스라엘 백성이 고난을 통과하여 회복되는 때인 대환란 때에 표적의 은사가 다시 등장한다. 요한계시록 11장의 두 증인은 모세와 엘리야이다. 모세가 죽었을 때에 그의 시체를 찾을 수 없었고 엘리야는 죽지 않고 휴거되었다. 이들이 다시 내려와서 이스라엘에게 메시아를 전파하고 그들을 회개에 이르게 할 것이다. 『내가 나의 두 증인에게 권세를 주리니, … 누구든지 그들을 해치려고 하면 그들의 입에서 불이 나와 그들의 원수를 삼키리니 누구든지 그들을 해치려고 하면 반드시 이와 같이 죽게 되리라. 이들에게는 하늘을 닫는 권세가 있어서 그들이 예언하는 날 동안 비를 오지 못하게 하고, 물을 피로 변하게 하는 권세도 있어 원하는 때면 언제든지 온갖 재앙으로 땅을 치리로다』(계 11:3-6). 출애굽 당시 하나님께서 이스라엘 백성을 이집트에서 건져내기 위해서 이적과 표적들을 주신 것과 똑같은 상황이 벌어진다. 이스라엘 백성이 믿고 회개하고 돌아오도록 하기 위함이다.

그런데 사탄도 이 시기에 표적을 행한다는 것이다. 『또 내가 보니, 다른 짐승이 땅에서 올라오는데 어린양처럼 두 뿔을 가졌으며 용과 같이 말하더라. 그가 자기 앞에 있던 첫째 짐승의 모든 권세를 행사하고 또 땅과 거기에 사는 자들로 하여금 치명적인 상처를 치유받은 그 첫째 짐승에게 경배하게 하더라. 또 큰 이적들을 행하는데 심지어는 사람들 앞에서 불을 하늘에서 땅 위로 내려오게 하더라. 그가 짐승 앞에서 행할 권세를 받아 그 같은 기적을 통하여 땅에 거하는 자들을 미혹하며』(계 13:11-14). 따라서 대환란 때에는 그 일이 하나님께로부터 온 것인지 아니면 사탄의 역사인지

분별해야 하는 어려움이 있다. 우리는 걱정할 필요가 없다. 표적의 은사는 초대교회 때 끊어졌고 현재는 이방인의 복음 시대로서 말씀으로 구원받기 때문이다. 그러나 교회 시대 끝에 휴거가 일어나고 대환란이 시작되면 다시 하나님의 표적이 등장하고 그와 동시에 사탄도 표적을 일으켜서 사람들을 미혹할 것이다.

결론적으로, 하나님께서는 이스라엘 백성을 구원하시기 위해서 표적을 주셨고, 오늘날에는 복음 전파의 어리석음으로 구원하시기를 기뻐하신다 (고전 1:21). 오늘날 한국 교회에 일고 있는 은사주의 운동은 미혹의 영의 역사임을 분명히 알아야 한다. 성령의 역사인 줄 알았지만 실제로 마귀의 영에 의해 하루하루 살다가는 가정 파괴와 정신병, 파멸로 이어지게 된다. 이것은 내가 실제로 본 사실에 입각해서 하는 말이다. 한국의 정신병원 입원자 60퍼센트 이상이 은사주의 교회 교인들이라는 통계 자료도 있다. LA에서는 어떤 은사주의 목사가 정신질환이 있는 아들의 손에 칼로 살해당하는 비극적인 일도 있었다. 만일 가족 중에 은사주의 교회와 교리에 빠진 사람이 있다면, 그들에게 살아있는 능력의 말씀으로 진리를 전하고 간절히 기도함으로써 마귀의 수중에서 빠져나오도록 인도해야 할 것이다.

시대에 따른
구원 방법

『주의 약속은 어떤 사람들이 더디다고 생각하는 것같이 더딘 것이 아니라 오직 우리에 대하여 오래 참으시어 아무도 멸망하지 않고 다 회개에 이르게 하려 하심이라. 그러나 주의 날이 밤에 도둑같이 오리니 그 날에는 하늘들이 굉장한 소리를 내며 사라지고 우주의 구성 요소들이 맹렬한 불로 녹아내리며 땅과 그 안에 있는 일들이 타버릴 것이라. 그때 이 모든 것이 녹아버리리니 너희가 모든 거룩한 행실과 경건에 있어 어떠한 사람들이 되어야 하겠느냐? 하나님의 날이 오기를 고대하고 열망하라. 그때는 하늘들이 불에 타서 녹아 버리고 우주의 구성 요소들도 맹렬한 불에 녹아내릴 것이나 우리는 그의 약속대로 의가 거하는 새 하늘들과 새 땅을 기다리도다. 그러므로 사랑하는 자들아, 너희가 이런 것을 기다리고 있으니 점 없고 흠 없이 평강 가운데서 그분께 발견되도록 힘쓰라. 또 우리 주의 오래 참으심이 구원인 줄로 생각하라. 우리의 사랑하는 형제 바울도 그가 받은 지혜대로 너희에게 그렇게 썼고 그의 모든 편지에서도 이런 것에 관하여 말하고 있으나 그 가운데는 깨닫기 어려운 것이 더러 있어 무식한 자들과 견고하지 못한 자들이 다른 성경들처럼 억지로 풀다가 스스로 멸망에 이르느니라. 그러므로 사랑하는 자들아, 너희가 이런 것을 미리 알았으니 악한 자들의 미혹에 이끌려 자신의 견고한 입장에서 떨어지지 않도록 주의하라. 오직 은혜와, 우리 주 곧 구주 예수 그리스도를 아는 지식 안에서 자라가라. 영광이 이제와 영원토록 그에게 있을지어다』(벧후 3:9-18).

세상 사람들은 성경을 모든 것을 판가름하는 최종적인 권위로 삼지 않는다. 더욱 안타까운 것은 교회에 다니는 사람들조차 말씀을 별로 중요하게 생각하지 않는다는 것이다. 성경에 경고된 대로, 사탄의 종들이 의의 종으로 가장하여 하나님의 말씀 대신 신비한 체험이나 잘못된 교리를 믿게 함으로써 사람들로 하여금 진리의 길에서 멀어지게 하고 있다.

우리는 하나님, 예수님, 성령님을 눈으로 볼 수는 없다. 우리가 눈으로 볼 수 있는 것은 단 하나, 하나님의 말씀뿐이다. 인간은 성경을 최종 권위로 삼아야 하는데도 불구하고 많은 사람들은 그렇게 하지 않고 있다. 우리 성경적으로 믿는 사람들이 다른 사람들과 다른 것은, 우리는 성경의 단어 하나하나 하나님께서 우리에게 직접 하신 말씀으로 믿는다는 데 있다.

육신의 몸으로 오신 하나님께서 십자가에서 죽으셨다가 부활하셨다. 이는 성경에만 기록된 사건이 아니라 역사상 실제로 일어난 사실로, 많은 사람들이 그것을 목격했고 믿지 않는 세상 역사가들도 기록한 사실이다. 그럼에도 불구하고 사람들은 말씀을 중요하게 생각지 않고 그 이상의 무언가를 찾으려 하다가 오히려 마귀가 주는 이상한 체험에 빠지게 된다.

하나님께서는 세상 만물과 인간을 완벽하게 창조하셨지만 인간의 죄와 타락으로 인해 세상에 저주가 들어오게 되었다. 하나님께서는 인간을 구원하시기 위해 세상에 오셨고, 앞으로 다시 오셔서 심판한다고 하셨다. 성경은 하나님의 날에 하늘들이 불에 타서 녹아내리고 우주의 구성 요소들도 맹렬한 불에 녹아질 것이라고 말씀한다. 사람들은 성경을 믿지 않기 때문에 그런 일이 일어날 것으로 전혀 생각지 않지만, 우리는 말씀 그대로를 믿는다.

주님은 다시 오신다고 약속을 하셨지만 그것을 연기하시는 이유가 있다. 『주의 약속은 어떤 사람들이 더디다고 생각하는 것같이 더딘 것이 아니라 오직 우리에 대하여 오래 참으시어 아무도 멸망하지 않고 다 회개에 이르게 하려 하심이라』(벧후 3:9). 인간은 자기 뜻대로 살다가 지옥에 가지만, 주님께서 오래 참으시는 이유는 아무도 멸망치 않기를 원하시기 때문이다. 사탄은 한 사람이라도 더 멸망해서 자신과 함께 지옥에 떨어지기를 바란다. 따라서 사탄은 교회를 공격해서 사탄의 교회로 만들고 또 자신의 종들을 목사로 세우기도 한다. 십자가가 걸려 있다고 해서 다 교회가 아니라 사탄의 교회가 있고, 사탄의 사역을 하는 목사들이 있는 것이다. 이 쉬운 은혜 복음이 온 세상 구석구석까지 모두 전파되지 않는 이유는 사탄과 그의 종들이 있기 때문이다.

『그의 모든 편지에서도 이런 것에 관하여 말하고 있으나 그 가운데는 깨닫기 어려운 것이 더러 있어 무식한 자들과 견고하지 못한 자들이 다른 성경들처럼 억지로 풀다가 스스로 멸망에 이르느니라』(벧후 3:16). 은혜 복음은 사도 바울을 통해 계시하신 것이다. 바울 서신이 가르치는 것은 우리가 오직 예수 그리스도를 믿음으로써 구원받는다는 것이다. 그런데 우리가 구원은 오직 믿음으로 받는 것이며 율법의 행위로써 받는 것이 아니라고 하면 이단시하는 사람들이 있다. 그 중에는 바울 서신을 백독, 이백독을 했다는 사람들도 있다. 바울 서신의 요지가 오직 믿음으로 받는 구원인데도 불구하고 그들이 그것을 모르는 이유는, 본문 16절의 사람들처럼 무지한 자들과 견고하지 못한 자들이 성경을 억지로 풀려 하기 때문이다.

사도 바울의 사역 당시에도 그가 오직 예수 그리스도를 믿음으로써 구원받는다고 하자, 믿을 뿐 아니라 할례를 받아야 한다고 가르침으로써 사람들을 지옥으로 보내는 자들이 있었다. 오늘날도 마찬가지다. 우리가 주님을 믿기만 하면 구원받는다고 하면 이를 받아들이지 않고 믿음과 행함이 모두 있어야 한다고 하는 이들이 있다. 믿음으로 구원받는 것을 모르는 이들은, 구원이 오직 믿음에 의한 것이라고 믿는 사람들을 행함이 전혀 없는 사람들이라고 한다. 그러나 우리는 구원을 어떻게 받는가를 말하는 것이지, 행함이 없이 살라고 하는 것이 아니다. 구원은 믿음만으로 받는 것이지만, 하나님의 자녀가 된 사람은 말씀대로 행해야 한다. 그들이 이러한 구원 교리를 이해하지 못하는 이유는 성경에서 믿음과 행함, 둘 다가 있어야 한다고 말씀하기 때문이다. 단, 오직 하나의 예외가 바로 바울 서신이다. 그들은 이러한 진리를 해결하지 못하기 때문에 억지로 풀다가 스스로 멸망하는 것이다. 자신들만 멸망하는 것이 아니라 자신들이 인도하는 사람들 모두를 지옥으로 향하게 만들고 있다.

성경은 현재를 사는 우리에게만 주신 것이 아니라 아담부터 시작해서 6천 년 동안의 모든 인간에게 주신 책인 것을 알아야 한다. 하나님께서 그 당시에 계시하신 것을 믿으면 되는 것이다. 아담이 예수 그리스도의 죽음과 부활을 믿고 구원받았다고 하는 생각은 잘못된 것이다. 시대에 따른 하나님의 구원 계획을 정확히 알아야 한다.

아담의 구원

『선과 악의 지식의 나무에서 나는 것은 먹지 말라. 네가 거기서 나는 것을 먹는 날에는 반드시 죽으리라』(창 2:17). 인간은 하나님께서 계시하신 말씀을 따라가면 된다. 하나님께서는 당시 아담에게 예수 그리스도의 십자가 사건이나 부활하는 초자연적인 사건이 아닌, 단지 한 가지만을 말씀하셨다. 그들은 그 당시에 그 말씀만을 지키면 되는 것이었다. 당시의 계시는 그것이었다. 성경 66권을 앞에 두고 구원론을 공부해야 하는 것이 아니었다. 하나만 지키면 되는데, 그것이 믿음과 행함, 즉 하나님께서 계시해 주신 말씀을 믿고 그것을 행하면 되는 것이었다.

단 한 가지 명령, 즉 선과 악의 지식의 나무의 열매를 먹지 말라는 것이다. 아담과 이브는 이 말씀을 지키지 않고 그것을 먹었기 때문에 타락의 길을 가게 되었다. 아담이 예수 그리스도의 죽음과 부활, 은혜 복음을 믿고 구원받았다고 하면 곤란한 것이다.

아담과 이브가 '자기 의'를 상징하는 무화과나무 잎으로 옷을 만들어 입자 주님께서는 그들에게 가죽 옷을 입히셨다. 여기에서 주님은 동물의 피를 흘림으로써 인간에게 은혜를 베풀어 주셨고, 피흘림이 없이는 죄사함이 없다는 진리를 보여 주셨다. 죄를 모르는 상태로 창조된 그들은 벌거벗었는데도 부끄러워하지 않았지만 금지된 열매를 먹고 난 뒤에 수치심을 알게 되었다. 이제 인간은 양심에 의해 살아야 하게 되었다. 믿음과 행함이 요구되는 것인데, 이 행함은 양심에 따른 행함이다.

믿음을 말할 때도 마찬가지다. 은혜 시대의 믿음과 아담의 때의 믿음과는 차이가 있다. 인간에게 요구되는 것은 그 당시에 하나님께서 계시하신 말씀을 믿는 것이며, 신약 교회 시대의 믿음은 예수 그리스도의 죽음과 부활을 믿는 것이다(고전 15:1-4).

양심에 따라 살면 되었던 양심 시대에 아벨과 카인이 하나님께 제사를 드렸다. 아벨은 동물의 피제사를 드린 반면 카인은 인간의 행위, 즉 자기 의를 상징하는 땅에서 나는 열매를 드렸는데 하나님께서는 카인의 제사를 악하다고 하셨다. 인간은 하나님께서 계시하신 대로 피제사를 드리면 되었다.

노아 시대의 구원

그 후 창세기 6장에서 노아가 등장하는데, 하나님께서 인간에게 양심을 주시고 양심에 따라 살도록 명하셨지만 모든 인간은 타락을 택했다. 당시 하나님의 아들들이 등장해서 사람의 딸들을 취하는 일이 일어났고, 온 세상이 타락함으로 인해 하나님께서 물로 세상을 멸망시키셨다. 하나님께서는 노아를 의인이라 칭하셨는데, 오늘날처럼 예수 그리스도를 믿음으로써 되는 의인이 아니다. 당시에는 믿음과 행함이 있어야 했다. 『그러나 노아는 주의 눈에서 은혜를 찾았더라. 이것이 노아의 내력이라. 노아는 의인이요 그 당대에 완전한 사람이었으며 하나님과 동행하였더라』(창 6:8,9). 그는 하나님과 동행하는 '행함'이 있었던 것이다. 즉 예수 그리스도의 죽음과 부활을 믿고 의인이 된 것이 아니라는 말이다. 당시 노아는 자신에게 계시된 것만 믿으면 되었는데, 그것은 하나님께서 홍수로 세상을 심판하시기 전에 방주를 짓고 그 안으로 들어가는 것이었다. 역시 믿음과 행함이다.

히브리서 11장에서 더욱 분명히 알 수 있다. 구약에서 일어난 일들이 신약 구원의 예표는 될 수 있어도, 그들이 예수 그리스도를 믿어서 구원받은 것이 아니다. 노아도, 아브라함도, 다윗도 예수님을 믿음으로써 구원받았다고 가르치는 것은 성경과 전혀 맞지 않는 것이다. 『믿음으로 아벨은 카인보다 더 나은 제사를 하나님께 드림으로써 의로운 자라고 증거를 받았으니,

하나님께서 그의 예물들을 인정하심이라. 그가 죽었으나 믿음으로 아직 말하고 있느니라』(히 11:4). 여기서 말씀하는 믿음이 예수님의 죽음과 부활을 믿는 믿음인가, 아니면 하나님께 피제사를 드리면 의롭게 된다고 하신 것을 믿는 믿음인가. 후자이다. 믿음과 행함이 있었던 것이다. 피제사를 드리라는 말씀을 들었을 때 그 말씀을 믿었더라도 이를 행하지 않았다면 아벨은 구원받을 수 없었다. 오늘날은 예수님을 믿으면 구원받는 것이지 동물을 잡아 피제사를 드려야 하는 것이 아니다. 그러나 당시에는 그와 같은 의식을 행함으로써 의롭다 함을 받았다.

『믿음으로 에녹은 죽음을 보지 않고 옮겨졌으니, 하나님께서 그를 옮기셨으므로 다시 보이지 아니하니라. 그는 옮기우기 전에 하나님을 기쁘시게 하였다는 이 증거를 지녔느니라』(히 11:5). 에녹이 휴거된 것 역시 그가 예수 그리스도의 죽음과 부활을 믿었기 때문이 아니라 하나님을 기쁘시게 하는 행함이 있었기 때문이었다. 그가 하나님의 계시, 말씀은 믿었지만 자기 멋대로 살았다면 그는 휴거되지 않았을 것이다. 그런데 왜 오늘날 믿는 것과 그 당시 믿는 것이 동일하다고 하는 것인가. 에녹 당시에는 성경도 없었다. 하나님께서 에녹에게 계시하신 것은 오로지 양심대로 살고 하나님을 기쁘시게 하라는 것이었다.

『믿음으로 노아는 아직 보지 못한 일들에 대해 하나님의 경고하심을 받고 두려움으로 행하여 방주를 예비함으로 자기 집안을 구원하였으니, 그것을 통하여 세상을 정죄하고 믿음에 의한 의의 상속자가 되었느니라』(히 11:7). 노아가 만일 방주를 짓지 않았더라면 어떻게 되었겠는가. 노아와 그 집안이 구원받은 이유는 주님께서 계시하신 말씀을 믿고 행했기 때문이다.

아브라함의 구원

다음은 아브라함의 예이다. 많은 이들이 아브라함에 대해 혼동하고 그의 예를 들어 교회 시대에 믿음만이 아니라 행함이 있어야 구원받는다고 가르친다. 아브라함의 행함과 오늘날 우리에게 있어야 하는 행위를 구분하지 못하는 것이다.

『우리의 조상 아브라함이 자기 아들 이삭을 제단에 드렸을 때, 그가 행함으로 말미암아 의롭게 되지 아니 하였느냐?』(약 2:21) 아브라함은 이삭을 바치는 행함으로 인해 의롭게(justified) 되었다. 믿음으로써가 아니라 행함으로써 된 것이었으며, 만일 이삭을 바치지 않았더라면 의롭게 되지 못했을 것이다. 혹자는 "로마서와 갈라디아서는 그렇게 말씀하지 않는데요?" 하겠지만, 다음 구절을 보면 알 수 있다. 『"아브라함이 하나님을 믿으니 그것이 그에게 의로 여겨졌느니라."는 성경이 이루어졌고 그는 하나님의 친구라 불렸느니라』(약 2:23). 아브라함에 대해서 우리가 분명히 구분해야 할 두 가지가 있다. 첫째로, 그는 하나님의 말씀을 믿었고 이로 인해 의롭게 여김을 받았다. 창세기 15장에서 하나님께서 나가서 하늘의 별을 보라고 하셨을 때, 나이가 많고 자식이 없었던 그가 자손이 하늘의 별들처럼 많아질 것이라고 하시는 하나님의 말씀을 믿은 것이다. 그때 그것이 의로 여겨졌다. 둘째, 그가 의롭게 된 것은 그로부터 몇 년 뒤에 이삭을 바쳤을 때이다. '의로 여겨진 것'과 '의롭게 된 것'은 분명히 다른 것이다.

로마서, 갈라디아서를 보면 전자를 이야기하는 것이다. 복음은 좋은 소식인데, 아브라함에게 전해진 좋은 소식이란 무엇이었는가. 그리스도의 죽으심과 부활은 그에게 계시된 말씀이 아니었다. 물론 이삭은 예수 그리스도의 강력한 모형이다. 그러나 아브라함은 아직 일어나지도 않은 십자가를 믿고 구원받은 것이 아니다. 예수님과 함께 몇 년을 함께한 제자들도 주님께서 돌아가시기 전까지는 부활에 대해서 이해하지 못했다. 하물며 그로부터 수천 년 전에 살았던 아브라함이 어떻게 십자가와 부활을 믿었다는 것인가.

『성경은 하나님께서 이방인들을 믿음으로 말미암아 의롭게 하실 것을 미리 보고 먼저 아브라함에게 복음을 전파하기를 "네 안에서 모든 민족이 복을 받으리라."고 하였느니라』(갈 3:8). 아브라함이 들었던 복음은 그의 자손이 별처럼 많아진다는 것이며 그 안에서 모든 민족이 복을 받으리라는 말씀이었다. 아브라함이 십자가의 죽음과 부활을 믿어서 구원받았다고 하는 것은 잘못된 것이다. 『따라서 하나님 앞에서 율법으로 의롭게 되는 사람은 아무도 없다는 것이 분명하니 이는 의인은 믿음으로 말미암아 살리라』(갈 3:11).

오늘날 교회 시대에는 어떠한가. 『그러므로 우리는 사람이 율법의 행위들이 없이 믿음으로 의롭게 된다고 단정하노라』(롬 3:28) 우리는 십자가 사건을 믿었을 때 의롭게 여겨질 뿐 아니라 의롭게 된다. 두 가지 사건이 동시에 일어나는데, 그것이 아브라함과 우리들의 다른 점이다. 아브라함은 하나님의 말씀을 믿고 이삭을 바쳐 행함으로써 의롭게 되었다. 이것은 율법 전의 일이다. 율법 전에는 양심을 따라 행해야 했다. 아브라함, 이삭, 야곱, 요셉 모두 믿을 뿐 아니라 행함이 있었다. 약속된 땅에 대한 말씀을 믿고 따라갔고, 하나님께 제사를 드렸다.

그들과 동시대를 살았던 욥의 예를 통해 이를 더 분명하게 알 수 있다. 성경은 욥이 의인이었다고 말씀하는데, 역시 그도 예수 그리스도의 죽으심과 부활을 믿고 의인이 된 것이 아니다. 양심에 따라 선하게 살면서 당시 하나님께서 계시하신 바인 피제사를 드린 것이 전부였다. 『우스 땅에 한 사람이 있었는데, 그의 이름은 욥이더라. 그 사람은 온전하고 정직하며, 하나님을 두려워하고 악을 피하는 사람이더라』(욥 1:1). 그렇게 해서 의인인 것이다. 당시에는 성경도 없었다. 욥기는 실질적으로 가장 오래된 책이고 모세오경보다 이전에 기록되었다. 『그에게 일곱 아들과 세 딸이 태어났으며 그의 재산도 양이 칠천이고 낙타가 삼천이며 소가 오백 겨리요, 암나귀가 오백이며 아주 많은 가족을 두었으니 이 사람은 동방의 모든 사람 가운데서 가장 큰 자더라』(욥 1:2,3). 욥은 유대인이 아니었지만 주님을 두려워했고 주님께서 계시해 주신 것을 따름으로써 의인이라 불렸다. 성경의 계시가 아니라 직접적인 계시로써 알려 주신 것에 순종한 것이다. 당시에 성경이 없었어도 사람들은 하나님께서 계시다는 것을 알았고, 노아의 홍수가 있었으며, 인간이 어떻게 타락하게 되었고 양심에 따라서 살아야 의인이 된다는 것을 알았다.

『그 잔칫날들이 지나면 욥이 사람을 보내서 그들을 성결케 하였는데 아침 일찍 일어나 그들 모두의 수대로 번제를 드렸으니』(욥 1:5). 그것이 당시에 죄사함 받는 방법이었다. 오늘날에는 자식의 죄사함을 위해서 부모가 번제를 드리지 않는다. 이처럼 욥의 시대와 오늘날은 다른 것이다.

율법 시대의 구원

그 후에 주님께서는 모세를 통해서 이스라엘 백성에게 율법을 주셨고, 율법이 주어지지 않은 이방인들은 여전히 양심에 의한 통제를 받는다. 따라서 로마서 2장에 양심과 이성이 송사하여 이방인들에게 율법이 된다고 말씀한다. 이처럼 유대인과 이방인 모두 행함에 따라 심판을 받았으며, 이는 복음이 전파되기 전까지 이어진다.

주님께서는 모세를 통해 계명과 율례를 주셨다. 계명을 어기면 동물의 피제사를 드렸다. 이것이 어떻게 오늘날 우리의 믿음과 같은가. 죄를 지을 때마다 목사에게 동물을 잡아서 가져온다고 생각해 보라. 교회 안에 유혈이 낭자하지 않겠는가. 그 당시의 믿음과 오늘날의 믿음이 같다고 말하는 것은 그처럼 말이 되지 않는 것이다. 그런데도 거의 모든 한국 교회에서 그렇게 가르쳐왔다.

에스겔서 18장에서 구약 때는 믿음만으로 구원받지 않는다는 것을 다시 한번 확실히 알 수 있다. 물론 모든 시대에 하나님의 말씀에 대한 믿음은 기본적으로 있지만, 그것과 오늘날 우리가 예수 그리스도의 죽음과 부활을 믿는 믿음과는 다르다는 말을 하는 것이다. 『범죄하는 혼은 죽으리라. 아들이 아비의 죄악을 지지 아니할 것이며 아비도 아들의 죄악을 지지 아니할 것이니 의인의 의는 그에게 있고 악인의 악도 그에게 있으리라』(겔 18:20). 여기서 의인의 의는 율법을 지킴으로써 얻는 것이다. 예수 그리스도를 믿고 의인이 된 것이 아니다. 의인이라는 개념 자체가 교회 시대의 개념과 다른 것이다. 그들은 율법을 지켜야 했고 행함이 있어야 했다.

『그러나 만일 악인이 자기가 범한 모든 죄들로부터 돌이켜서 나의 모든 규례들을 지키고 합법적이고 옳은 것을 행하면 그는 반드시 살 것이며 죽지 아니하리라. 그가 범한 모든 행악들이 그에게 언급되지 아니하리니 그가 행한 의 가운데서 그는 살리라. … 그러나 의인이 돌이켜 자기 의에서 떠나 죄악을 범하여 악인이 행한 모든 가증함대로 행하면 그가 살겠느냐? 그가 행한 그의 모든 의는 언급되지 아니할 것이며 그가 범한 그의 허물과 그가 지은 그의 죄 가운데서 죽으리라』(겔 18:21-24). 당시에는 의롭게 살다가 죄를 짓고 악인이 된 상태에서 죽으면 지옥에 갔다. 악하게 살아도 회개하고 의로운 행함이 있으면 과거의 죄는 묻지 않고 구원을 받았다. 구약 시대와 은혜 시대의 구원이 같다고 하면, 이렇게 완전히 다른 것을 같다고 하는 것이다.

구약 때에는 죄를 짓고 악하게 살 때마다 지옥의 문턱까지 갔다가 온다고 생각하면 된다. 실제로 다윗의 경우가 그러했다. 그가 죄를 짓고 회개할 때 성령이 떠나시지 않도록 기도했다. (오늘날에도 그렇게 가르치는 거짓 목사들이 있다.) 그러나 우리는 그렇게 기도하지 않는다. 오늘날은 우리가 구원받을 때 성령께서 우리를 인치시고 우리를 영원히 떠나지 않으시지만, 구약 때에는 죄를 지으면 성령께서 떠나셨다. 이렇게 서로 다른 것을 구분하는 것은 지극히 중요하다. 성경에는 이런 말씀도 있고 저런 말씀도 있어서 시대에 따른 하나님의 구원방법을 알아야 한다.

구약 때에는 하나님 말씀을 믿고 율법에 따라서 살 때 의인이 됐다. 그때는 구속 사역이 아직 이루어지지 않았기 때문에 죽어서 하늘나라에 가지 못하고 아브라함의 품으로 불리는 지하의 낙원으로 가서 구속의 날까지 안식하고 있었다. 반면 오늘날은 죽으면 구원받은 혼이 곧바로 셋째 하늘로 간다. 예수님께서 오셔서 지하에 사로잡힌 자들을 데리고 올라가셨기 때문이다. 『의인이 돌이켜 자기 의에서 떠나 죄악을 범하여 그 안에서 죽을 때 그가 행한 그의 죄악으로 인하여 죽을 것이라. 또 악인이 돌이켜 그가 범한 악에서 떠나 합법적이고 옳은 것을 행할 때 그는 자기 혼을 구원하리라』(겔 18:26,27).

구약 시대의 이방인들은 어땠는가. 마찬가지로 계시를 따라가면 살 수 있었는데, 그 대표적인 예는 창녀 라합이다. 『믿음으로 창녀 라합은 정탐꾼들을 평안히 영접함으로 믿지 아니한 자들과 더불어 멸망하지 아니하였도다』(히 11:31). 이방인 창녀였던 라합은 구원을 받았을 뿐 아니라 메시아의 계보에 들게 되었다. 그리스도의 죽음과 부활을 믿어서가 아니라 이스라엘 정탐꾼들을 영접했기 때문이다. 많은 교회들이 이처럼 시대에 따른 하나님의 구원방법은 가르치지 않고, 무조건 아담부터 요한계시록까지 모든 사람이 예수님을 믿어서 구원받는다고 가르치는 것은 잘못된 것이다. 뿐만 아니라 많은 이들이 예수님을 믿는다는 것조차도 바르게 알지 못하고 있다. 예수 그리스도를 믿는다는 것은 그분이 육신으로 오신 창조주 하나님이시며 우리를 위해 죽으셨다가 부활하신 것을 믿는 것이다. 『이와 같이 창녀 라합도 정탐꾼들을 영접하고 다른 길로 그들을 보냈을 때 행함으로써 의롭게 되지 아니하였느냐』(약 2:25). 율법 시대에 살았던 이방인들도 하나님의 계시대로 따라가면 되었다.

예수님 당시와 전환기의 구원

그 후 모세, 다윗이 나오고 후에 침례인 요한이 등장하고 주님께서 구약에 예언된 메시아로 오신다. 십자가 이전까지는 율법 시대이므로 주님께서는 율법 하에 오신 것이다. 침례인 요한이 등장하고 주님이 오심으로써 왕국 복음이 전해졌고 유대인들에게 구원받는 길이 열렸다. 그 길은 침례인 요한의 설교를 듣고 이를 따르는 것이었다. 『말하기를 "너희는 회개하라. 천국이 가까이 왔느니라."고 하니』(마 3:2). 메시아가 오셨기 때문에 회개하고 메시아를 받아들이면 천국이 도래할 수 있었고, 요한은 회개의 침례를 전했다. 그것을 받아들인 사람들은 구원받을 수 있는 것이었다. 그러나 많은 이들이 받아들이지 않았고, 주님께서는 심판의 경고를 주셨다. 『그분은 손에 키를 들고 자기의 타작마당을 철저히 정결케 하시며, 자기의 알곡은 모아서 창고에 들이실 것이나, 쭉정이는 꺼지지 않는 불로 태우시리라.』고 하더라』(마 3:12).

『오 독사들의 세대야, 누가 너희에게 다가오는 진노에서 피하라고 경고하더냐?』(마 3:7) 침례인 요한은 메시아께서 왕국을 세우시기 위해 오셨다는 왕국 복음을 전했고 그것이 당시에 계시된 말씀이었다.

예수님께서 전파하신 말씀도 동일했다. 『회개하라, 천국이 가까이 왔느니라』(마 4:17). 우리가 전하는 것처럼 예수 그리스도께서 우리의 죄를 위해 돌아가시고 부활하셨으니 그분을 믿음으로써 구원받으라고 전하시지 않은 것이다. "회개하라. 천국이 가까이 왔느니라"고 하신 주님께서는 "내가 메시아니 나를 영접하라."고 하신 것이다. 그 당시에 요구되는 것은 주님을 보고 믿는 것이었다.

주님께서 오셨는데 이스라엘은 주님을 영접하지 않았다. 은혜 복음과 왕국 복음은 다르다는 것을 알아야 하는데, 많은 이들이 오늘날 왕국 복음을 전한다고 한다. 성경에 의하면 왕국 복음은 행함으로 구원받는 복음이다. 『주께서 자기 열두 제자들을 부르시어 그들에게 더러운 영들을 쫓아내며 모든 병과 모든 허약함을 치유하는 권세를 주시더라. … 예수께서 이 열둘을 보내시면서 그들에게 명령하여 말씀하시기를 "이방인들의 길로도 가지 말고, 또 사마리아인의 성읍에도 들어가지 말고, 다만 이스라엘 집의 잃어버린 양에게로 가라』(마 10:1-6). 가서 전할 때 예수님의 죽으심과 부활을 전하라고 하지 않으시고 천국이 가까이 왔다는 왕국 복음을 전하라고 하셨다. 그들은 거기까지만 믿으면 되는 것이었다. 『병든 자들을 고쳐 주고, 문둥병자들을 깨끗게 하며, 죽은 자들을 살리고, 마귀들을 내어쫓으라. 너희가 값없이 받았으니 값없이 주라』(마 10:8). 당시는 은혜 복음 시대가 아니라 율법 시대였다.

예수님을 믿고 싶지만 재물에 대한 욕심 때문에 거절하는 사람이 나온다. 한 부자 관원이 주님께 영생에 대해 질문했다. 『어떤 관원이 주께 물어 말씀드리기를 "선한 선생님, 내가 영생을 상속받으려면 어떻게 하여야 하리이까?"라고 하니 예수께서 그에게 말씀하시기를 "어찌하여 네가 나를 선하다고 하느냐? 하나님 한 분 외에는 선한 이가 없느니라. [다시 말해 주님 자신이 하나님이라는 말씀이다.] 네가 계명들을 아나니, 간음하지 말라』(눅 18:18-20). 영생을 얻으려면 어떻게 해야 하느냐고 묻는 그에게 그리스도의 죽음과 부활을 믿으라고 하시지 않고 율법을 지키라고 하셨다. 당시 주님께서는 십자가 구속 사역을 위한 준비 단계에 계셨고 아직 구속 사역을 완성하지는 않으셨다.

『살인하지 말라. 도둑질하지 말라. 거짓 증거하지 말라. 네 아버지와 어머니를 공경하라."고 하시니』(눅 18:20). 주님께서는 계명들을 지켜온 그에게 마음 깊은 곳의 문제였던 탐심을 지적하셨다. 이것을 해결하지 못했기 때문에 그는 영생을 얻지 못했다. 즉 주님을 메시아로 영접하고 따를 수가 없었던 것이다. 『예수께서 이 말을 들으시고 그에게 말씀하시기를 "아직 너에게 한 가지 부족한 것이 있느니라. 네가 가진 모든 것을 팔아 가난한 사람들에게 나누어 주라. 그리하면 하늘에 있는 보물을 가지게 되리니, 그런 후에 와서 나를 따르라."고 하시니라. 그가 이 말씀을 듣고 몹시 슬퍼하니, 이는 그가 큰 부자이기 때문이더라』(눅 18:22,23). 그런데 어떻게 이것이 오늘날 교회 시대의 상황과 같다고 할 수 있는가.

『그때 매달린 행악자 중의 하나가 주를 욕하며 말하기를 "네가 그리스도이거든 네 자신과 우리를 구원하라."고 하니라. 그러나 다른 행악자가 되받아 그를 꾸짖어 말하기를 "네가 동일한 정죄함을 받고 있으면서도 하나님을 두려워하지 아니하느냐? 우리는 행한 일에 대한 보응을 받는 것이 참으로 당연하지만, 이분은 아무 잘못을 행한 것이 없도다."라고 하고 예수께 말씀드리기를 "주여, [이 강도는 예수님을 주로 시인했고 그것으로 인해 낙원으로 갔다.] 주께서 주의 왕국에 임하실 때 나를 기억하소서."라고 하니 예수께서 그에게 말씀하시기를 "진실로 내가 너에게 말하노니, 오늘 네가 나와 함께 낙원에 있으리라."고 하시니라』(눅 23:39-43). 회개한 강도는 구원을 받았다. 그때 그에게 계시된 것은 그분께서 주 메시아라는 사실이었고 그는 이를 믿은 것이다.

부활하신 주님께서는 40일 동안 제자들과 함께 계시면서 그들을 가르치셨고, 그때 도마는 주님을 보고 "나의 주, 나의 하나님"라고 고백했다. 주님께서는 승천하시면서 성령을 보내주신다고 하셨고, 오순절에 성령께서 임하셨다. 그런데 당시 제자들은 주님의 부활하심을 믿고 있었다. 그렇다면 그들이 구원을 받았겠는가, 받지 않았겠는가? 그들은 구원을 받았다. 그런데 그들이 성령을 받은 것은 그보다 시간적으로 더 뒤에 일어난 일이었다. 이처럼 구원을 이미 받은 상태에서 성령을 받은 그들은 오늘날 우리들이 구원받는 것과는 다르다. 우리는 예수 그리스도를 구주로 믿을 때 구원을 받고 동시에 성령께서 우리 안에 들어오신다.

은사주의자들은 이렇게 구원론이 시대별로 다른 것을 알지 못하고, 오늘날에도 당시처럼 구원은 받았지만 성령을 받지 못했으니 성령을 따로 받으라고 한다. 그리고 성령을 받은 증거는 방언이라고 한다. 그러나 이때는 과도기였고, 주님께서는 제자들에게 성령을 기다리라고 하셨었고, 그 말씀대로 성령께서 그들에게 임하신 것이었다.

『베드로가 그들에게 답변하기를 "회개하라. 그리고 죄들을 사함받은 것으로 인하여 너희 각자는 예수 그리스도의 이름으로 침례를 받으라. 그리하면 너희가 성령의 선물을 받으리라』(행 2:38). 당시 유대인들은 성령을 받으려면 그렇게 해야 했다. 우리는 성령을 받으려면 회개하고 예수의 이름으로 침례를 받아야 하는 것이 아니다. 그러나 성경적으로 믿는 침례교도들 외에 장로교, 천주교 등 모든 교단들이 이 구절을 들어서 세례에 의한 구원을 가르치고, 세례가 죄를 씻는다고 생각해서 유아 세례를 준다.

유대인들이 성령을 받은 뒤에 사마리아인들이 구원을 받는다. 『예루살렘에 있던 사도들이 사마리아가 하나님의 말씀을 받았다는 말을 듣고 그들이 베드로와 요한을 그 사람들에게 보내니라. 그들이 내려가서 사마리아인들이 성령을 받도록 기도하니 (이는 성령께서 아직 그들 가운데 아무에게도 내리신 적이 없고 다만 주 예수의 이름으로 침례만 받았음이라.)』(행 8:14-16). 하나님께서는 성령께서 어떤 집단에게 임하시는 장면을 보여 주신 것이다. 예루살렘에서 임하신 장면, 사마리아인들에게 임하신 장면, 그리고 이방인인 코넬료 집안에 임하신 장면을 보여 주셨다. 은사주의자들은 이런 구절들을 인용해 거짓 교리를 가르친다. 사마리아인들은 혼혈 족속이었고, 사도들의 안수가 필요했던 것이다. 『그때 두 사도가 그들에게 안수하니 그들이 성령을 받으니라』(행 8:17).

은혜 시대의 구원

그 뒤 에디오피아 내시가 나오는데, 이것이 믿음만으로 구원받고 침례에 순종하는 예이다. 『빌립이 말하기를 "만일 당신이 마음을 다하여 믿으면 합당하니라."고 하니 그가 대답하여 말하기를 "나는 예수 그리스도가 하나님의 아들이신 것을 믿나이다."라고 하더라』(행 8:37). 개역한글판성경 등 변개된 성경들에는 이 구절이 삭제되어 있다. 주님의 신성을 고백하고 침례를 받는 장면인데 여기에서 성령께서 가시적으로 임하시지 않는 이유는 그럴 필요가 없기 때문이다. 예수 그리스도의 신성을 믿고 구원을 받았기 때문에 신앙 고백에 의해 침례를 준 것이다. 그냥 침례받고 싶다고 했을 때 준 것이 아니다. 침례는 구원받은 자들이 받는 것이기 때문이다.

9장에서는 사도 바울이 구원받는 장면이 나오고, 10장에서 이방인인 코넬료가 구원받는다.

『그리하여 주께서 우리에게 명령하사 사람들에게 전파하게 하시고, 또 하나님께서 산 자와 죽은 자의 심판자로 지정하신 분이 바로 그분임을 증거하게 하셨느니라. 그분에 대하여 모든 선지자도 증거하기를 "누구든지 그를 믿는 자는 그의 이름으로 말미암아 죄들의 사함을 받으리라."고 하였느니라』(행 10:42,43). 이방인들이 여기서 성령을 받는다. 사도행전 15장에서 은혜 복음이 완전히 정리가 된다. 『많은 논의가 있은 후에 베드로가 일어나서 그들에게 말하기를 "형제 여러분, 당신들이 아는 대로 하나님께서 오래 전부터 우리 가운데 택하시어 나의 입을 통하여 이방인들이 복음의 말씀을 듣고 믿게 하셨느니라. 마음을 아시는 하나님께서는 우리에게 행하신 것과 마찬가지로 그들에게도 증거하시어 성령을 주셨으며 우리와 그들 사이에 어떤 차이도 두지 아니하셨으니 믿음으로 그들의 마음을 정결케 하셨느니라』(행 15:7-9). 물 침례가 아니라 믿음으로 정결케 하신 것이다. 『우리는 주 예수 그리스도의 은혜로 구원받는 것을 믿으며 그들도 마찬가지니라."
고 하더라』(행 15:11). 여기서부터 선명한 은혜 복음이 전파된다.

은혜 복음은 고린도전서 15장에 정의되어 있다. 우리는 그 복음을 전파
하는 것이다. 각 시대마다 그 시대에 따른 하나님의 계시의 말씀대로 사람
들은 구원을 받았고, 이제 확실하게 계시하신 것이 이 말씀이다. 『형제들
아, 내가 너희에게 전한 복음을 이제 너희로 알게 하노니 이는 너희가 받았
고 그 안에 선 것이라. 만일 너희가 내가 전한 복음을 굳게 잡고 헛되이 믿
지 아니하였다면 복음을 통하여 너희도 구원받은 것이라』(고전 15:1,2). 헛
되이 믿지 않고 진심으로 마음을 다해서 하나님의 복음을 믿었다면 구원
을 받는 것이다.

『내가 받은 것을 먼저 너희에게 전달하였나니 이는 성경대로 그리스도
께서 우리의 죄들로 인하여 죽으시고 장사되셨다가 성경대로 셋째 날에 다
시 살아나셔서 게바에게 보이시고 그후에 열두 사도에게 보이신 것이라. 그
후에는 오백 명이 넘는 형제들에게 일시에 보이셨는데 그들 중 대부분은 지
금도 살아 있으나 더러는 잠들었느니라』(고전 15:3-6). 이것이 우리가 전하
는 복음, 즉 예수 그리스도의 죽음과 부활이다. 하나님께서는 그리스도의
죽으심으로 우리의 죄를 용서하시고, 부활하심으로 우리에게 영생을 주셨
다. 앞서 말한 것처럼, 성경은 이 복음을 제외한 모든 곳에서 '믿음과 행위'
두 가지 모두를 말씀한다. 오늘날 교회 시대에 은혜 복음을 제대로 전하지
않으면 믿음으로만 받는 구원을 오히려 거절하게 만드는 결과를 가져온다.

이처럼 성경을 시대별로 본다면 전혀 어려울 것이 없다. 칼빈주의, 언약
주의, 계약주의 등을 신봉하는 많은 사람들이 '하나님의 경륜'을 거부하기
때문에, 아담부터 요한계시록까지 모든 시대의 모든 인간은 예수 그리스도

의 죽음과 부활을 믿고 구원받았다는 억지 주장으로 혼들을 지옥으로 보내고 있다. 그렇게 말하면서 제대로 은혜 복음을 전하는 것도 아니라 선택된 사람, 예정된 사람들만 구원을 받는다고 한다. 곧 주권적으로 은혜를 주어야 깨닫고, 믿음이 들어와야만 믿을 수가 있다는 묘한 말을 한다. 즉 말로는 '은혜 복음'을 말하면서 전혀 다른 교리를 가르치는 것이다. 사탄은 이처럼 영리하기 때문에 우리를 구원하는 복음은 이렇게 쉬운 것인데도 불구하고 많은 사람들이 들어가지 못하도록 너무나 좁은 길로 만들고 있다. 회개하는 마음만 있고 구원받고 싶으면 누구나가 구원받을 수 있는 이 시대에 모두 지옥으로 보내고 있다.

대환란 시대의 구원

이제 은혜 복음 시대는 끝나가고 있다. 배교의 시대가 열렸고 마귀의 교리들이 판을 치고 있다. 주님께서는 오래 참으시지만 결국 주님께서 심판하시는 때인 주의 날이 다가오고 있다. 그 전에 우리는 휴거되고 이 세상에는 7년 대환란이 임할 것이다. 많은 이들이 대환란 때에도 예수님을 믿고 구원받는다고 가르치지만, 성경이 가르치는 것은 그렇지 않다. 그때에는 예수 그리스도를 믿음만으로 되는 것이 아니라 끝까지 견뎌야 한다. 이것이 예수님께서 마태복음 24장에서 말씀하신 것이다. 계시록 12장을 보자. 『그러자 그 용이 여인에게 분노하여 여인의 씨 가운데 남은 자들, 즉 하나님의 계명들을 지키며 예수 그리스도의 증거를 지닌 자들과 싸우려고 나가더라』(계 12:17). 여기서 용이 누구와 싸우는가. 예수 그리스도의 죽음과 부활을 믿은 자들이 아니라 하나님의 계명들을 지키며 예수 그리스도의 증거를 가진 자들이다. 즉 율법이 다시 도래하는 것이다.

『포로로 삼는 자는 그도 포로가 될 것이요, 칼로 죽이는 자는 그도 칼에 죽게 될 것이라. 여기에 성도들의 인내와 믿음이 있느니라』(계 13:10). 믿음만이 아니라 인내와 믿음이 있어야 한다. 믿음만으로써 의롭게 되는 것이 아니다. 그 믿음을 인내를 가지고 지켜야 한다.『그 표나 그 짐승의 이름이나 그의 이름의 숫자를 지닌 사람을 제외하고는 아무도 사거나 팔 수 없게 하더라』(계 13:17). 짐승에게 경배하지 않는 자들은 다 죽는 그 때에 표를 받아야만 사고 팔 수가 있다. 현재 은혜 복음 시대에 아이를 갖지 말라고 하거나 현재 짐승의 표를 받지 말라고 하는 자들이 있다. 666표를 받지 말라고 지금 경고하는 것은 또 하나의 행위 구원을 가르치는 것으로 역시 사람들을 지옥으로 보내는 것이다. 교회 시대에는 예수 그리스도의 죽음과 부활을 믿는 것으로만 구원받는다.

『여기에 성도들의 인내가 있으며 여기에 하나님의 계명들과 예수의 믿음을 지키는 자들이 있느니라."고 하더라』(계 14:12). 그때에는 먹고 살기 위해서 적그리스도의 표를 받으면 예수님을 믿었어도 지옥으로 가는 것이다. 우리는 예수 그리스도의 몸의 한 지체가 되기 때문에 지옥으로 갈 수 없다. 예수님을 믿고 나서 죄를 지었더라도 그 몸에서 떨어져나갈 수가 없는 것이다. 이처럼 은혜 복음 시대에 구원받는 사람만이 그리스도의 몸이 되고 그리스도의 신부가 된다. 이것은 다른 시대에 구원받는 사람들이 누리지 못하는 지위이고 축복이다. 이와 달리 대환란 때 구원받는 방법은 믿음과 행위를 통해서이다.

정리하면, 모든 시대의 구원방법은 믿음과 행위이고 그 유일한 예외는 교회 시대이다. 교회 시대는 예수 그리스도의 십자가 사건부터 교회의 휴거까지며, 구원방법은 예수 그리스도의 죽음과 부활을 믿는 것이다. 반면 노아, 아브라함, 다윗 등 구약성도들은 그것을 믿어서 구원받은 것이 아니라 당시 자신에게 주어진 계시를 믿고 행할 때 구원받은 것이다.

천년왕국 시대의 구원

천년왕국은 100퍼센트 행함이 필요한 시대이고 산상수훈의 말씀이 적용되는 시대이다. 율법이 다시 등장하고 하나님의 도성 예루살렘이 지상에 세워진다. 주님께서 시온산 보좌에서 통치하신다. 그때는 예수님께서 실제로 통치하시기 때문에 믿음이 요구되지 않는다. 믿음은 보이지 않는 것을 믿는 것이기 때문이다. 행함이 없는 사람들은 불못에 던져지기 때문에, 주님께서는 손이 죄를 짓게 한다면 손을 잘라서라도 불못으로 가지 말라고 경고하셨다. 그때는 형제들에게 어리석은 자라고 하는 죄만 지어도 지옥의 심판의 위험에 처하게 된다.

그 후에는 백보좌 심판이 있고 그 다음 영원 세계가 열린다. 백보좌 심판에서 모든 것이 결판이 나서 죄인들은 모두 불못에 던져지고 나머지는 영원 세계로 들어간다. 악한 자들은 영원 세계에서 모두 불못에 들어가 있게 된다.

결론적으로, 이 쉬운 은혜 복음, 즉 회개할 마음이 있고 예수님께서 하나님이시며 우리의 죄를 위해 죽으셨다가 사흘 만에 부활하신 사실을 믿기만 하면 그 자리에서 영생을 얻을 수 있다. 거짓 목사들이 이를 모두 막아버렸기 때문에 이 복음을 전하는 임무는 여러분에게 달려 있다.

시대에 따른 : 부의 개념

하나님의 성전

하나님의 명절들

사탄의 사역

예수님의 사역

시대에 따른
부의 개념

『마음이 부패하고, 진리를 상실하며, 이익이 경건이라 생각하는 사람들 사이에 무익한 논쟁이 일어나느니라. 그런 데서 네 자신은 빠져 나오라. 그러나 만족할 줄 아는 경건은 큰 이익이 되느니라. 우리가 세상에 아무것도 가지고 온 것이 없으며 아무것도 가지고 갈 수 없는 것이 분명하니 우리에게 먹을 것과 입을 것이 있으면 이것들로 만족할 것이니라. 그러나 부유하게 되고자 하는 자들은 유혹과 올무와 여러 가지 어리석고 해로운 정욕에 빠지리니, 이는 사람들로 파멸과 멸망에 빠지게 하는 것이라. 돈을 사랑하는 것이 모든 악의 뿌리니, 이것을 욕심내는 어떤 사람들이 믿음에서 떠나 방황하다가 많은 슬픔으로 자신들을 찔렀도다. 그러나 오, 하나님의 사람인 너는 이것들을 피하라. 그리고 의와 경건과 믿음과 사랑과 인내와 온유를 추구하라. 믿음의 선한 싸움을 싸우라. 영원한 생명을 붙잡으라. 이를 위하여 네가 또한 부르심을 받았고, 많은 증인들 앞에서 선한 고백으로 고백하였느니라』(딤전 6:5-12).

부에 대해 잘못된 개념을 갖는 것은 믿음 자체를 망가뜨리는 일이 된다.

성경을 모르는 목사들이 사람들에게 기복신앙을 가르치면 교회 안은 탐욕스러운 교인들로 가득 차게 되는데, 이것이 오늘날 한국 교회의 실상이다. 교회가 부에 대한 성경적인 개념을 갖지 못하면 그 교회는 세속화될 수밖에 없다. 우리는 성경적인 부의 개념이 무엇인지, 하나님께서 부를 어떻게 보시는지를 알아야 한다.

많은 사람들은 이 세상에서 믿음 생활을 하는 것이 물질적인 복, 육체적인 복을 받는 길이라고 생각한다. 물론 주님께서는 우리에게 복을 주시기에 그 자체가 잘못됐다는 것이 아니다. 문제는 그들이 하나님의 경륜, 즉 하나님께서 이 세상을 통치하시는 방법을 알지 못한다는 데 있다. 그것을 모르면 무엇에 중점을 두어야 할지를 모르게 된다. 무엇을 강조하는지에 따라 우리의 생활이 망가질 수 있다. 사탄은 옳은 것에서 조금만 빗나가게 함으로써 우리를 망가뜨릴 수 있다. 조금 빗나가게 해서 종국에는 멸망의 길로 가게 하는 것이 사탄의 방법이고 작전이다. 우리에게 성경적으로 믿는 교리와 가치가 필요한 이유는 이것을 정확히 알아야 이 마지막 때에 사탄에게 속지 않기 때문이다.

무조건 물질적인 것만을 생각하는 사람들이 있는가 하면, 물질적인 것은 무조건 악하다고 해서 완전히 무시하는 사람들과 종교들도 있다. 성경은 이 문제에 대해 어떻게 말씀하는가. 성경에는 물질을 많이 가진 부자들은 악인이 되고 가난한 사람들은 의인이 된다고 말씀하는 구절들도 있다. 만일 오늘날 은혜 복음 시대에 부자는 모두 지옥에 가고 가난한 자들은 하늘나라에 간다고 가르친다면 그것은 이단 교리가 된다. 실제로 그렇게 가르치는 목사들도 있다. 오늘날 가난한 자들은 모두 선하고 의로운지 생각해 보아야 한다. 가난하지만 악한 짓을 하고 마약, 사기, 살인, 강도 짓을 하는 사람들이 분명히 있다. 따라서 가난한 사람들이 무조건 의롭다고 하는 것은 말이 안 되는데도 성경을 잘못 배우면 이상한 길로 빠지게 되어 있다. 이는 성경의 가르침이 시대별로 나뉘는 것을 알지 못하기 때문이다.

성경에서 부의 개념은 시대에 따라 나누어 보아야 한다. 이것을 모르기 때문에 많은 문제가 생긴다. 어떤 사람들은 기복신앙에 치우쳐 곁길로 빠지게 된다. 또 무조건 가난한 것이 영적인 것이고 성령 충만한 것이라고 가르치는 목사들도 있다. 부자가 되는 것은 아예 잘못된 것이기에 물질적 소유가 없어야 된다는 것이다. 노숙자들처럼 가난하게 살아야 영적이고 경건한 사람이라는 것이다. 그러나 그런 가르침은 균형 잡힌 그리스도인으로 생활하지 못하게 만드는 결과만 가져올 뿐이다.

이처럼 사람들이 잘못 알고 있는 이유는 사탄이 성경을 이용해서 사람들을 속이기 때문이다. 사탄에게 속은 목사들은 세상의 모든 것들을 완전히 저주하게 만든다. 학생들에게는 학교에 다니지 말라 하고, 직장에 다니는 사람들에게는 직장 생활을 소홀히 하게 만드는 이단적인 가르침을 주입한다. 한쪽 극단은 기복신앙으로서 탐욕스러운 사람으로 만들고, 다른 쪽 극단은 완전히 세상에서 쓸모 없는 사람으로 살아가게 만들어 버린다. 우리 성경적으로 믿는 사람들은 성경이 가르치는 바를 올바로 알아 균형을 갖춘 삶을 살아야 한다.

물질적 복을 약속받은 구약 시대

시대에 따른 부의 개념에서 알아야 할 가장 중요한 것은 우선 성경에 두 왕국이 나온다는 것이다. kingdom of heaven과 kingdom of God이 그것이다. 한글킹제임스성경은 kingdom of heaven을 '천국'이라 번역했고, kingdom of God은 '하나님의 나라'로 번역했다. 이 두 가지 왕국은 서로 완전히 다른 것인데도 대부분 교회들이 무조건 다 하나의 왕국, 하나님의 왕국으로 다룬다는 데 문제가 있다.

천국과 하나님의 나라는 heaven과 God이 다른 것과 마찬가지로 서로 다르다. 하늘은 물리적인 공간이고 하나님은 영이시다. 이 지상에서 실질적으로 통치하는 삶은 천국과 연관된다. 왜 이것을 heaven이라 하는 것인가. 지구도 우주 안의 하나의 별이기 때문이다. 하나님의 나라는 영적인 나라고, 천국은 지상에서의 실질적 삶과 연관된 물리적인 왕국이다. 이 두 가지를 올바르게 알면 문제가 없다.

이처럼 서로 다른 왕국들이 있는 것은 세상을 경영하시는 하나님의 경륜에 의한 것이다. 하나님께서 이 세상을 지으시고 인간을 만드신 뒤 인간에게 무엇을 주셨는지 살펴보면 이를 알 수 있다. 『하나님께서 말씀하시기를 "우리의 형상대로 우리의 모습을 따라 사람을 만들자. 그리하여 그들로 바다의 고기와 공중의 새와 가축과 모든 땅과 땅 위를 기어다니는 모든 기는 것을 다스리게 하자." 하시니라』(창 1:26). 아담과 이브를 창조하신 하나님께서는 그들에게 바다, 공중, 땅의 모든 생물들을 다스리는 왕권을 주셨다. 고기, 새, 가축, 동물들 모두 물리적인 대상들이다. 하나님께서는 아담과 이브에게 물질적인 것을 소유하고 다스리는 복을 주셨다.

하나님께서 "우리의 형상대로 우리의 모습을 따라" 아담을 지으셨기 때문에 아담이 하나님의 형상대로 태어난 하나님의 아들이 되었다. 『그리하여 하나님께서 자신의 형상대로 사람을 창조하셨으니, 곧 하나님의 형상대로 그를 창조하셨으며 그들을 남자와 여자로 창조하셨느니라』(창 1:27). 그리고

28절에서 하나님께서 그들에게 주신 복은 실질적이고 물질적인 복이었다.

오늘날 예수님을 믿고 구원받으면 부자가 된다고 사기치는 사람들이 있다. 우리가 예수님을 믿으면 구원이 보증되는 것이지 물질적으로 부자가 되는 것이 보증되지는 않는다. 그런데 창세기에서 하나님께서는 인간들에게 물질적인 복을 주셨다. 천국에서의 부의 개념은 실질적인 이 땅에서의 삶, 물리적인 왕국에서의 삶 가운데 육체적, 물질적인 복을 받는 것이다. 아담은 천국에서 왕으로서 다스리는 지위를 받았다. 그는 또한 하나님의 형상을 가지고 하나님의 아들로 태어났기 때문에 영적인 나라인 하나님의 나라의 왕이기도 했다. 두 왕국에 대한 왕권을 모두 가지고 태어난 것이다. 영적인 왕국과 물리적인 왕국, 둘 다 소유했던 아담은 오늘날 우리와는 분명히 차이가 있다.

『하나님께서 그들에게 복을 주시고 하나님께서 그들에게 말씀하시기를 "다산하고 번성하며 땅을 다시 채우고 그것을 정복하라. 그리고 바다의 고기와 공중의 새와 땅 위에서 움직이는 모든 생물을 다스리라." 하시니라』(창 1:28). 하나님께서는 그들에게 모든 것을 주신다. 그런데 어떤 일이 일어나는가. 천국과 하나님의 나라를 다스려야 하는 와중에 사탄이 등장해서 이브를 속임으로써 아담과 이브가 죄를 짓는다. 그럼으로써 창세기 5장을 보면 아담이 아들 '셋'을 낳는데, 이 이름이 '셋'인 아들이 태어날 때 하나님의 형상이 아닌 아담의 형상을 따라 태어난다. 이것은 하나님의 나라에 대한 권리가 죄로 인해서 없어져 버렸음을 보여준다. 그 후로 구약성경 전체에서 하나님의 아들이라는 말은 예수께서 오시기까지 사용되지 않는다. 예외는 천사들인데, 구약에서 그들은 하나님의 아들들로 지칭된다.

하나님의 형상이 회복되려면 마지막 아담이신 예수님께서 오셔야 한다.

마지막 아담이 하나님의 형상이시고 그분을 믿는 사람들이 다시 하나님의 아들들이 되는 권세를 받는 것이다. 그럼으로써 영적인 하나님의 나라를 다스릴 수 있는 권세를 받는 것이다. 하나님의 나라는 창세기에서 아담이 잃어버려서 없어지고, 그 다음부터는 천국을 다스리는 것이다. 아담의 자손들은 아브라함, 다윗 등으로 이어지고 이스라엘 사람들이 하나님의 백성이라고 칭함을 받는다. 하나님께서는 이스라엘 사람들에게 물리적 복을 약속하시는데 그 복은 조건적으로 받는 것이다.

아담으로부터 노아, 아브라함, 이삭, 야곱, 요셉 등 모두 물질적 부를 소유했다. 특히 아브라함과는 다르지만 이방인인 욥도 당시에 동방의 가장 위대한 자로서 부를 소유했다. 욥이 부를 소유한 이유는 그가 의인이었기 때문이다. 이처럼 구약 때는 주님께서 의인에게 물질적 복을 주셨다. 그때는 천국의 개념, 즉 물리적인 세상을 치리하는 것이기 때문에 물질적, 육신적인 복을 주신 것이다.

그러나 이런 물질적, 육신적인 복을 오늘날 구원받은 자들이 받는다고 가르치면 기복신앙이 돼 버린다. 구약에서 하나님의 나라는 아담의 죄로 떠났고 그 후 초점은 현 세상에서 사는 삶, 즉 물리적 세상을 다스리는 것에 맞추어진다. 아담으로부터 시작해서 노아, 아브라함이 다스렸고, 출애굽 이후 모세를 통해서 주님은 이스라엘이라는 나라를 다스리게 하신다.

신명기 28장에 주님께서 유대인들에게 주시는 약속이 나온다. 하나님의 말씀에 순종하면 복을 주신다는 약속의 말씀과 카나안 땅에서 복을 받는 조건들이 나열된다. 출애굽 이후 카나안 땅에 사는 악한 자들이 있었는데 하나님께서는 그 악인들을 그들의 가축과 함께 칼로 진멸하라고 명하신다. 당시는 천국 개념의 통치이기 때문에 그런 것이다. 오늘날 은혜 복음 시대는 하나님의 나라의 개념인데, 만일 우리가 칼을 들고 예수님을 안 믿는 사람들을 죽인다면 어떻게 되겠는가. 살인자가 되는 것이다. 우리는 말씀으로 복음만 전하면 된다. 그러나 구약에서는 하나님을 믿지 않는 이 방인들을 다 죽이라고 하시는 하나님의 명령을 따를 때에는 살인자가 되는 것이 아니다.

카톨릭 교회는 천국의 개념과 하나님의 나라의 개념을 혼동했기 때문에 그들의 왕국 즉 카톨릭 교회로 들어오지 않는 사람들을 종교의 이름으로 죽여 버렸다. 이것이 천 년 동안 이어진 중세 카톨릭 암흑 시대의 역사이다. 그들이 일으킨 십자군 원정도 마찬가지다. 천국 개념을 가지고 오해한 것이다. 하나님께서 자신들에게 왕국을 주셨으니 그 왕국에 들어오지 않는 모슬렘들, 이방인들은 다 죽이자고 한 것이다. 이 점에서 모슬렘들도 마찬가지이다. 모슬렘 외에는 다 죽이라고 한다. 그들도 성경에 다가가기는 했지만 성경을 변개하고 그 교리를 오해한 것이다. 모슬렘 교도들과 종교 집단, 테러 집단은 물리적인 이슬람 왕국을 건설하고자 한다. 자신들이 변개시킨 성경을 가지고 잘못된 천국의 개념에 근거해서 그렇게 하는 것이다.

성경을 바로 아는 것과 잘못 아는 것은 이처럼 인간 역사의 방향까지도 바꿀 수 있는 어마어마한 결과를 초래하는 일이다. 만약 카톨릭에서 '천국 개념은 오늘날 적용되는 것이 아니구나. 칼로 사람을 죽이는 것이 아니라 복음을 전파하고 성령의 칼인 하나님 말씀으로 사람들을 찔러 굴복시켜서 예수님을 영접하게 해야겠다'라는 성경적인 개념을 가졌다면 그와 같은 흑역사는 일어나지 않았을 것이다. 복음을 전하러 다니지, 사람들을 잡아서 죽이러 다니지 않았을 것이다. 카톨릭은 진짜 복음을 전하는 사람들을 잡아서 죽였다. 성경적으로 믿는 사람들인, 침례교 선조들은 카톨릭이 성경을 잘못 가르치니 카톨릭 교회 안으로 들어갈 수 없었고, 그로 인해 카톨릭 역사에 이단자로 낙인 찍히게 되었다. 이처럼 성경을 바로 아는 것은 결코 사소한 일이 아니다. 인류의 역사가 바뀔 수 있는 참으로 중차대한 문제다.

현재 전 세계에서 모슬렘 종교의 세력이 급격히 성장하고 있다. 성경을 잘못 알고 있는 그들은 알라를 믿지 않는 자들은 모두 죽이라는 명제 하에 행동한다. 그들은 실제로 이슬람교를 믿지 않는 사람들의 목을 베서 처형한다. 어리석은 오바마는 테러리스트들이 모슬렘이 아니라고 하는데, 사실은 그들이 코란을 문자 그대로 믿는 근본주의 모슬렘이다. 하나님의 말씀에 모순이 있다고 말하는 오바마는 구약에 나오는 말씀을 오늘날 어떻게 지키느냐며 조롱한다. 그러나 그것은 그가 하나님의 경륜을 모르기 때문에 하는 말이다. 본인이 성경에 대해 무지하다는 것은 인정하지 않고 성경만 잘못 됐다고 한다.

카나안 땅에서 복을 받는 조건은 다음과 같다. 『네가 주 너의 하나님의 음성에 열심히 경청하고 내가 오늘 네게 명한 그분의 모든 계명들을 지켜 행하면, 주 너의 하나님께서 너를 땅의 모든 민족들보다 높게 세우시리라. … 너는 성읍 안에서도 복을 받고, 또 너는 들에서도 복을 받을 것이니라』 (신 28:1,3). 오늘날 많은 은사주의 거짓 목사들이 기복신앙을 가르치는데 이 구절을 이용한다. 『네 몸의 열매와 네 땅의 열매와 네 가축의 열매와 네 소떼의 소산과 네 양떼들은 복을 받을 것이며 네 광주리와 창고가 복을 받을 것이니라. 네가 들어와도 복을 받을 것이요, 네가 나가도 복을 받을 것이니라. 주께서는 너를 대적하여 일어난 네 원수들을 네 면전에서 얻어맞게 하시리니 그들이 너를 대적하여 한 길로 들어왔다가 네 앞에서 일곱 길로 도망하리라. 주께서는 네 창고와 네 손으로 하는 모든 일에 네게 복을 명하실 것이며, 또 주 너의 하나님께서 네게 주신 땅에서 너에게 복 주실 것이니라』(신 28:4-8). 하나님께서는 그들에게 물리적인 복을 주셨으며 그들의 원수들을 칼로써 점령하고 패배시키도록 복을 주셨다.

오늘날 우리는 어떠한가. 한때 카톨릭에서 했던 것처럼 상대가 예수님을 안 믿는다고 칼을 가지고 죽이지 않는다. 지금은 예수님을 안 믿는다고 죽이는 시대가 아니다. 오히려 선교사들이 모슬렘 국가 같은 곳에 파송을 받으려면 목숨을 걸어야 한다. 모슬렘은 이 천국의 개념에 의해서 살고 있기 때문이다. 구약 때에는 이스라엘 백성이 하나님의 말씀에 순종했을 때 물질적 복을 약속해 주셨다. 그러나 오늘날은 우리가 예수 믿는다고 물질적 부를 약속받지 않는다.

15절부터는 징계에 대한 경고가 나온다. 『그러나 만일 네가 주 너의 하나님의 음성에 경청하지 아니하고 내가 오늘 네게 명령하는 그분의 모든 계명들과 그분의 규례들을 지켜 행하지 아니하면 이 모든 저주가 네게 임하고 네게 미치리라. 너는 성읍 안에서도 저주를 받을 것이요, 너는 들에서도 저주를 받으리라. 네 광주리와 네 창고가 저주를 받을 것이요. 네 몸의 열매와 네 땅의 열매와 네 소떼의 소산과 네 양떼들도 저주를 받으리라. 네가 들어올 때에도 너는 저주를 받을 것이요, 또 네가 나갈 때에도 너는 저주를 받으리라. … 주께서는 네가 들어가 차지할 그 땅으로부터 그분께서 너를 멸하실 때까지 네게 전염병이 돌게 하시리라』(신 28:15-21). 순종했을 때 오는 물리적 복과 동시에 불순종했을 때 오는 저주, 육체의 질병까지도 보증된 것이었다. 하나님의 계명을 지키면 구약에서는 육체의 건강이 보증이 되기 때문에, 잠언서에도 하나님의 계명을 지키면 건강하고 장수한다는 말씀이 많이 나오는 것이다. 이처럼 그 당시와 오늘날은 개념이 다르다. 그 당시에는 천국의 개념이었고, 이 지상에서 사는 삶에 대해서 주님께서 물질적인 복을 주셨다.

앞서 말한 대로 영적인 하나님의 나라는 이 때에는 없었다. 아담의 죄로 인해서 이 땅에서 상실되었기 때문이다. 영적인 축복을 가장 우선적으로 강조하는 것은 신약에 들어와서이다. 물론 구약에서도 영이신 하나님을 섬기지만, 문제는 초점을 어디에 두는지이다. 구약 때 이스라엘 백성은 카나안 땅을 받음으로써 물질적 복을 받았다. 다윗도 솔로몬도 엄청난 부를 소유했었다. 이처럼 구약에서는 물질적인 복에 초점을 두었고, 신약에 와서는 영적인 복에 초점을 두는 것이다.

한편 솔로몬은 죄로 인해 신명기 28장에 약속된 저주를 받게 되었다. 결국 여코냐 때에 대가 끊어지고 여코냐 이후로는 보좌를 이어받을 사람이 나오지 않았다. 예수 그리스도께서 동정녀에게서 태어나신 것은 성경의 예언을 성취하신 것이었다. 구약의 예언으로는 여코냐의 자손, 육신적인 자손에서는 보좌를 이어받을 사람이 나올 수가 없기 때문이다. 성경은 예수님께서 여인의 씨에서 나셨다고 말씀한다. 아이는 남자의 씨에서 나와야 하는데, 주님의 아버지는 여코냐의 자손이 아니다. 주님은 성령으로 잉태되셨고 동정녀에게서 태어나셨다. 주님께서 다윗의 보좌를 얻으시는 것은 여코냐 자손의 씨로서가 아니다. 주님은 동정녀에게서 탄생하셔서 다윗의 보좌를 이어받으시는 것이다.

영적인 복을 강조하는 신약 시대

에베소서 1장 3절은 『그리스도 안에서 천상에 있는 모든 영적인 복으로 우리에게 복 주신 하나님, 곧 우리 주 예수 그리스도의 아버지께서는 복되시도다.』라고 말씀한다. 이제 구약 때의 복과는 달라지는 것을 알 수 있다. 하나님께서 신약 시대를 사는 우리들에게는 구약 때처럼 물질적인 복, 육체적인 복을 보증하시지 않았다. 나는 지금 그리스도인은 부자가 될 수 없다고 말하려는 것이 아니다. 좋은 믿음을 소유하려면 무조건 가난해야 한다고 말하는 것도 아니다.

에베소서 1장 4,5절은 『하나님께서 세상의 기초를 놓으시기 이전에 우리로 사랑 안에서 그분 앞에 거룩하고 흠 없게 하시려고 그리스도 안에서 우리를 택하시어 하나님의 기쁘신 뜻에 따라 예수 그리스도를 통하여 우리를 자신의 자녀로 입양할 것을 예정하셨으니』라고 말씀한다. 이 구절을 가지고 칼빈주의는 '택하고 예정되었다'라고 말한다. 그러나 성경은 결코 그렇게 말씀하지 않는다. 오직 '그리스도 안에서' 택하시는 것이다. 그리스도 안에 들어오지 않으면 그 택함을 받지 않는다는 말이다. 그리스도 안에서 구원받은 사람들만이 자녀로 입양될 것이 예정된 것이다. 『이는 하나님께서 그 사랑하시는 이 안에서 우리를 받아들이신 그의 은혜의 영광을 찬양케 하려 하심이니라』(엡 1:6). 하나님께서 신약에서 우리에게 보증하신 것은 바로 이것이다. 그렇기 때문에 본문 디모데전서 6장이 신약 시대의 우리들에게 생활 방식이 되어야 한다. 이제는 주님께서 영적인 요소들에 대해 강조하시는 것이다.

이것은 로마서 14장과 연결된다. 『하나님의 나라는 먹고 마시는 것이 아니라 다만 성령 안에서 의와 화평과 기쁨이라』(롬 14:17). 영적인 복을 말씀하는 것이다. 물질적인 복이 아니다. 이와 달리 구약 때는 물질적으로 땅, 가축을 소유하게 하시고 육신적인 병을 제거해 주셨다. 또 말씀에 순종하지 않으면 육신의 질병을 주셨다.

예수님께서는 구약에 예언된 메시아로 오셨다. 당시 이스라엘은 BC 606년 바벨론 침공 때부터 천국의 개념마저 빼앗겨 버린 상태였다. BC 606년부터 이방인의 시대가 도래했다. 구약에 약속한 천국과 하나님의 나라를 세우기 위해서 예수님께서 오셨다. 침례인 요한은 이스라엘 백성을 준비시키기 위해 마태복음 3장에서 "회개하라 천국이 가까이 왔다"고 전했으며, 마태복음 4장에서 예수님은 "회개하라 천국이 가까이 왔다"고 말씀하셨다. 그동안 이방인들에게 빼앗긴 천국을 이룩하려고 한 것인데, 이스라엘은 오히려 그 왕을 죽여 버린 것이다.

『이러한 것들로 그리스도를 섬기는 자는 하나님께 기쁨이요, 사람들에게는 인정을 받느니라. 그러므로 화평을 위한 일과 서로를 세워 주는 일들을 따라야 할지니라. 음식 때문에 하나님의 일을 망치지 말라』(롬 14:18-20). 먹고 마시는 것, 즉 육신적인 것과 물질적인 것을 가지고 하나님 나라를 망치지 말고 영적인 복을 망치지 말라는 것이다. 에서는 팥죽 한 그릇 때문에 동생에게 장자권을 뺏겼는데, 에서처럼 되지 말라는 것이다. 주님은 마태복음 3,4장에서 회개하고 천국 복음을 받으라고 하셨고, 그들이 받지 않자 마태복음 6장 33절에서는 『오히려 너희는 먼저 하나님의 나라와 그분의 의를 구하라. 그리하면 이 모든 것을 너희에게 더해 주시리라』고 하셨다. 먹을 것, 입을 것을 걱정하지 말라고 하신 것이다. 먼저 하나님의 나라, 즉 영적인 복을 구하라고 하셨다. 우리에게 화평과 의가 먼저 필요한 것이다. 하나님께서 천국을 가져오시기 전에 우선 영적인 상태가 바로 서야 한다. 그래서 '먼저'라는 말을 하신 것이다. 『너희는 먼저 하나님의 나라와 그분의 의를 구하라. 그리하면 이 모든 것을 너희에게 더해 주시리라』이렇게 강조하신다.

주님께서는 자신이 이방인들의 손에 넘겨질 것을 미리 아셨다. 주님께서는 하나님의 나라와 천국 즉 영적인 왕국과 물리적인 왕국 모두를 가져오시기 위해 메시아로 오셨는데 이스라엘은 주님을 십자가에 못박았다. 그후 스데반의 설교를 통해 이스라엘 백성에게 다시 기회를 주시지만, 그들은 이마저 듣지 않고 사도행전 7장에서 스데반을 죽여 버린다. 그래서 이스라엘 백성이 그 왕권을 가지지 못하게 된 것이다. 그 후 왕국 복음(천국 복음)은 사라지면서 하나님의 나라가 전파되고, 화평과 의를 구하는 은혜 복음이 나오게 되었다. 오늘날 우리들은 이 은혜 복음을 전파한다.

그리스도인을 위한 명령 – 만족하라

그렇다면 은혜 복음을 믿고 구원받은 우리들은 어떻게 살아야 하는가. 디모데전서 6장은 우리에게 만족하는 삶을 살라고 말씀한다. 『그러나 만족할 줄 아는 경건은 큰 이익이 되느니라』(딤전 6:6). 그런데 어떤 자들이 나왔는가. 『마음이 부패하고 진리를 상실하며 이익이 경건이라 생각하는 사람들 사이에 무익한 논쟁이 일어나느니라』(딤전 6:5). 이익이 경건이라고 생각하는 것은 베니 힌이나 J목사 같은 거짓 목사들이 '부자가 믿음이 좋은 사람이다'라고 설교하면서 일반인들은 이름조차 못 들어본 비싼 차를 타고 다니는 것이다. 자신은 경건하고 믿음이 좋아서 물질적인 복을 받았고, 반대로 우리들은 경건하지 못하고 믿음이 없어서 어렵게 산다고 말하는 것이다. 이것이 오늘날 거짓 목사들이 하는 짓이다. 그들이 하나님의 이름을 팔아서 교인들의 돈을 갈취하고 평균 집값이 수천만 달러를 호가하는 뉴포트 비치에 살면서 '당신들은 믿음이 없기에 부자가 되지 못했다'고 말하는 것이다. '부자가 되고 싶으면 부지런히 나에게 돈을 바쳐라. 그러면 믿음이 생겨서 부자가 될 것이다'라고 가르치는 것이다. 이익이 경건이라고 생각하는 것은 바로 이런 것이다.

『만족할 줄 아는 경건은 큰 이익이 되느니라.』 만족할 줄 아는 것이 경건이며 이것이 우리에게 큰 이익이 되는 것이다. 그러나 변개된 성경에서는 이 구절을 변개시켜 버렸다. 『우리가 세상에 아무것도 가지고 온 것이 없으며 아무것도 가지고 갈 수 없는 것이 분명하니 우리에게 먹을 것과 입을 것이 있으면 이것들로 만족할 것이니라』(딤전 6:7,8). 사도 바울은 '너희들에게 제일 중요한 것은 영적인 복이다'라고 말하는 것이다. 구약 때 의인은 일차적으로 물질적인 복을 받았고 그 다음 영적인 복을 받았다. 하나님께서 구약성도들에게는 일차적으로 물질적인 복을 보증하셨다. 그러나 우리에게는 물질적인 복이 보증되지 않았기 때문에 사도 바울이 우리에게 입을 것과 먹을 것이 있으면 만족하라고 한 것이다.

『그러나 부유하게 되고자 하는 자들은 유혹과 올무와 여러 가지 어리석고 해로운 정욕에 빠지리니, 이는 사람들로 파멸과 멸망에 빠지게 하는 것이라』(딤전 6:9). 부유하게 되고자 하는 자들에게 보증된 것은 파멸과 멸망이다. 구약 때에는 그렇지 않았다. 오히려 '너희들이 내 말을 경청하고 잘 지키면 물질로 복을 주겠다'고 약속하셨다. 이처럼 시대에 따라 하나님의 경륜이 다른 것을 알아야 한다. 구약 시대와 신약 시대는 다르다. 신약 시대에는 사탄의 세력들이 물질을 장악하고 있기 때문에 부유하게 되려면 사탄과 타협을 해야 된다. 그것을 주님이 아시기 때문에 이렇게 성경에 기록하신 것이다. 우리는 부유하게 되고자 하는 유혹에 넘어가지 말아야 한다.

믿음 생활을 하다가 보면 어떤 사람들은 세상으로 빠져나간다. 부유하게 되고자 하는 욕심, 세상에서 편하게 살고자 하는 욕심, 세상과 친구 되고자 하는 욕심이 있었기 때문에 세상으로 향한 것이다. 디모데전서 6장 10절은 "돈을 사랑하는 것이 모든 악의 뿌리"라고 말씀한다. 인간이 악한 짓을 할 때 그 안에는 돈을 사랑하는 마음이 있다. 이것이 발동되면 믿음이고 뭐고 다 없어지면서 죄를 짓고 죄와 타협하고 세상을 좇아가고 죄 속에 빠진다. 성경은 얼마나 정확한가! 그래서 돈을 사랑하지 말라고 하는 것이다. 이렇게 얘기하면 혹자는 '저 목사는 그리스도인이 된 뒤에는 돈 벌 필요도 없으니 대충 먹고 살라고 한다'고 말할지 모른다. 그러나 성경은 그렇게 말씀하지 않는다. 주님께서는 돈을 '사랑하지' 말라고 하신 것이다. 우리가 생활을 하기 위해서 돈은 필요한 것이다. 그러나 돈을 사랑하게 되면 유혹에 빠져서 죄를 짓게 된다는 것이다.

『그러나, 오 하나님의 사람인 너는 이것들을 피하라. 그리고 의와 경건과 믿음과 사랑과 인내와 온유를 추구하라』(딤전 6:11). 모두 영적인 것들이다. 『믿음의 선한 싸움을 싸우라』(딤전 6:12). 영적인 것을 말하는 것이다. 그러면 그리스도인 중에는 부유한 사람이 없는가. 그렇지 않다. 『이 세상에 있는 부유한 자들에게 명하여 마음이 교만해지지 말고 불확실한 재물을 신뢰하지 말며, 오직 우리에게 모든 것을 풍요하게 주셔서 향유케 하시는 살아 계신 하나님을 신뢰하라고 하라. 곧 그들이 선을 행하고, 선한 일에 부요하며, 기꺼이 나누어 주고, 아낌없이 베풂으로써, 자신들을 위하여 오는 때를 대비한 좋은 기초를 쌓도록 하라』(딤전 6:17-19). 주님께서는 그리스도인으로서 부를 소유하고 있다면 그 부를 잘 사용하라고 명령하신다. 나는 사람들에게 '부자는 구원받을 수 없다'고 말하지 않는다. 부자도 구원받을 수 있다. 그러나 조금 힘들다. 이 악한 세상에서 돈을 벌려면 타협을 하고 유혹에 빠지기 때문이다. 그러나 불가능한 것은 아니다. 세상의 부를 소유한 사람이 구원을 받았다면 자신의 재물로 선을 행하고, 선한 일에 부요하며, 기꺼이 나누어 주고, 아낌없이 베풀라는 것이다. 이것이 그리스도인으로서 균형 잡힌 삶이다.

그리스도인을 위한 명령 – 열심히 일하라

세상에는 물질에 대한 철학으로 한쪽 극단은 물질적인 것을 완전히 배제해야 한다는 금욕주의, 또 다른 극단은 물질만능주의와 쾌락주의가 있다. 우리는 균형 잡힌 그리스도인으로서 열심히 일하라고 하신 주님의 명령에 따라야 한다. 『또한 우리에게 속한 사람들도 필요한 것들을 위해서 선한 일에 진력하는 법을 배우게 하라. 이는 그들로 열매 없는 자가 되지 않게 하려 함이라』(딛 3:14). 당시에 데살로니가 교회에는 주님이 다시 오신다고 아무 일도 안하고 남들에게 짐을 지우는 사람들이 있었다. 그런 자들에게 바울은 『우리가 너희와 함께 있을 때에도 너희에게 명하기를 누구든지 일하기 싫어하거든 먹지도 말라 하였노라.』(살후 3:10)고 기록했다. 일하기 싫으면 먹지도 말라는 것이 성경의 가르침이다. 기복신앙은 예수님만 믿으면 하나님이 무조건 부를 보증한다고 거짓말을 한다. 또 다른 한편은 가난하게 사는 것이 좋은 믿음을 가진 증거이고 부를 소유하는 것은 마귀적인 것이라며 아이들을 학교에 보내지도 않고, 학교, 직장, 가정 모두 소홀히 하는 것이 경건이라고 속인다. 양쪽 모두 거짓된 것이다.

데살로니가후서 3장 11,12절은 이렇게 말씀한다. 『우리가 들으니 너희

가운데서 무질서하게 행하여 전혀 일하지 아니하고 참견 잘하는 자들이 있다 하니 이제 우리가 우리 주 예수 그리스도를 통하여 이런 자들에게 명하고 권하노니 조용히 일하고 자기 양식을 먹으라.』 이것이 하나님께서 그리스도인들에게 명하신 것이다. 하나님께서는 우리에게 물질적인 복, 즉 부를 보증하지 않으셨지만 선한 일에 열심히 종사해서 필요한 것을 채우고 선한 일에 쓰라고 하셨다. 『그러나 형제들아, 너희는 선을 행하다가 낙심하지 말라』(살후 3:13).

세칭 구원파 같은 데서는 누가복음 16장의 불의한 청지기의 예를 들면서, 그런 불의한 방식으로라도 돈을 벌어 하나님을 섬겨야 한다고 가르친다. 그 결과 세상에서도 손가락질 받는 여러 비리와 비화를 낳게 되었다. 그러나 그 예화에서 하나님께서 말씀하시는 것은, '불의한 청지기가 자기 꾀를 써서 미래를 준비하는 것처럼, 너희들은 비록 작은 것, 물질적인 것이지만 신실하게, 성실히 일해서 다가오는 날들을 대비하라'고 그런 비교를 하신 것뿐이다. 당연히 불의한 청지기처럼 사기를 쳐서 무엇을 하라는 뜻이 아니다.

신약 시대를 사는 우리는 물질적 부를 보증받지 않았다. 우리가 게으르게 살면 빈곤해지는 것이고, 열심히 선한 일에 힘쓰면서 살면 우리의 필요한 것을 충분히 채우고도 남아 다른 사람을 도와줄 수 있게 되는 것이다. 이것이 그리스도인의 삶이다.

J목사는 요한삼서 2절의 『사랑하는 자여, 무엇보다도 네 혼이 잘됨같이 네가 번성하고 강건하기를 바라노라.』는 구절을 가지고 하나님께서 예수 믿으면 부자가 되는 것을 보증하셨다고 한다. 2절 말씀은 그 뜻이 아니다. 요한이 자기 성도들을 위해 그렇게 기도한다는 말이다. 나도 목사로서 성도들을 위해 기도한다. 성도들의 가정을 위해서, 직장을 위해서, 아이들의 학

교를 위해서 당연히 기도한다. 그것을 가지고 그는 소위 '삼박자 구원론'을 만들고 책으로 출간까지 했다. 이처럼 성경을 바르게 알지 못하면 그런 거짓 가르침을 퍼뜨리게 된다. 당연히 우리는 필요한 것을 채우기 위해 일을 해야 하고, 경제적으로 어려운 사람이 있으면 주님께 물질적으로 채워 주시도록 기도해야 한다. 그러나 오늘날 우리에게 물질적 부는 보장된 것이 아니라는 말이다. 요한이 '하나님께서 그렇게 해 주시기를 바란다'고 한 것을 가지고 완전히 보증으로 만들어 버린 것이다. '예수 믿으면 부자 되고 병도 낫는다'고 하는 것은 사기다. 그런 데 속지 않으려면 성경이 가르치는 올바른 부의 개념을 알아야 한다.

대환란 때 부의 개념

대환란 때에는 어떻게 되는가. 부자들은 악한 자가 되고 가난한 사람들은 의인이 되는 것이다. 부를 가지려면 적그리스도의 표를 받고, 적그리스도의 왕국에 타협을 해야 한다. 그렇기 때문에 부자는 무조건 악인이 되고, 가난한 사람들은 무조건 의인이 된다. 그렇기 때문에 시편, 잠언, 야고보서 2장 등의 여러 구절에서 가난한 자들을 무조건 의인으로 묘사하는 것이다. 야고보서 2장 5절은 『나의 사랑하는 형제들아, 경청하라. 하나님께서는 이 세상의 가난한 자들을 택하시어 믿음 안에서 부요하게 하시고, 자기를 사랑하는 자들에게 약속하신 그 왕국의 상속자들로 삼으신 것이 아니냐?』라고 말씀한다. 가난한 자들은 대환란 때 왕국을 상속받는 자들이다. 그들은 적그리스도의 표를 안 받고 굶어 죽어야 하기에 그런 것이다. 그래서 일용할 양식을 달라고 기도하는 것이다. 오늘날 그리스도인들은 일용할 양식을 달라고 기도하지 않고 알맞은 직장을 주시도록 기도한다. 그러나 대환란 때에는 적그리스도의 표를 안 받기 위해 동굴로 도망 다니면서, 동굴 안에서 일용할 양식을 위해 기도해야 한다. 하나님께서 광야의 이스라엘에게 기적적으로 만나를 내려주셨듯이 그날의 양식을 내려 달라고 기도해야 한다. 이러한 이유로 가난한 사람들이 대환란 때는 무조건 의인이 되고 부자들은 무조건 악인이 되는 것이다. 이처럼 성경에는 모순이 없다. 단지 그 구절을 어느 시대에 두느냐의 문제만 있을 뿐이다

시대에 따른
하나님의 성전

『오 너희 고린도 사람들아, 우리의 입이 너희에게 열려 있고 우리의 마음이 넓어져 있도다. 너희는 우리 안에서 좁아진 것이 아니요 너희의 애정 안에서 좁아진 것이니라. 이제 (내가 나의 자녀들에게 말하듯 하니) 너희도 이에 보답하듯 마음을 넓히라. 믿지 않는 자들과 멍에를 같이 메지 말라. 의가 불의와 어찌 관계를 맺으며 빛이 어두움과 어찌 사귀겠느냐? 그리스도가 벨리알과 어찌 조화를 이루며 또한 믿는 자가 믿지 않는 자와 어떤 부분을 같이하겠느냐? 하나님의 성전과 우상들이 어찌 일치되겠느냐? 이는 너희가 살아 계신 하나님의 성전임이라. 하나님께서도 말씀하시기를 "내가 그들 가운데서 살 것이며 그들 가운데서 다닐 것이며 나는 그들의 하나님이 되고 그들은 나의 백성이 되리라. 그러므로 주가 말하노라. 너희는 그들에게서 나와 따로 있고 더러운 것을 만지지 말라. 그리하면 내가 너희를 영접할 것이며 또 나는 너희에게 아버지가 되고 너희는 내 아들들과 딸들이 되리라. 전능하신 주가 말하노라."고 하셨느니라』(고후 6:11-18).

시대에 따른 진리를 하나의 시리즈로 묶어서 설교하는 이유는 이를 통해 성경을 전체적으로 보는 안목을 가질 수 있기 때문이다. 오늘날 많은 거짓 교리들은 성경의 진리에 대한 전체적인 이해 없이 성경을 단편적으로만 봄으로써 잘못 해석하기 때문에 생겨난 것이다.

성전은 하나님께서 임재하시는 곳이다. 구약 때 성전은 하나님께서 이스라엘 백성들과 만나시는 곳이었다. 오늘날 신약 시대에는 구원받은 그리스도인의 몸이 하나님의 성전이다. 신약 시대는 예루살렘 성전에서나 예루살렘 성전을 향해 경배드리는 것이 아니다. 주님의 십자가 사건 후에는 우리의 몸이 주님께서 들어오셔서 거하시는 곳이다.

교회 시대의 성전 - 구원받은 자의 몸

우리의 몸은 성전이라고 하는 것으로 끝나서는 안 된다. 하나님께서 우리 안에 임재하신다면 우리의 생각과 태도가 달라져야 한다. 우리는 이것을 잊을 때가 많다. 하나님의 말씀에 따라 자신의 몸이 성전인 것을 기억한다면 자신의 몸을 어떻게 소유해야 할지를 알고 삶이 달라지게 된다. 하나님이 우리 안에 계신다면 구원받기 전의 모습대로 살 수 없는 것이다. 구원받기 전에는 사탄이 우리의 영을 장악했기 때문에 온갖 악하고 더러운 짓을 해도 부끄러움이 없었다. 그러나 예수님을 구주로 믿은 순간 성령님께서 우리 안에 들어오셔서 우리를 인치셨고, 이제 우리의 몸은 하나님의 성전이 되었다. 이제 중요한 것은 구원받은 자로서 우리의 몸을 가지고 어떻게 사는지이다.

많은 사람들은 우리가 이제 구원받은 자로서 영적인 삶을 살게 된 것만을 생각한다. 물론 맞는 말이지만, 유념할 것은 그 영적인 삶을 우리 육신의 몸으로 영위해야 한다는 것이다. 육신의 몸이 그래서 중요한 것이다. 구원받고 우리가 예수님을 증거할 때 사람들이 보는 것은 우리가 몸으로 하는 말과 행위이다. 만약에 그것이 깨끗하지 못하면 우리는 하나님을 증거하는 것이 아니라 오히려 하나님의 복음을 막아버리는 것이 된다. 보는 이로 하여금 '그리스도인이라고 하면서 어떻게 저렇게 살까?' 하는 생각을 갖게 만든다면 우리 때문에 진리가 막히게 된다. 우리는 성전 된 우리의 몸에 대해 신중하게 생각해야 한다. 주님께서도 성별에 대해서 강조하셨다.『그리스도가 벨리알과 어찌 조화를 이루며 또한 믿는 자가 믿지 않는 자와 어떤 부분을 같이하겠느냐?』(고후 6:15)

성별을 위해서 중요한 것은 어떤 사람들이 우리의 교제권 안에 들어와 있는지다. 우리는 구원받고 나서도 이 세상에서 계속 살아야 한다. 직장에 나가도 그곳에 구원받지 못한 사람들이 있고, 학교나 사회에서도 우리 주위에는 믿지 않는 사람들이 있다. 그렇다고 해서 그들과 하나가 되어 죄에 참여하면 안 된다. 우리는 그들로부터 성별되어 거룩함을 추구해야 한다. 학창 시절을 떠올려 보면 우리에게 가장 큰 영향을 주었던 존재는 우리의 친구들이었다. 수감자들에게 범죄를 저지르게 된 배경을 들어 보면 출발점은 하나같이 나쁜 친구들을 사귄 것이다. 친구들을 따라 마약을 하고 죄를 짓다가 결국 잡혀서 감옥까지 가게 된 것이다.

자녀들을 하나님을 두려워하고 세상 악에 물들지 않은 그리스도인으로 키우기 위해 홈스쿨을 할 수 있다면 가장 좋을 것이다. 그러나 이민 생활에서 그렇게 하기란 현실적으로 힘들기 때문에 자녀들을 공립 학교에 보낸다. 그러나 자녀가 학교에서 어떤 아이들과 어울리는지를 잘 살피는 것은 부모의 책임이다. 악한 교제는 인생을 망칠 수 있기에 하나님께서는 다음과 같이 강조하신다. 『믿지 않는 자들과 멍에를 같이 메지 말라. 의가 불의와 어찌 관계를 맺으며 빛이 어두움과 어찌 사귀겠느냐?』(고후 6:14)

또한 고린도전서 6장 13절은 『음식은 배를 위하고 배는 음식을 위하나 하나님께서는 이것과 저것 둘 다 폐하시리라. 이제 몸은 음행을 위하지 아니하고 주를 위하며 주께서는 몸을 위하시니라.』고 말씀한다. 주님께서 우리의 몸을 위하신다. 우리의 몸은 그렇게 중요한 것이다. '나는 구원 받았으니까 몸은 어떻게 살아도 상관없다'고 하면 안 된다. 우리의 몸이 건강하지 못하면 주 예수를 증거할 수 없는 것이다. 영적인 것만 강조하여 몸은 중요하지 않다고 생각하는 것은 잘못된 것이다. 건강을 유지하는 것은 우리의 책임이다. 아무거나 먹고 몸에 해가 되는 것만 골라서 먹으면 안 된다. 먹는 것조차도 하나님의 영광을 위해서 하라는 것이다. 우리가 삼겹살을 좋아한다고 그것만 아침 저녁으로 먹는다면 심장 문제로 병원에 입원하게 될 것이다. 이것은 하나님께 영광이 될 수 없다. 우리는 영적인 생활만 중요시하고 몸에 대한 것은 전혀 중요하지 않다고 생각해서는 안 된다. 영적으로 강건하려면 몸도 건강해야 한다.

『하나님께서는 주를 살리셨으니 그분의 능력으로 우리도 살리시리라. 너희의 몸이 그리스도의 지체인 줄을 알지 못하느냐? 내가 그리스도의 지체를 가지고 창녀의 지체로 만들겠느냐? 결코 그럴 수 없느니라. 또한, 창녀와 합하는 자는 한 몸인 것을 너희가 알지 못하느냐? 그가 말씀하시기를 "둘이 한 몸이 되리라."고 하셨느니라』(고전 6:14-16). 우리의 몸이 음행을 하면 이렇게 되는 것이다. 성경적으로 믿는 사람들은 몸과 마음이 깨끗해야 한다. 주님은 우리가 구원받았으니 이제 몸은 아무렇게나 해도 된다고 말씀하지 않고, 몸을 깨끗하게 하라고 하셨다. 『그러나 주와 합하는 자는 한 영이니라. 음행을 피하라. 사람이 범하는 죄마다 몸 밖에 있지만 음행하는 자는 자기 몸에 죄를 짓는 것이라』(고전 6:17,18). 많은 사람들이 구원받았다고 하면서 과거의 세상적으로 살던 모습 그대로 살려고 한다. 한국 사회에서는 술, 담배 문화가 만연하다. 구원을 받았다면 우리의 몸은 하나님이 거하시는 곳인데 빠끔 빠끔 담배를 피우겠는가. 술도 마찬가지다. 와인 한 잔은 괜찮다, 맥주 한 잔쯤은 괜찮다며 한 잔, 두 잔 술을 부을 수가 있겠는가.

내게 걸려오는 전화 중 가장 답답한 것 중 하나는 '술 마셔도 괜찮지 않나요?' 하고 묻는 것이다. 우리 교회에 나오지도 않는 사람들이 전화를 걸어 술에 대한 질문을 한다. 내가 성경적으로 답을 보여 주면 그래도 마시겠다고 하는 사람들이 있다. 그러면 나는 마음껏 드시라고 하고 전화를 끊는다. 망가지는 것은 그 사람의 몸이다. 우리 안에 하나님이 계시기 때문에 깨끗한 것만 들어가게 해야 한다. 그렇다고 매일 채식주의자처럼 먹으라는 말이 아니다. 감사함으로 먹으면 하나님이 모든 것을 정결케 해 주신다. 그러나 건강에 좋지 않은 것만 먹는다면 문제가 있는 것이다.

『또한, 너희 몸은 너희가 하나님으로부터 받은 바 너희 안에 계신 성령의 전인 것을 알지 못하느냐? 너희는 너희 자신의 것이 아니니라』(고전 6:19). 문제는 몸이 자기 자신의 것이라고 생각하는 데 있다. 구원받는 순간 우리 몸의 명의는 더 이상 우리가 아니다. 우리의 몸은 우리의 소유물이 아니라 하나님의 소유물이다. 『너희는 값을 치르고 산 것이니 그러므로 하나님의 것인 너희 몸과 너희 영으로 하나님께 영광을 돌리라』(고전 6:20). 하나님의 임재가 있는 곳, 하나님께서 거하시는 곳은 오늘날 교회 시대에는 우리의 몸이다. 성경은 주님께서 오셨을 때 주님 안에 신격이 몸의 형태로

거한다고 말씀한다(골 2장). 그러나 주님께서 부활하신 이후에는 구원받은 우리의 몸이 성전이 되었다.

천년왕국의 성전과 영원 세계의 새 예루살렘

천년왕국 때는 실제로 하나님의 성전이 예루살렘에 다시 세워진다. 에스겔서 40장부터 48장까지 성전의 규모 등 모든 세부사항이 자세히 묘사되어 있다. 천년왕국 때 우리는 주님과 함께 통치하고, 백보좌 심판 후에는 새 예루살렘에서 영원히 거할 것이다. 요한계시록 21장은 보석으로 단장한 새 예루살렘에 대해 묘사하는데, 그 거리는 순금으로 깔려 투명한 유리 같다. 그곳은 도로가 불순물이 하나도 안 섞인, 투명한 순금으로 되어 있다. 구원받은 자들을 위한 그 곳은 아무리 큰 돈으로도 살 수 없고 어떤 노력으로도 갈 수 없는 곳이다. 요한계시록 21장 21절까지 새 예루살렘에 대해서 나오고, 22절은 『내가 보니 성 안에는 성전이 없더라. 이는 전능하신 주 하나님과 그 어린양이 그곳의 성전임이라.』고 말씀한다.

구약 시대의 성전 - 예수님 사역의 모형

하나님의 임재가 계신 곳, 하나님의 성전은 십자가 이후부터는 구원받은 우리의 몸이다. 그러면 주님이 나타나시기 전까지 하나님의 임재는 어디에 계셨는가. 출애굽기 27장에서 주님은 성막에서 만나 주신다고 하셨다. 구약의 성막과 그 기명들은 우리의 몸을 성전 삼으시기 위해서 주님께서 십자가에서 이루신 일들을 '모형'으로 보여준다. 이것을 우리가 공부함으로써 '주님께서 이런 엄청난 일들을 이루어 주셨으니, 이제는 내 몸을 거룩하게 하고, 내 몸을 주님께 드리겠다'는 결심을 하게 된다.

출애굽기 25장에서 주님께서는 모세에게 성소를 지으라고 명령하신다. 『내가 그들 가운데 거할 성소를 나를 위하여 그들로 만들게 하라』(출 25:8). 오늘날은 구원받은 우리의 몸이 주님께서 우리와 함께 거하시는 곳이고, 주님의 임재가 있는 곳임을 항상 기억해야 한다. 거룩하신 하나님, 흠 없고 죄도 없으신 하나님께서 우리 안에 거하신다. 하나님은 거룩하시기 때문에 인간의 힘으로 하나님을 내주하시게 하는 것이 불가능하다. 아무리 죄를 안 지으려고 노력한다 해도 죄가 없는 사람은 없기 때문이다. 그런데 그것을 하나님께서 우리를 위해 이루어 주신 것이다. 내 몸이 귀중한 것은 그분이 나와 함께하시기 때문이다.

『내가 너에게 보여 주는 모든 것대로 성막의 모양과 그 모든 기구들의 모양을 따라 너희는 그것을 만들지니라』(출 25:9). 성막은 하나의 큰 텐트를 상상하면 된다. 주님께서 구약의 이스라엘 백성들에게 주님께서 거하시는 처소로서 성막을 짓도록 하셨다.

출애굽기 27장 1절에 놋제단이 나온다. 성막에 들어가면 동쪽으로부터 들어가자마자 제일 처음에 만나는 것이 놋제단이다. 『너는 싯딤 나무로 제단을 만들되 길이가 오 큐빗, 너비가 오 큐빗이며 제단은 네모 반듯하고 그 높이는 삼 큐빗이 되게 하라』(출 27:1). 『제단에 쓸 그물망은 놋으로 만들며, 그 망 위에 네 모서리에는 놋고리 네 개를 만들고, 너는 그 망을 제단 둘레 밑에 달아, 망이 제단 중간에까지 이르게 하라』(출 27:4,5). 그물망에 속죄양, 동물, 짐승을 올려 놓고 그것을 주님께 매일 드리는 것이다. 그것이 성막에 들어가자마자 요구되는 것이다. 이처럼 하나님께 나아가려면 죄의 문제를 해결하지 않고는 나아갈 수가 없는 것이다.

성막에서 제일 먼저 나오는 이 놋제단은 무엇인가. 놋은 하나님의 진노를 상징한다. 그 놋제단 위에 동물을 드리는 것은 죄의 대가를 치르는 것이다. 성경적 기독교를 제외한 모든 종교의 문제점은 죄의 문제를 먼저 해결하지 않은 채 구원 없는 종교 행위를 요구한다는 것이다. 놋제단 아래의 불은 지옥 불을 상징하며, 망 위의 속죄양은 지옥 불에서 드려지신 주님의 모형이다. 제단의 길이와 너비는 각각 오 큐빗인데, 성경에서 5라는 숫자는 죽음을 상징한다. 인간이 하나님 앞에 나아가려면 가장 먼저 죄의 문제를 해결해야 한다. 자신이 죄인인 것을 알지 못하고 죄에 대해 회개하지 않는다면 구원을 받을 수 없고 또한 죄에 대한 대가가 치러지지 않으면 구원을 받을 수 없다. 그렇기 때문에 성막에서 가장 먼저 보이는 것이 놋제단이다. 주님께서는 이것을 십자가에서 모두 폐하셨다.

출애굽기 30장 18-21절은 『"너는 또한 놋으로 물대야를 만들고 그 다리도 놋으로 만들어 씻게 하되 그것을 회중의 성막과 제단 사이에 두고 그 안에 물을 담을지니라. 아론과 그 아들들은 그곳에서 그들의 손과 발을 씻을 것이며 그들이 회중의 성막에 들어갈 때 그들이 물로 씻어야 죽지 않으리니 그들이 섬기려고 제단에 가까이 가서 주께 불로 제사를 드릴 때도 그리할지니라. 그러므로 그들이 그들의 손과 발을 씻으면 죽지 않으리니 이는 그와 그의 씨가 대대에 걸쳐 영원히 지킬 규례가 되리라." 하시니라.』고 말씀한다. 놋대야는 정결케 하는 곳이다. 우리가 속죄양이신 예수 그리스도의 보혈로 구원받은 뒤에 죽지 않으려면 우리 자신을 정결케 해야 한다. 예수님께서 베드로의 발을 씻기려 하실 때 베드로는 "아, 됐습니다."라고 했다. 그러자 주님이 "그럼 너는 나랑 상관이 없다."고 하셨고, 베드로는 "그러면 머리부터 전부 씻어 주십시오."라고 했다. 그러자 주님께서는 "아니다. 샤워는 필요 없고, 발을 씻어라."고 하셨다. 우리는 그리스도의 보혈로 구원받고 정결케 되었지만 이 세상에서 살 때 더러운 환경에 의해서 우리의 발이 더러워진다. 그래서 구원받은 사람은 계속 발을 씻어야 한다. 무엇으로 씻는가. 바로 하나님의 말씀에 의한 물이다.

우리 혼의 구원은 신앙 생활의 끝이 아닌 시작점이다. 구원받은 하나님의 자녀로서 지속적으로 말씀에 불순종하며 죄 가운데 산다면 하나님께서는 우리의 몸을 치실 수 있고 우리의 지상 생애를 일찍 끝내실 수도 있다. 아론의 자식들이 하나님 앞에 이상한 불을 드렸을 때 그 자리에서 바로 죽은 것이 그 '예표'가 된다. 로마서 8장 13절은 『너희가 육신을 따라 살면 죽을 것이나 성령을 통하여 몸의 행실을 죽이면 살리라.』고 말씀한다. 구원은 받았지만 성령을 따라 살지 않고 육신을 따라 살면 지옥에는 가지 않지만 일찍 죽을 수 있다. 그래서 주님은 우리에게 말씀으로 정결케 하라고 명령하시는 것이다. 성막 안의 놋대야에는 규격이 없다. 치수가 없다는 뜻은 영원하다는 것이다. 하나님의 말씀도 영원하다. 또한 성막 안에는 제사장이 앉을 의자가 없다. 제사장직을 수행하려면 앉아서 쉬지도 못하고 계속 서서 다녀야 하니 얼마나 힘들겠는가. 그러나 예수님께서 오셔서 모든 것을 다 성취하시고 하나님의 보좌 우편에 앉으셨다. 이제는 더 이상 힘들게 들어갔다 나왔다 하면서 불 붙이는 등의 일들을 수행할 필요가 없다.

구약의 제사장은 성막에 들어가서 물로 손발을 씻지 않으면 죽을 수도 있었다. 성막 바닥이 대리석으로 깔려 있는 것이 아니라 흙 바닥이기 때문에 계속해서 끊임없이 닦아야 했다. 마찬가지로 구원받고 나서 하나님의 말씀으로 매일 닦지 않는다면 더러움을 제거할 수가 없다. 하루라도 하나님 말씀을 읽지 않고 한 주라도 교회에 나와 예배드리지 않는다면 어떻게 달라지는지 아는가. 수요 기도 모임에 한 주라도 빠지면 어떻게 달라지는지 아는가. 한 주 건너, 두 주 건너 주일 예배에 나오면 세상에 나가서 살 때 얼마나 더 힘들어지는지 아는가. 육신을 따라가게 되기 때문에 그만큼 승리할 수 없게 된다. 그래서 매일 씻으라는 것이다. 우리는 직장에 출근할 때 세수뿐 아니라 샤워까지 깨끗이 하고 나간다. 만일 일주일 동안 전혀 씻지 않고 출근한다면 냄새 난다고 단번에 쫓겨날 것이다. 그런데 우리는 말씀으로 깨끗이 하는 것을 일주일 동안 소홀히 하는 것의 결과에 대해서는 염려하지 않는다. 이것에 대해 우리는 어떠한 변명도 할 수 없다.

출애굽기 25장에는 성막 안에 빵을 차려 놓은 상이 나온다. 『너는 싯팀 나무로 상도 만들되 그 길이가 이 큐빗이요 그 너비가 일 큐빗, 그 높이가 일 큐빗 반이 되게 하라. 너는 그것에 순금을 입히고 주위에다 금테를 두를지니라』(출 25:23,24). 『고리들을 그 턱 반대 위치에 달아서 상을 메는 채들을 넣을 자리가 있게 하라』(출 25:27). 이 상의 특이한 점은 메고 다녀야 한다는 것이다. 고정되어 있지 않고 항상 움직인다. 이것은 우리가 세상에 안주하지 말아야 함을 의미한다. 세상은 우리의 집이 아니기 때문에 우리는 항상 움직여야 한다. 우리의 집은 하늘에 있으며, 주님께서 오실 때까지 이 땅에서 우리는 나그네로 사는 것이다.

『너는 상 위에다 차려 놓은 빵을 놓아 항상 내 앞에 있게 할지니라』(출 25:30). 빵을 차려 놓은 상의 의미는 주님께서 우리를 먹여 주신다는 것이다. 많은 사람들은 자신의 능력으로 먹는다고 생각하지만, 주님께서 마련해 주시지 않으면 우리는 아무것도 먹을 수 없다. 일을 하고 돈을 버는 것도 주님의 허락하심이 있어야만 가능하다.

『주께서 내 원수들의 면전에서 내 앞에 식탁을 마련하시나이다. 주께서 내 머리에 기름으로 부으시니 내 잔이 넘치나이다』(시 23:5). 주님께서는 원수들 앞에서도 상을 베푸셔서 우리를 먹이시고 전쟁터에서도 우리를 먹이신다. 주님의 말씀은 우리의 영적 음식이다. 그뿐 아니라 실질적인 육신의 음식도 주님께서 주시는 것이다. 그래서 빵이 여섯 개로 한 줄, 또 여섯 개로 한 줄, 이렇게 두 줄로 나열되어 있다(레 24:6). 6과 6을 합하면 12이다. 이스라엘의 열두 지파를 주님께서 먹여 주신다. 또 6과 6은 66, 즉 성경 66권을 의미한다. 이처럼 주님께서는 우리를 물질적으로 먹이시고 또 영적으로도 먹여 주신다.

『그러나 나의 하나님께서 그리스도 예수를 통하여 영광 가운데서 그의 풍요함을 따라 너희의 모든 필요를 채워 주실 것이라』(빌 4:19). 여기서 우리의 '필요'를 채워 주신다고 하셨다. 만약 우리가 말씀대로 사는데도 하나님께서 무언가를 주시지 않는다면 그것은 우리에게 필요가 없는 것이기 때문이다. 한 예로 '저는 토요타보다 벤츠가 좋은데요' 했는데 하나님이 벤츠를 안 주셨다고 해서 이 구절이 틀린 것이 아니라는 말이다. 하나님께서 벤츠가 아닌 토요타를 주시면 그냥 타고 다니면 된다. 성경 구절을 잘못 인용하며 하나님을 의심하려 해서는 안 된다. 한편 성경 구절을 붙든다는 핑계로 일도 안 하고 빈둥빈둥 놀면서 '하나님이 먹여 주시겠지' 해서도 안 된다. 이 구절의 문맥은 하나님께 드리는 자에 대해서 얘기하는 것이지 노력도 전혀 안 했는데 하늘에서 뚝 떨어진다는 뜻이 아니다.

출애굽기 25장 31-33절에 금촛대에 대한 말씀이 나온다. 『너는 순금으로 촛대를 만들되, 그 촛대를 두들겨서 만든 것으로 만들지니, 그 대와 그 가지들과 그 대접들과 그 꽃받침들과 그 꽃들을 같은 데서 나오게 하고, 여섯 가지를 촛대 옆쪽에서 나오게 하되 촛대의 세 가지는 이쪽에서 나오게 하고 촛대의 세 가지는 저쪽에서 나오게 하며 이쪽 가지에 아몬드 같이 만든 대접 셋과 꽃받침 하나와 꽃이 하나 있게 하고 저편 가지에도 아몬드같이 만든 대접 셋과 꽃받침 하나와 꽃이 하나 있게 하여, 촛대에서 나온 여섯 가지에 그렇게 할지니라.』 제사장들은 이 촛대에 항상 불이 있도록 해야 한다. 일곱 가지를 가진 이 촛대가 의미하는 것은 이사야서 11장에 나오는 일곱 영, 즉 성령님이다. 금촛대는 빵을 차려 놓은 상의 건너편에 위치해서 상 위에 차려 놓은 빵에 빛을 비춘다. 성령 하나님께서 우리에게 빛을 주셔야만 하나님 말씀을 읽을 때 이해가 되는 것이다. 구원받지 않은 자연인은 하나님의 말씀을 아무리 열심히 읽어도 성령의 빛이 없기 때문에 이해할 수가 없다.

레위기 24장은 등불을 계속해서 켜야 한다고 말씀한다. 성막 안의 금촛대에는 항상 불이 있어서 꺼지지 않고 빛을 발해야 한다. 마찬가지로 우리는 세상에서 끊임없이 성령의 빛을 발해야 한다. 원할 때만 빛을 발하고 죄를 지을 때는 성령님을 감추어 놓아서는 안 된다. 구약 때 빛이 끊어졌을 때 받는 형벌은 죽음이었다는 것을 생각하면, 이것이 얼마나 중요한 것인지 알 수 있다. 우리는 지속적으로 성령의 빛을 세상에 비추어야 한다.

출애굽기 30장 1,2절에는 금향단과 향로가 나온다. 『너는 향을 피울 제단을 만들되 싯딤 나무로 만들지니라. 그 길이가 일 큐빗, 그 폭이 일 큐빗으로 네모 반듯하게 하고, 또 그 높이는 이 큐빗이 되게 하며, 그 뿔들은 같은 데서 나오게 할지니라.』 향을 피울 제단에 대한 내용이다. 카톨릭에서 미사 때 할로윈 가운 같은 의상을 입고 나와서 손에 들고 흔들면서 돌리는 것은 이 구절을 모방하는 것이다. 우리는 그럴 필요가 없다. 누가복음

1장, 시편 141편, 요한계시록 8장에 의하면 그 향은 주님께 올라가는 성도들의 기도를 말한다. 출애굽기 30장 9절에는 『너희는 그 위에 이상한 향을 피우지 말며』라는 경고가 나오는데, 레위기 10장에 이상한 불로 향을 피워서 심판받는 장면이 나온다. 『아론의 아들들인 나답과 아비후가 각자 자기의 향로를 가져다가 그 안에 불을 담고, 그 위에 향을 담아 주께서 그들에게 명령하지 않으신 다른 불을 주 앞에 드렸더니 주께로부터 불이 나와서 그들을 삼키니 그들이 주 앞에서 죽은지라』(레 10:1,2). 구약 때 그 불은 오직 놋제단에서 나와야 했고, 이상한 불을 가지고 하나님께 나아가면 그 자리에서 죽임을 당했다. 오늘날의 기도 역시 하나님께 올바른 방법으로 드리는 것이 지극히 중요하다.

오늘날 은혜의 시대에는 주님께서 참고 계실 뿐이지, 하나님께서는 죄악에 대해 동일한 진노를 가지고 계신다. 구약 때 다른 불을 가지고 하나님께 나아간 것은 오늘날 교회 시대의 '의지 숭배'와 같다. 그것은 자신의 육신적 의지와 열성을 가지고 교회에 나가는 것이고, 정작 구원은 받지 않은 채 하나님께 헌신과 찬양, 기도를 드리는 것을 뜻한다. 예수 그리스도의 보혈을 믿음만으로 구원받은 사람들이 아닌 그들은 기도를 할 때에도 적어 놓은 것을 읽거나 외워서 한다. 카톨릭 교회나 성공회 등에서는 기도문을 사용한다. 그런 모든 것들이 하나님께 이상한 불을 드리는 행위이다. 위급한 상황에서 하나님께 기도해야 할 때 언제 기도책을 찾아서 읽을 것인가. 구약 때 하나님께서는 그런 이상한 불에 대해서 진노하셨다. 하나님께 드리는 진정한 기도는 진정한 마음으로 주님께 일대일로 말씀드리는 것이다. 우리가 주님과 갖는 교제는 진심에서 나오는 것이라야 한다.

출애굽기 37장은 이제 성소를 지나 지성소에 대해 말씀한다. 자비석과 언약궤가 있는 지성소는 하나님께서 임재하시는 곳이며 하나님께서 만나 주신다고 약속하신 곳이다. 『브살르엘이 싯팀 나무로 궤를 만들었는데, 그 길이가 이 큐빗 반이고 그 너비가 일 큐빗 반이며 그 높이가 일 큐빗 반이요, 그가 그 안팎은 순금으로 입혔으며, 그 주위는 돌아가며 금으로 테를 만들었고』(출 37:1,2). 그 뒤에는 자비석에 대한 말씀이 나온다. 『그는 자비석을 순금으로 만들었으니, 그 길이가 이 큐빗 반이며, 그 너비는 일 큐빗 반이더라』(출 37:6). 『그 그룹들이 그들의 날개를 높이 펴서 그 날개들로 자비석을 덮었으며 그들의 얼굴을 서로 마주 보게 하여 자비석을 향하여 그룹의 얼굴들이 있게 하였더라』(출 37:9).

주님께서 언약궤 위 자비석에서 만나 주신다고 하셨다. 언약궤의 높이가 일 큐빗 반인데, 이는 삼 큐빗 높이인 놋제단의 절반 높이다. 놋제단 중간에는 망이 있고 그 망에는 속죄양이 놓여 있다. 성막에 들어가면 제일 먼저 보이는 것이 놋제단인데 그 놋제단에서 자비석까지 한눈에 볼 수 없는 이유는 그 사이에 휘장이 가로막고 있기 때문이다. 만약에 휘장이 투명하다 해도 자비석과 언약궤까지 볼 수 없는 이유는 속죄양(예수님)이 먼저 보이기 때문이다. 즉 속죄양이신 예수님을 통해서 하나님의 임재 앞으로 나아가는 것이다. 속죄양이 자비석과 같은 높이에 있기 때문이다. 놋제단의 높이와 지성소 안 자비석의 높이가 같다는 것은 오직 예수 그리스도를 통해서만 하나님께 나아갈 수 있음을 의미한다. 이것은 우리의 구원이 하나님의 은혜로부터 시작됨을 말하는 것이다.

하나님의 은혜는 믿음을 통해서 얻는 것이다. 인간은 하늘로 올라가려 아무리 노력해도 갈 수 없다. 일본이 우주로 올라가는 엘리베이터를 만들고 있다는 보도가 나왔다. 그것을 이용해서 하나님을 만나러 간다는 것이다.

현대판 바벨탑이다. 그런 것을 가지고는 셋째 하늘까지 갈 수가 없다. 지성소에 대해 특이한 것은 그 안에 촛대나 불이 없다는 점이다. 그런데도 그 안은 밝은 빛이 비치고 있다. 그 이유는 하나님은 빛이시기 때문이다. 지성소 안은 대제사장이 1년에 단 한 번, 자비석에 피를 뿌리기 위해 들어간다. 그런데 그 자비석을 누가 들어가서 닦지 않는데도 항상 깨끗하다. 그 다음 해에도 제사장이 들어가서 피를 뿌리지만 다음 해, 그 다음 해 여전히 깨끗한 것이다. 이는 예수 그리스도의 보혈로 정결케 됨을 의미한다. 하나님께서 임재하시는 지성소가 지극히 거룩한 곳일진대 오늘날 성령께서 거하시는 우리의 몸이 얼마나 거룩해야 할지를 기억해야 한다.

우리는 앞에서 살펴 본 동물 제사의 모든 번거로운 것들을 수행하지 않아도 된다. 주님께서 단번에 영원한 구속을 이루어주셨기 때문이다. 여러분 모두 성전된 자신의 몸을 거룩하게 하고, 영적인 것과 물질적인 것의 균형을 유지하는 삶을 통해 여러분의 몸과 영으로 하나님께 영광을 돌리기를 기도한다.

시대에 따른
하나님의 명절들

『우리를 거스르고 우리를 대적한 손으로 쓴 법령을 지워 버리고 또 그것을 그의 십자가에 못박아 없애셨으며 정사와 권세를 벗겨 내어 그것들을 공개적으로 나타내시고 십자가로 그들을 이기셨느니라. 그러므로 음식으로나 마시는 것으로나 거룩한 날이나 새 달이나 안식일에 관해서는 아무도 너희를 판단하지 못하게 하라. 이런 것들은 다가올 것들의 그림자나 몸은 그리스도의 것이니라』(골 2:14-17).

오늘날 교회 시대는 은혜 복음 시대로서 복음을 듣고 믿음으로써 구원받는다. 그러나 많은 사람들이 하나님께서 시대에 따라 각기 다른 방법으로 역사하신다는 사실을 모르고, 구약의 교리를 오늘날에 가르쳐서 율법과 율례들을 지켜 구원받는다고 함으로 은혜 복음을 거절하고 있다. 대부분의 교회 다니는 사람들이 예수 그리스도도 믿고 또 율법대로, 하나님 말씀대로 살아야 구원받는다고 생각하는 것을 주위에서 본다. 말씀을 따라 살지 말라는 것이 아니다. 말씀을 지킴으로써 구원을 받는다고 생각하면 구원을 받을 수가 없다는 말을 하는 것이다. 구원은 우리의 노력과 수고로써 받는 것이 아니라 주님께서 십자가에서 이루신 일, 그 은혜로써 받는 것이다. 이것을 잘못 가르치면 사람들이 수십 년 동안 종교 생활만 하다가 결국 지옥으로 가는 것이다.

그들도 모두 말로는 예수님을 믿는다고 한다. 여호와의 증인들도, 몰몬교도, 안식교도 모두 믿는다고 한다. 문제는 그들이 정확한 은혜 복음은 거절하고 수많은 사람들에게 누룩, 즉 거짓 교리를 퍼뜨린다는 것이다. 그들은 위와 같은 성경의 가르침을 무시하고 있다.

안식일

『우리를 거스르고 우리를 대적한 손으로 쓴 법령을 지워 버리고 또 그것을 그의 십자가에 못박아 없애셨으며 정사와 권세를 벗겨 내어 그것들을 공개적으로 나타내시고 십자가로 그들을 이기셨느니라. 그러므로 음식으로나 마시는 것으로나 거룩한 날이나 새 달이나 안식일에 관해서는 아무도 너희를 판단하지 못하게 하라』(골 2:14-16). 안식일 같은 어떤 날을 지켜야 구원받는다며 많은 사람들을 혼동에 빠뜨리는 자들이 있는데, 그 대표적 교단이 안식교이다. 안식교에서는 최근까지 안식일을 지켜야 구원받는다고 했지만 하도 공격을 받으니, 현재는 '예수님을 믿음으로써 구원을 받지만, 진정으로 예수를 믿고 예수를 사랑한 사람은 안식일을 지킨다'고 한다. 이는 말장난일 뿐 안식일을 지키지 못한 사람들은 구원받지 못했다는 그들의 교리에서 달라진 것은 없다. 그리고 여러 가지 계명, 율례들을 이야기하며 먹는 것에서부터 시작해서 구약의 계명들을 지키라고 한다. 시대에 따른 하나님의 명절들을 모르기 때문이다. 본문 구절은 분명히 "그런 것들로 아무도 너희를 판단하지 못하게 하라."고 말씀한다. 즉 '당신은 안식일을 안 지키니 구원받지 못했다'라고 판단하지 못하게 하라는 것이다.

안식일이나 새 달, 거룩한 날을 지키는 것은 오늘날 구원과 상관이 없다. 하나님의 명절들을 지키고 안 지키는 것에 따라서 구원을 받을지 못 받을지가 결정되는 것은 구약의 상황이다. 십자가 사건 후에는 그것이 구원의 조건이 아니다. 『이러한 것들은 다가올 것들의 그림자나 몸은 그리스도의 것이니라』(골 2:17). 다가올 것의 그림자라는 말씀은 그런 하나님의 명절들이 미래에 다시 등장한다는 것이다. 변개된 성경은 이것을 과거에만 해당되는 것으로 만들어 버렸다. NIV 등 변개된 성경들은 현재 시제인 which are를 과거 시제인 were로 고쳐, 이런 것들은 다가올 것들의 그림자 '였느니라'로 바꾸었다.

구약 시대의 명절은 천년왕국의 그림자

구약 시대에 이스라엘은 율법 하에서 명절들을 지켜야 했는데, 이는 십자가 사건 후에 폐지되었다. 이제 더 이상 율법을 지킴으로써 구원받는 것이 아니다. 그런데 많은 사람들이 알지 못하는 것은 이러한 율법이 재림 후 천년왕국 때에 다시 등장한다는 사실이다. 에스겔서 40장에서 48장의 말씀은 미래에 주님께서 재림하셔서 천년왕국을 통치하실 때 세워질 성전과 열두 지파의 땅 분배 등에 대해 묘사하고 있다. 40장에서 48장에 나오는 성전의 규격은 과거에 존재했던 성전의 규격과는 전혀 다르다. 그것은 앞으로 주님께서 예루살렘에서 통치하실 때 세워질 성전을 구체적으로 설명하는 것이다. 그 때에 이런 명절들이 다시 지켜질 것이다.

『또 명절들과 새 달들과 안식일들과 이스라엘 집의 모든 정한 절기에 번제물과 음식제물과 술붓는 제물을 드리는 것은 통치자의 몫이 될지니라』(겔 45:17). 안식교 교인들은 이런 구절들 때문에 오늘날 그 명절들을 지켜야 한다고 생각한다. 그러나 골로새서 2장의 말씀처럼 법령을 지워버렸기 때문에 교회 시대에 지켜야 하는 것이 아니다. 후에 천년왕국에서 주님께서 실질적으로 성전에서 통치하실 때에 이스라엘 백성은 이런 것들을 기념으로 지켜야 한다. 그래서 골로새서에 '미래에 다가올 것들의 그림자'라고 한 것이다. 『그는 이스라엘 집을 위한 화해를 이루기 위하여 속죄제물과 음식제물과 번제물과 화목제물을 예비할지니라. 주 하나님이 이같이 말하노라. 첫째 달, 그 달 첫째 날에 너는 흠 없는 어린 수송아지 한 마리를 취하여 성소를 깨끗게 할지니라』(겔 45:17,18). 말씀의 대상은 이스라엘 집이다. 이스라엘 백성이 회복되어 천년왕국에 들어가고, 주님께서는 예루살렘에서 직접 통치하실 것이다. 그때는 워싱턴이 아니라 예루살렘이 전 세계의 수도가 되는 것이다. 『일곱째 달, 그 달 십오일에 그는 칠 일간의 명절에 그와 같이 행할 것이요, 속죄제물과 번제제물과 음식제물과 기름에 따라 그같이 행할지니라』(겔 45:25). 미래에는 명절과 주께 드리는 제사가 다시 부활한다는 말씀이다.

『주 하나님이 이같이 말하노라. 동쪽을 바라보는 안쪽 뜰의 대문은 일하는 육 일 동안은 닫아 둘 것이나, 안식일에는 열어 두고, 또 새 달의 날에도 열어 둘지니라』(겔 46:1). 안식일과 새 달이 나온다. 『통치자는 바깥 대문의 현관 길로 들어와서 대문의 문설주 옆에 설 것이요, 제사장들은 통치자의 번제물과 화목제물을 준비할 것이며 통치자는 대문의 문지방에서 경배한 후 나갈 것이라. 그러나 대문은 저녁까지 닫지 말지니라』(겔 46:2). 여기서 통치자(prince)란 다윗을 말한다. 회복된 이스라엘에서 다윗이 통치자의 역할을 하는 것이다. 왕(king)은 예수 그리스도시다.

『이 땅의 백성도 마찬가지로 안식일들과 새 달들에 이 대문의 문간에서 주 앞에 경배할지니라. 통치자가 안식일에 주께 드리는 번제는 흠 없는 어린양 여섯 마리와 흠 없는 숫양 한 마리니라』(겔 46:3,4). 역시 안식일과 새 달이 나온다. 주님께서는 실질적으로 성전에서 통치하신다.

『통치자가 주께 자원하는 번제물이나 화목제물들을 자원하여 준비할 때면 동쪽을 바라보는 대문을 그에게 열어 줄 것이라. 그러면 통치자는 안식일에 했던 것처럼 자기의 번제물과 화목제물들을 준비한 후 나갈 것이요, 그가 나간 후에 대문을 닫을지니라. 너는 날마다 흠 없는 일년생 어린양으로 주께 번제를 준비할 것이요, 너는 매일 아침 그것을 준비할지니라』(겔 46:12,13).

성소에 관한 말씀이 47장, 48장에서 계속 나온다. 47장 1절에 성소의 강이 나오는데, 이 강은 지금까지 존재하지 않았던 것이다. 『그후에 그가 다시 나를 전의 문으로 데려갔는데, 보라, 물이 전의 문지방 아래에서 나와 동편으로 흘러 나가더라』(겔 47:1). 그 물이 3절에서는 발목까지 차고 4절에서는 허리까지 찬다. 『네가 이것을 보았느냐?』(겔 47:6) 『둑 이편과 저편에 심히 많은 나무가 있더라』(겔 47:7). 『그 물들이 치유를 받으리라』(겔 47:8). 이 모든 일들이 천년왕국 때 있을 일들이다. 그 물은 실제로 치유하는 물이며, 천년왕국 때에는 그 물로 치유를 받을 것이다.

『둑 위에 강가로 이편과 저편에는 양식이 될 모든 나무가 자라고 그 잎사귀들은 시들지 아니하며, 그 과실도 다하지 아니하고 달마다 새로운 과실을 내리니 이는 그 물이 성소에서 나옴이라. 또 과실은 양식이 되고 그

잎사귀는 약이 될 것이라』(겔 47:12). 한약을 말하는 것이 아니라, 그때에는 잎사귀가 실제로 약이 된다.

13절부터 20절까지는 열두 지파에게 유업으로 주실 땅의 경계에 대한 말씀인데, 이 역시 현재까지 일어나지 않았던 일이다. 이것은 이스라엘 백성이 현재 갖고 있는 조그마한 땅이 아니라 아브라함에게 약속된 땅의 경계를 말하는 것이다. 48장에 들어와서 또 땅의 분할이 나오고 제사장들과 레위인들을 위한 몫이 나온다. 『그 사면의 규격이 일만 팔천이며 그 날로부터 그 성읍의 이름이 '주께서 거기 계시다.'가 될 것이라』(겔 48:35). 마지막 구절도 역시 아직 일어나지 않은 일이다. 그 규격은 솔로몬의 성전과 다르기 때문이다. 오늘날 교회 시대를 사는 우리에게 해당되는 것은 골로새서 2장 14절에서 17절까지이다. 우리는 구원받기 위해서 구약의 율법 하에서 준 모든 율례들을 지키지는 않는다. 이런 것들은 다가올 것들의 그림자인 것이다.

이 교리가 중요한 이유는 많은 사람들이 안식일에 대해 잘못 가르치고 있기 때문이다. 안식교에서는 일요일에 예배를 드리는 것이 적그리스도의 표를 받는 것이고 짐승에게 경배하는 것이라고 한다. 그리스도인들이 일요일에 모여서 예배 드리는 것은 카톨릭이 등장하기 전부터 있었던 것이다. 성경에 나오는 대로 초대교회 때부터 주의 첫날에 주님의 부활을 기억하면서 성도들이 모였던 대로 오늘날 우리들도 모이는 것인데(행 20:7), 그들은 이와 같은 사실은 무시하고 일요일에 예배 드리면 무조건 카톨릭의 전통을 따라하는 것이라고 주장하는 것이다. 카톨릭에서 일요일에 모인다고 해서 일요일에 모이는 것이 적그리스도의 표를 받는 것인가? 진리를 조금만 왜곡하면 얼마든지 마귀의 교리를 가르칠 수 있다는 것을 잊지 말아야 한다. 출애굽 때까지는 주님께서 인간에게 안식일을 지키라는 명령을 주신 적이 없다. 출애굽기 20장에서부터 안식일을 비롯한 십계명이 나온 것이다. 이 안식일은 이스라엘 백성에게 표적으로서 지키라고 명령하신 것이다. 안식교에서 나온 한 종파의 A교주는 토요일을 안식일로 지킬 뿐 아니라 유월절, 무교절, 초실절, 칠칠절, 나팔절, 대속죄일, 초막절 등 3차 절기를 철저하게 지키는 것으로 이 시대의 왜곡된 진리를 바로잡아 하나님의 바른 진리로 돌아가야 한다고 주장한다.

골로새서 2장은 분명히 주님께서 절기들을 포함해서 그러한 법령들을 폐기하셨다고 말씀한다. "새 달과 안식일들로 너희를 판단하지 못하게 하라." 그런데 안식교에서 갈라져나온 이들은 구약의 절기를 지켜야 구원받는다고 한다. 한국 교회는 처음부터 바른 성경과 순수한 복음으로 시작되지 못했기 때문에 100년이 지난 오늘날 결국 이런 이단 단체들이 나오게 된 것이다.

하나님의 진리의 말씀과 교리에서 조금 빗나가고 조금 변형시키다가는 나중에 가서는 엄청난 이단과 거짓 교리가 나오게 된다. 우리는 현재 그 열매를 목도하고 있다. K목사, J목사 등 거짓 목사들이 각종 죄악과 사기로 사회에 물의를 일으키고 법의 심판을 받아 하나님의 이름에 먹칠을 하고 있다. 성경적으로 믿는 우리들은 성경의 가르침에서 벗어남이 없이 철저하게 지켜야 한다. 인간의 본성은 남들보다 자신이 더 똑똑하다고 생각하기 때문에 자신이 배운 것에 스스로 더 첨가하고, 그 다음 제자들이 또 첨가함으로써 나중에는 완전히 빗나가게 된다. 사도 바울은 신실한 자에게 자신이 가르쳐준 대로 똑같이 가르쳐 주라고 했다(딤후 2:2). 거기에 다른 것을 혼합해서 가르치라고 하지 않았다.

성경적인 교리를 가지고 다른 교리들과 혼합해서 가르치는 자들도 있다. 은사주의 교리, 구원파 교리와 혼합시켜서 결국 이상한 것을 가르친다. 여러분은 배운 그대로를 다른 사람에게 가르쳐야 한다. 그러면 백 년이 지나고 천 년이 지나도 달라질 것 없이 진리가 보존되어 맥을 이어나가는 것이다.

주님께서 명절과 절기들을 폐하신 이유는 무엇인가. 하나님께서 명절과 율례들을 주셨는데, 인간이 형식적으로만 지킬 뿐 그 마음은 주님으로부터 멀어져 있었기 때문이다. 이것은 오늘날 교회 시대에도 매우 중요한 가르침을 준다. 교회 시대에 배교가 일어나는 이유는 사람들이 정작 가장 먼저 믿고 받아들여야 하는 은혜 복음에 대해서는 무관심하면서 형식적이고 피상적인 믿음 생활을 하기 때문이다. 『너희의 수많은 희생제물이 내게 무슨 소용이 있느냐? 주가 말하노라. 나는 숫양들의 번제물들과 살진 짐승들의 기름으로 배불렀으며, 또 나는 수송아지들이나 어린양들이나 숫염소들의 피를 기뻐하지 아니하노라. 너희가 내 앞에 나타날 때 너희 손에 이것을 가져와 내 뜰을 밟으라고 누가 요구하였느냐?』(사 1:11,12) 말씀은 지키지 않으면서 헛되이, 형식적으로, 무관심 속에서 하나님께 다가가는 것을 하나님께서는 견딜 수 없어하신 것이다. 『헛된 예물을 더 이상 가져오지 말라. 분향은 내게 가증함이요. 새 달들과 안식일들과 집회들을 모으는 것도 내가 견딜 수 없으니 심지어 엄숙한 모임까지도 악한 것이니라. 너희의 새 달들과 정한 명절들을 내 혼이 싫어하노라. 그것들은 내게 짐이요, 내가 지기에 피곤하노라』(사 1:13,14). 우리가 부모로서 아이들에게 무언가를 시켰을 때 마음을 써서 하지 않고 피상적으로 헛되이 한다면 어떻겠는가.

『주께서 모세에게 일러 말씀하시기를 "이스라엘 자손에게 고하여 그들에게 말하라. 너희가 거룩한 모임으로 선포할 주의 명절들에 관해서라. 이것이 나의 명절들이니라. 육 일 동안은 일할 것이나 일곱째 날은 쉼의 안식 일이니 거룩한 모임이 있느니라. 너희는 그 날에는 일하지 말라. 이것이 너 희 모든 거처에서 주의 안식일이니라』(레 23:1-3). 안식일은 주님께서 이스 라엘 백성에게 주신 것이며, 출애굽기 20장 8절에 처음으로 나온다. 안식 일을 주신 이유는 무엇인가. 에스겔서 20장 12절에 답이 나온다.『또 나는 그들에게 내 안식일들도 주었으니 나와 그들 사이에 표적이 되게 하고 그 들로 내가 그들을 거룩하게 하는 주인 줄 알게 하려는 것이라.』여기서 '그 들'은 이스라엘 백성이다.『그러나 이스라엘 집이 광야에서 내게 반역하였 고』(겔 20:13).

안식일은 이스라엘 백성에게 주신 표적이지 안식교에게 지키라고 주신 것이 아니다. 주님께서는 이사야서 1장 13절에서 형식적으로 하나님을 섬 기는 모양만 있었을 뿐 정작 말씀은 지키지 않는 이스라엘에 대해 책망하 시고 경고하신다.『헛된 예물을 더 이상 가져오지 말라. 분향은 내게 가증 함이요, 새 달들과 안식일들과 집회들을 모으는 것도 내가 견딜 수 없으 니 심지어 엄숙한 모임까지도 악한 것이라.』그래서 주님께서 이 땅에 직 접 오셔서 레위기 23장에 있는 명절들에 대해서 직접 실현하신 것이다. 성 경의 명절들은 예수 그리스도 그리고 그리스도의 사역과 매우 밀접한 관 계가 있다.

일곱 절기들과 그 예표

안식일은 매주 지키는 것이었고, 이를 제외하면 성경에는 일곱 가지 명 절이 나온다. 첫 번째 명절은 유월절이다.『주의 명절들은 이러하니, 곧 거룩한 모임으로 삼아 그들의 시기에 따라 너희가 공포할지니라. 첫째 달 십 사일 저녁은 주의 유월절이니라』(레 23:4,5). 출애굽기 12장에서 하나님이 보내신 재앙으로 이집트의 장자들은 죽었지만 이스라엘의 장자들은 유월 절에 양을 잡아 그 피를 문지방에 바름으로써 죽지 않았다. 이렇게 유월 절은 이스라엘의 구속을 기념하는 것이고, 이것은 실질적으로 그리스도의 죽음의 모형이다. 유월절 양은 점과 흠이 없으신 하나님의 어린 양이신 예수 그리스도시다. 그리스도의 죽음이 없었다면 우리는 구속받을 수 없는 것이다.

유월절 양이신 주님께서 보혈을 흘리심으로써 이제 우리가 유월절 양을 잡지 않아도 된다. 구약성도들이 드렸던 모든 제사들을 생각해 보라. 그들은 죄 지을 때마다 동물을 가지고 제사장에게 가서 그 피로써 죄사함을 받아야 했다. 엄청난 동물들의 피를 흘렸던 그 제사를 반복하고 또 반복해야 했다. 그러나 예수 그리스도께서 죽으심으로써 이를 더 이상 반복할 필요가 사라졌다.

우리는 구원을 가볍게 생각하는 죄를 범해서는 안 된다. 창조주 하나님께서 육신의 몸으로 오셔서 악한 인간에게 조롱과 박해를 받고 죽임을 당하셨다. 주님께서는 당시 로마 병정들의 손에 의해 십자가에 못박히셨지만, 만일 우리가 그때 그곳에 있었더라면 '그를 십자가에 처형하라'고 외치는 무리 가운데 우리들도 있었을 것이다. 주님의 죽으심이 아니었다면 우리는 세상 사람들과 똑같이 열심히 종교 놀이를 하다가 허무하게 죽었을 것이다.

이 세상의 수많은 사람들이 진리를 찾기 위해 온갖 일을 다 한다. 무릎이 까져서 피가 철철 흐르도록 무릎으로 계단을 오르내리는가 하면, 오물이 떠다니는 갠지스 강에서 죄를 씻는다고 하면서 그 물을 먹고 마시기도 한다. 동서양 철학자들은 하나님 말씀을 진리로 받아들이지 않고 자의적인 관념과 사상을 가지고 진리를 찾으니 결국에는 답을 찾지 못한다. 불교의 수도승들도 도를 닦다가 결국에는 '무'를 외치며 죽는다. 하나님 말씀이 증거하는 예수님을 알지도, 믿지도 못한 채 죽는 것이다. 그들의 문제는 자신의 노력으로써 하나님을 만나려고 하는 것이다. 인간은 자신의 노력으로 하나님을 만날 수 없다. 그들은 성경이 인간이 쓴 책이지 하나님의 영감으로 기록된 하나님의 계시라고 믿지 않는다. 성경에 오류가 있고 그 말씀이 진리가 아닐 수가 있다고 생각한다. 진리를 추구한다는 세상 철학자들은 정작 인간이 가진 두 성품조차 모르기 때문에 인간의 육신을 가지고 어떻게 하면 하나님을 찾을지를 구하다가 답을 찾지 못한 채 허무하게 사라졌다. 그들이 몇천 년 동안 찾고자 한 모든 것들의 결론은 전도서 한 장에 다 들어 있다. 금욕주의, 쾌락주의, 실존주의, 허무주의 등 모든 '주의'들이 잠언서 한 장에 다 들어 있는 것이다. 그것을 배제한 채 학자들, 교수들은 수천 년 동안 지혜와 진리를 논하는 것을 수입을 버는 수단으로 삼아 온 것이다. 철학자들이 결국 도달하는 결론은 하나님은 없다는 것이다. 하나님이 존재한다면 세상이 이렇게 되지 않았을 것이라는 것이다. '신은 죽었다'고 한 니체도 끝에 가서는 정신병자가 되어 죽었다. 진리를 추구했지만 이렇게 쉬운 하나님의 진리를 거부하고 죽은 것이다. 진리는 여기 성경에 있는데 세상 철학자들은 엉뚱한 곳에서 찾은 것이다.

두 번째는 누룩 없는 빵의 절기인 무교절이다. 『같은 달 십오일은 주께 무교절이니 칠 일 동안 너희는 누룩 없는 빵을 먹을지니라』(레 23:6). 유월절 바로 다음에 오는 무교절은 성도의 생활의 모형이다. 우리는 주님의 죽으심과 부활하심을 믿고 구원받자마자 성도의 삶을 살아야 하는 것이다.

'칠 일 동안'이란 성도로서의 우리의 생애를 의미하는 것이다. 누룩은 성경에서 죄의 상징, 가증함의 상징이다. 우리는 우리의 삶을 누룩 없는 빵으로 살아야 한다. 『그러므로 묵은 누룩은 떼어내 버리라. 그래야 너희가 누룩을 넣지 않은 새 반죽이 되리라. 우리의 유월절 양이신 그리스도께서 우리를 위하여 희생되셨으므로 우리가 그 명절을 지키되 묵은 누룩이나 또 악하고 가증한 누룩으로도 말며 오직 누룩 없는 성실과 진리의 빵을 가지고 지키자』(고전 5:7,8). 여러분은 이 말씀대로 성실과 진리를 가지고 살고 있는지 점검해 보아야 한다. 성실하게 하나님의 사역에 임하고 있는가, 아니면 이사야서의 말씀처럼 주님께 헛되이 예물을 가져다 드리고 있는가. 죄의 상징인 누룩을 가지고, 무관심 속에서 형식적으로만 임하고 있지는 않은가. 주님께서는 우리에게 이 명절을 성실과 진리로 지키라고 하셨다.

세 번째 명절은 초실절이다. 『주께서 모세에게 일러 말씀하시기를 "이스라엘 자손에게 고하여 그들에게 말하라. '너희는 내가 너희에게 주는 땅에 들어가서 거기서 수확을 거두면, 너희는 너희 수확의 첫 열매들의 단을 제사장에게로 가져올지니라. 그러면 그가 주 앞에서 그 단을 너희를 위하여 받아들여지도록 흔들지니 안식일 후 다음 날에 제사장은 그것을 흔들지니라』(레 23:9-11). 안식일 날 다음 날이 주님의 부활을 상징하는 날이다. 초실절은 주님이 수확의 첫 열매가 되시고, 우리도 부활함을 의미한다. 한 알의 밀이 죽는 것은 그리스도의 부활의 모형이다. 부활이 없다면 내가 17년 동안 설교한 모든 것들은 거짓말이 되는 것이다. 주님께서 부활하지 않으셨다면 우리는 거짓말쟁이가 되고 아무 소망이 없이 죽어서 지옥에 가는 것이다. 『그러나 각자 자기의 서열대로 되리니 그리스도가 첫 열매들이요, 그 다음은 그리스도께서 오실 때 그분께 속한 사람들이라』(고전 15:23). 『죽은 자들의 부활도 이와 같으니 썩을 것으로 심겨서 썩지 아니하는 것으로 일으켜지며 수치로 심겨서 영광된 것으로 일으켜지며 약한 것으로 심겨서 능력 있는 것으로 일으켜지며』(고전 15:42,43). 주님께서 첫 열매들이 되셨다.

질병에 걸리거나 사고가 나서 죽을 때 우리의 죽음은 수치스러운 몸으로 죽는 것이다. 그러나 그것이 끝이 아니다. 주님의 부활이 있기 때문에 우리는 주님의 영광스러운 몸을 입는다. 그것이 초실절의 의미이다. 『육신의 타고난 몸으로 심겨져 영적인 몸으로 일으켜지느니라. 육신의 타고난 몸이 있고 또 영적인 몸이 있느니라』(고전 15:44). 주님의 부활이 있었기 때문에 우리에게는 소망이 있다. 지금 우리는 교회의 역사상 가장 중요한 시기에 살고 있다. 주님께서 다시 오실 날이 가까이 온 오늘날을 사는 우리는 주님이 만일 오늘 오신다면 에녹처럼 죽지 않고 휴거되는 것이다. 모든 인간에게는 한번 죽는 것이 정해졌는데 우리는 에녹처럼 예외가 될 수 있는 놀라운 시기에 살고 있다.

네 번째 절기는 오순절이다. 『너희는 안식일 후 다음 날, 너희가 흔드는 제사의 단을 가져온 그 날부터 세어서 일곱 안식일을 마칠지니 너희는 일곱째 안식일 이튿날까지 오십 일을 헤아려서 주께 새로운 음식제사를 드릴지니라. 너희는 너희의 거처에서 십분의 이로 만든 흔드는 빵 두 덩어리를 가지고 나올지니 그 빵들은 고운 가루로 만들어 누룩을 넣어서 구울 것이며 그것들이 주께 드리는 첫열매들이니라』(레 23:15-17). 성령께서 임하신 것은 오순절이었다. 오순절은 초실절부터 셌을 때 일곱 곱하기 일곱, 즉 일곱 주가 지나서 지키기 때문에 칠칠절이라고 한다. 주님께서 승천하신 후 오순절에 성령이 오셨으며, 우리는 성령에 의해서 그리스도의 몸 안으로 침례받는 것이다. 오순절은 고린도전서 12장 13절이 말씀하는 성령 침례의 모형이다.

성령 침례로 유대인과 이방인이 그리스도의 몸 안에서 하나가 되기 때문에 레위기 23장에 빵 두 덩어리가 나오는 것이다.

『누룩을 넣어서 구울 것이며』(레 23:17). 무교절과는 달리 이곳에서 누룩을 넣는 이유는 성도들의 삶이 불완전하기 때문이다. 죄의 누룩이 없는 사람은 아무도 없다. 그렇기 때문에 성실과 진리로 우리 삶에 누룩이 없도록 해야 한다. 주님의 도움으로써 이를 이루도록 노력해야 한다.

다섯째 절기는 나팔절이다. 『주께서 모세에게 일러 말씀하시기를 "이스라엘 자손에게 고하여 말하라. '일곱째 달, 그 달의 첫날에 안식일을 삼고 나팔들을 불어 기념일과 거룩한 모임을 삼을지니라』(레 23:23,24). 성경의 명절은 유월절, 무교절, 초실절, 오순절, 이 네 명절을 하나로 보고 그 다음 나팔절부터 세 명절을 또 하나로 보는데, 오순절부터 나팔절까지의 기간은 4개월이다. 곡식과 포도를 거두고 수확하는 바쁜 기간인 이 4개월은 교회 시대를 의미하는 것이다. 십자가 사건으로 교회가 열리고 오순절로부터 시작해서 교회 시대가 열렸다. 그 다음 로마서 11장에서 말씀하는 이방인의 충만함, 즉 죄의 충만함이 온다. 이방인들의 죄가 충만할 때 주님께서 오시는 것이다. 4개월은 그때까지의 기간이다. 나팔절은 나팔을 부는 휴거, 재림의 모형이다. 『우리가 주의 말씀으로 너희에게 이것을 말하노니 주께서 오실 때까지 살아남아 있는 우리가 잠들어 있는 자들보다 결단코 앞서지 못하리라. 주께서 호령과 천사장의 음성과 하나님의 나팔소리와 함께 하늘로부터 친히 내려 오시리니 그러면 그리스도 안에서 죽은 자들이 먼저 일어나고 그리고 살아남아 있는 우리도 공중에서 주와 만나기 위하여 그들과 함께 구름속으로 끌려 올라가리니, 그리하여 우리가 영원히 주와 함께 있으리라』(살전 4:15-17). 많은 사람들이 휴거를 믿지 않는다. 구원받은 이들로 이루어진 그리스도의 몸은 주님 오실 때 휴거된다. 그때 주님은 이 땅의 올리브 산에 내려오시는 것이 아니라 공중에 재림하시는 것이다. 이 나팔절은 우리에게 소망이다. 나팔절과 속죄일, 장막절은 주님의 오심과 관련이 있다.

여섯째 명절은 속죄일이다. 『주께서 모세에게 일러 말씀하시기를 "이 일곱째 달 십일은 속죄일이 되리니 너희에게 거룩한 모임이 되리라. 너희는 너희 혼들을 괴롭게 하고 주께 불로 드리는 제사를 드릴지니라』(레 23:26,27). 이때 주님께서는 이스라엘의 죄를 깨끗게 하신다. 이 구절에서 속죄제물이신 예수님이 연상되는데, 주님께서는 우리의 죄의 문제를 해결해 주셨다. 한편 이스라엘은 끝난 것이 아니라 미래에 주님께 다시 돌아온다. 『또 내가 다윗의 집과 예루살렘의 거민들 위에 은혜와 간구의 영을 부어 주리라. 그러면 그들은 그들이 찔렀던 나를 쳐다볼 것이며, 그들이 그를 위하여 애통하리니, 마치 어떤 사람이 자기 외아들을 위하여 애통함같이 할 것이요, 그들이 그를 위하여 비통에 잠기듯 하리라. 그 날에 예루살렘에 큰 애통이 있으리니, 마치 므깃도 골짜기 하닷림몬의 애통과 같으리라. 땅이 애통하리니, 각 족속이 따로 애통하리라. 다윗 집의 족속이 따로 하고 그들의 아내들도 따로 하며, 나단 집의 족속이 따로 하고 그들의 아내들도 따로 할 것이요, 레위 집 족속이 따로 하고 그들의 아내들도 따로 하며, 시므이의 족속이 따로 하고 그들의 아내들도 따로 하리라. 남은 모든 족속도 각 족속이 따로 하며 그들의 아내들도 따로 하리라』(슥 12:10-14). 이것이 속죄일의 모습이다.

『그 날에 다윗의 집과 예루살렘의 거민들에게 죄와 불결을 씻는 샘이 열리리라』(슥 13:1). 속죄일은 주님께서 이스라엘 백성을 깨끗게 하시는 날이다. 속죄일은 천년왕국에 들어가기 전에 이루어져야 할 일이다. 이스라엘 사람들의 죄가 깨끗해진 뒤에 천년왕국에 들어가는 것이다.

마지막 일곱째 명절은 장막절이다. 『주께서 모세에게 일러 말씀하시기를 "이스라엘 자손들에게 고하여 말하라. '이 일곱째 달 십오일은 주께 칠 일 동안 장막절이니라』(레 23:33). 예수 그리스도께서 재림하신 후 천년왕국의 안식을 주신다. 모세와 엘리야가 등장했던 변형산 사건 때 베드로는 '주님을 위해서 주의 장막을 짓겠습니다'라고 했다. 『너희가 그 땅의 열매들을 거두면 일곱째 달의 십오일에는 또한, 너희는 칠 일 동안 주께 명절을 지킬지니, 그 첫날도 안식일이 되고 그 여덟째 날도 안식일이 될지니라』(레 23:39). 천년이 하루와 같다면 육천 년은 하나님께는 육 일이다(벧후 3:8). 마지막 날과 그 첫날이 안식일이 되는 것이다. 천년왕국 때 주님께서 안식을 주신다. 그리고 그 다음 여덟째 날에도 안식을 주신다. 여덟째 날은 팔천 년이 시작되는 것이고, 새 하늘과 새 땅, 영원 세계가 시작되는 것이다. 이렇게 천년왕국으로부터 영원 세계는 끊어지지 않고 계속해서 이어진다.

절기에 대해서 중요한 부분들을 간략하게 살펴보았다. 그러한 절기들은 예수 그리스도의 사역에 대한 모형이지만 오늘날 이런 절기들을 지킴으로써 구원받는다고 하면 곤란한 것이다. 주님께서는 속죄양으로 오셔서 이 모든 것을 다 해결해 주셨다. 지금은 예수님을 믿기만 하면 구원받는 은혜 복음 시대인데, 각 시대에 따른 절기들의 의미를 제대로 알지 못하면 교리의 혼동을 가져오게 된다. 주님께서 모든 것을 해 주셨기 때문에 우리가 유월절, 무교절, 초실절, 오순절, 나팔절, 속죄일, 장막절을 지키지 않아도 되니 얼마나 감사한 일인가.

시대에 따른
사탄의 사역

『또 주의 말씀이 내게 임하여 말씀하시니라. 인자야, 투로 왕에게 애가를 지어 그에게 말하라. 주 하나님이 이같이 말하노라. 너는 완전한 규모를 확정하는 자라. 지혜가 충만하고 아름다움이 완벽하도다. 네가 하나님의 동산 에덴에 있어 모든 귀한 돌인 홍보석과 황옥과 금강석과 녹보석과 얼룩마노와 벽옥과 사파이어와 에메랄드와 홍옥과 금으로 덮여 있었고 네 북들과 관악기들이 만들어짐이 네가 창조되던 날에 네 안에 예비되었도다. 너는 기름부음을 받은 덮는 그룹이라. 내가 너를 그렇게 세웠더니 네가 하나님의 거룩한 산 위에 있었고 네가 불의 돌들 가운데를 위아래로 걸었도다. 네가 창조된 날로부터 죄악이 네게서 발견되기까지 너는 네 길에 완벽하였도다. 네 상품이 풍부함으로 그들이 폭력으로 네 가운데를 채워서 네가 죄를 지었느니라. 그러므로 내가 너를 더럽게 여겨 하나님의 산에서 쫓아내리라. 오 덮는 그룹아, 내가 불의 돌들 가운데로부터 너를 멸하리라. 네 마음이 너의 아름다움으로 인하여 높아졌고 너는 네 지혜를 찬란함으로 인하여 변질시켰도다. 내가 너를 땅에다 던질 것이며 내가 너를 왕들 앞에 두어 그들로 너를 보게 하리라. 너는 네 죄악이 많음으로 인하여, 즉 네 거래의 죄악으로 인하여 네 성소들을 더럽혔느니라. 그러므로 내가 네 가운데로부터 불을 일으키리니 그 불이 너를 삼킬 것이요, 내가 너를 보는 모든 자들의 목전에서 너를 땅 위에 재가 되게 하리라. 백성 가운데서 너를 아는 모든 자들이 너를 보고 놀랄 것이며 너는 몰락하여 결코 더 이상 존재하지 못하리라』(겔 28:11-19).

많은 사람들은 눈에 보이지 않는다는 이유로 사탄의 존재를 믿지 않는다. 그러나 우리는 보이지 않는 것들일지라도 성경에 기록되어 있는 그대로를 믿어야 한다. 킹제임스성경은 사탄의 이름이 루시퍼임을 우리에게 알게해 주는 유일한 성경이다. 이사야 14장과 에스겔서 28장에 나오는 루시퍼, 투로왕은 완벽한 존재로 창조되었다. 『네가 창조된 날로부터 죄악이 네게서 발견되기까지 너는 네 길에 완벽하였도다』(겔 28:15). 이 투로왕은 실제 세상의 왕이 아니라 사탄, 즉 마귀를 말하는 것이다. 많은 사람들은 사탄이 그저 만화에 나오는 두 뿔 가진 시뻘건 괴물인 것으로 생각하고 있다. 믿음 생활에 있어서 사탄의 사역에 대해서 아는 것은 매우 중요하다. 사탄은 믿는 자들을 무너뜨리는 자이다. 삼킬 자를 두루 찾아다니는 마귀에게 붙잡히면 삼킴을 당하는 것이다. 베드로도 마귀에게 패배당하는 쓰라린 경험을 했다. 주님이 십자가 사건을 말씀하실 때 '그러시면 안됩니다'라고 말리다가 '너 사탄아'라고 주님께 책망을 받았는가 하면, 주님을 세 번이나 부인하는 참혹한 패배를 경험했던 베드로는 삼킬 자를 찾아다니는 사탄에게 당해 본 자로서 그리스도인들에게 경고하고 있다. 인간은 육신을 갖고 있기에 이 세상을 살아나갈 때에 하나님 말씀에 대한 지식이 없고 사탄에 대하여 알지 못하면 그대로 당할 수밖에 없다.

적을 이기려면 반드시 적을 알아야 한다. 우리는 마귀가 어떻게 공격하고 어떻게 방해하며 어떤 방법으로 우리를 삼키려고 하는지 알아야 한다. 성경에서 사탄은 마귀, 용, 뱀, 대적, 벨리알 등의 이름으로 불린다. 본문 15 절은 사탄의 창조에 대해서 말씀하신다. "네가 창조된 날로부터 죄악이 네 게서 발견되기까지 너는 네 길에 완벽하였도다."

사탄의 기원과 타락

사탄은 언제 창조되었는가. 욥기를 통해 우리는 사탄을 비롯한 영적 존재들이 주님께서 세상을 창조하셨을 때 이미 존재하고 있었음을 알 수 있다. 욥기 38장은 주님께서 욥에게 창조에 대해 말씀하시는 부분이다. 『내가 땅의 기초들을 놓을 때 네가 어디 있었느냐? 네게 명철이 있다면 분명히 밝히라. 누가 그 치수를 재었는지 네가 아느냐? 누가 그 위에 측량줄을 띄웠느냐? 그 기초들은 무엇 위에다 고정시켰으며 모퉁잇돌은 누가 놓았느냐?』(욥 38:4-6) 그런데 여기서 7절을 자세히 살펴보면 영적 존재들이 창조 때에 무엇을 했는지 알 수 있다. 『언제 새벽별들이 함께 노래했으며 하나님의 아들들이 모두 기뻐서 소리쳤느냐?』이 하나님의 아들들은 영적 존재들이며, 이들은 창세기 1장 1절 이전에 이미 존재하고 있었다. 그리고 그들은 하나님께서 하늘과 땅을 창조하셨을 때 함께 찬양을 드렸다. 에스겔서 28 장에 의하면 사탄은 타락하기 전에 주님께 드려지는 찬양을 인도하는 자였으며 완벽하게 지음받은 자였다.

『네가 하나님의 동산 에덴에 있어 모든 귀한 돌인 홍보석과 황옥과 금 강석과 녹보석과 얼룩마노와 벽옥과 사파이어와 에메랄드와 홍옥과 금으로 덮여 있었고 네 북들과 관악기들이 만들어짐이 네가 창조되던 날에 네 안에 예비되었도다』(겔 28:13). 그는 아름답고 완벽한 모습을 갖추었다. 타락하기 전에 사탄은 주님의 보좌를 덮는(cover) 그룹이었다. 그는 주님의 찬양을 인도하는 자, 기름부음을 받은 완벽한 피조물이었다. '기름부음을 받은' 이라는 말은 그리스도(Christ)라는 말이다. 그래서 그가 나중에 적그리스도로 나타나는 것이다. 그렇게 완벽한 존재가 타락하여 사탄이 되어 버린 것이다. 『너는 기름부음을 받은 덮는 그룹이라』(겔 28:14). 에스겔서와 요한계시록을 보면 그 보좌의 동서남북에 그룹들이 있는데, 보좌의 위를 덮는 그룹인 다섯째 그룹은 없어졌다. 다섯째 그룹이 타락해서 사탄이 된 것이다.

이 덮는 그룹에게서 죄악이 발견되었다. 『네가 창조된 날로부터 네게서 죄악이 발견되기까지 너는 네 길에 완벽하였도다』(겔 28:15). 그에게서 죄악이 발견된 원인은 바로 풍부함이었다. 『네 상품이 풍부함으로 그들이 폭력으로 네 가운데를 채워서 네가 죄를 지었느니라』(겔 28:16). 우리는 풍부함 가운데 있을지라도 죄를 지을 수 있다. '하나님께서 풍족히 채워 주시면, 완벽하게 해 주시면 죄를 짓지 않을텐데'라고 생각하는가. 루시퍼는 풍부함과 완벽함 가운데 있었기 때문에 하나님의 보좌를 탐내어 죄를 짓고 타락했다.

17절은 『네 마음이 너의 아름다움으로 인하여 높아졌고』라고 말씀한다. 모든 아름다운 보석으로 도배를 했던 루시퍼는 얼마나 아름다웠겠는가. 요즘 젊은이들은 배우자를 고를 때 아름다운 외모를 가장 중요시한다. 아름다운 외모가 루시퍼로 하여금 하나님을 대적하는 사탄이 되게 만들었던 것을 기억해야 한다. 외모가 뛰어나다고 교만해져서는 안 된다. 요즘 시대에 배우들, 모델들, 수많은 사람들이 자신의 외모를 자랑한다. 얼마 지나면 죽어서 땅에 들어가 벌레들이 다 갉아먹을텐데도 그러는 것이다. 그것은 인간이 아무리 아름다워도, 보톡스를 많이 맞아도 해결할 수 없는 문제다. 그런 일시적인 아름다움으로 인해 자신을 망쳐서는 안 된다. 외모에 대해 교만한 마음을 갖지 않도록 조심해야 한다.

계속해서 17절을 보면 『너는 네 지혜를 네 찬란함으로 인하여 변질시켰도다』라고 말씀한다. 많은 사람들이 자신이 지혜롭다고 생각해서 교만에 빠져 있다. 바로 마귀가 그랬던 것이다. 본문 구절의 말씀대로 많은 사람들이 아름다움과 지혜, 풍부함 등으로 인해서 죄를 짓고 타락한다. 우리들은 사람들을 외모나 풍부함 같은 겉모습으로 판단하면 안 된다. 사람에게 중요한 것은 우선 마음이다. 그리고 하나님의 지식에 의한 지혜를 갖추어야 한다.

자신이 완벽하게 아름답지 못하고 지혜롭지 못하다고 생각한다면 하나님께 감사드려야 한다. 자신이 무언가 부족하고 완전하지 못하다는 것을 알 때 구원을 받을 수 있기 때문이다. '나는 부족한 게 하나도 없다'라고 생각하는 사람은 마귀의 자식으로 남아 지옥에 갈 수밖에 없다. 자신이 부족하다는 것을 전혀 모르는 사람은 자신이 죄인인 것도 모르게 되어 있다. 그래서 수많은 사람들이 교회에 다니더라도 마귀처럼 교만하게 살다가 지옥으로 가는 것이다. 본인이 얼마나 부족한 죄인이란 것을 모르기 때문에 은혜 복음을 받아들이지 않고 자신의 노력으로써 구원을 받으려 하다가 지옥에 가는 것이다.

성경은 하나님의 창조와 더불어 시작된다. 『태초에 하나님께서 하늘과 땅을 창조하셨느니라』(창 1:1). 하나님께서 모든 것을 완벽하게 창조하셨다. 그런데 2절에서 갑자기 이런 말씀이 나온다. 『땅은 형체가 없고 공허하며 어두움이 깊음의 표면에 있으며 하나님의 영은 물들의 표면에서 거니시더라.』완전히 망가져 버린 것이다. 욥기, 에스겔서에 나오는 루시퍼가 반란을 일으켰기 때문에 하나님께서 물로 심판하신 것이다. 그 후 주님께서 재창조를 시작하셨다. 빛이 있으라 하시니 빛이 생기고, 하늘과 물들을 창공 위와 아래로 나누셨다. 『하나님께서 말씀하시기를 "물들 가운데 창공이 있으라, 창공으로 물들에서 물들을 나누게 하라." 하시니라. 하나님께서 창공을 만드시고 창공 위에 있는 물들에서 창공 아래 있는 물들을 나누시니 그대로 되니라』(창 1:6,7). 지금 창공 위, 하늘 위에는 거대한 양의 물들이 있다. 그것을 오늘날 과학자들이 아주 조금씩 찾아내고 있는 중이다. 창세기 1장 10절까지만 읽어도 알 수 있는 것을 하나님의 말씀을 믿지 않는 그들은 알지 못한다. 『하나님께서 창공을 하늘이라 부르시니라. 저녁과 아침이 되니 둘째 날이더라』(창 1:8). 하나님께서 하늘과 땅을 창조하셨는데 루시퍼가 그 완벽함으로 인해서 하나님을 대적한 것이다.

우리는 이사야서 14장에서 루시퍼의 기원과 루시퍼가 사탄이 되는 것을 볼 수 있다. 『네 화려함과 네 비올들의 소리가 음부까지 끌어내려졌으니 벌레가 네 밑에 깔려 있고 벌레들이 너를 덮는도다. 오 아침의 아들 루시퍼야, 네가 어찌 하늘에서 떨어졌느냐! 민족들을 연약하게 하였던 네가 어찌 땅으로 끊어져 내렸느냐!』(사 14:11,12) 이 루시퍼가 하나님을 대적했기 때문에 대적자, 마귀, 사탄이 돼 버린 것이다. 변개된 카톨릭 성경인 개역한글판성경은 '루시퍼'를 '계명성'으로 변개했다. 성경에서 계명성은 예수 그리스도의 명칭이다. 개역한글판성경은 사탄의 정체가 나오는 구절에서 그의 이름을 없애고 대신 예수 그리스도의 명칭을 넣은 것이다!

『이는 네가 네 마음 속에 말하기를 "내가 하늘에 올라가서 내가 내 보좌를 하나님의 별들보다 높일 것이요, 내가 또한 북편에 있는 회중의 산 위에 앉으리라』(사 14:13). 그는 완벽하기에 교만해졌고 자신이 하나님보다 더 높아져서 하나님의 보좌를 탈취하려 했다. 『내가 구름들의 높은 곳들 위로 올라가 내가 지극히 높으신 분같이 되리라." 하였음이라』(사 14:14). 그래서 결국에는 불못으로 떨어지게 된다. 『그러나 너는 지옥까지 끌어내려질 것이요, 구렁의 사면에까지 끌어내려지리라』(사 14:15).

사탄의 사역

타락 후 사탄은 하나님을 대적하여 전쟁을 시작했는데, 이 전쟁은 창세기에서부터 시작되어 요한계시록에서 끝이 난다. 많은 사람들은 성경에 대해 잘못 알고 사탄은 지옥에 갇혀 있다고 생각한다. 베드로후서 2장을 보고 사탄과 그가 부리는 영들이 감옥에서 흑암의 사슬에 묶여 있다고 생각하는 것이다. 그러나 베드로후서 2장은 이사야서에 나오는 사탄의 타락을 말하는 것이 아니다.

『하나님께서는 죄를 지은 천사들조차 아끼지 않으시고 지옥에 던져서 흑암의 사슬에 내어주어 심판 때까지 가두어 두셨으며 또 옛 세상을 아끼지 아니하셨으나 여덟 번째 사람인 의의 전파자 노아는 구원하시고 경건치 않은 자들의 세상에 홍수를 내리셨느니라. 또 소돔과 고모라 성읍들을 무너뜨림으로 정죄하여 재가 되게 하셔서 후세에 경건치 않게 살 자들에게 본으로 삼으셨으며』(벧후 2:4-6). 이 구절에서 사악한 죄를 지은 천사들이 누구를 말씀하는지 알려면 유다서를 보아야 한다. 그것은 에스겔서와 이사야서에 나오는 사탄과 그의 천사들이 아니다. 『또 자기들의 처음 지위를 지키지 아니하고 자신들의 처소를 떠난 천사들을 주께서 영원한 사슬로 묶어 큰 날의 심판 때까지 흑암 속에 가두어 두셨느니라』(유 1:6). 창세기 6장에 노아의 홍수 사건이 있었다. 이 홍수의 심판이 임하게 된 이유는 하늘에 있어야 할 천사들인 하나님의 아들들이 땅으로 내려와서 사람의 딸들과 관계를 맺음으로써 거인들이 태어났기 때문이다.

우리나라 단군 신화를 포함해서 전 세계의 모든 신화들에 나오는 이야기가 완전히 지어낸 말만은 아니다. 창세기 6장에서 이런 어마어마한 사건이 있었고, 그때 태어난 거인들이 위대한 존재들, 즉 신이 되었던 것이다. 우리가 신화에서 익히 들은 이름인 아폴로, 제우스 등이 그런 자들이다. 이러한 천사들의 타락으로 인해서 하나님께서 세상을 홍수로 멸망시키셨다. 그 이후로도 사탄은 지속적으로 하나님을 대적했으며, 이 전쟁은 주님께서 재림하시고 사탄을 끝없는 깊은 구렁에 묶어둘 때까지 계속된다. 지금 우리들은 사탄의 공격에 노출되어 있다. 사탄이 '누구를 삼킬까?' 하고 울부짖는 사자처럼 돌아다니고 있는 것이다. 사탄이 누구를 삼키겠는가. 우리가 하나님의 말씀에 순종하지 않고 하나님의 말씀에 견고하게 서 있지 않으면 그대로 장악당하게 된다.

성경에 의하면 사탄은 구약에서 감옥에 갇혀 있는 것이 아니라, 여기 저기, 하나님 앞을 왔다 갔다 하는 것을 알 수 있다. 『하루는 하나님의 아들들이 와서 주 앞에 섰고 사탄도 그들 가운데 왔더라』(욥 1:6). 구약에서 하나님의 아들들은 천사들인데, 이들은 창세기 6장에서 지상에 내려와 사람의 딸들을 취했던 것처럼 육체를 가지고 나타날 수 있다. 욥의 시대에 사탄은 끝없이 깊은 구렁이나 불못에 들어가 있는 것이 아니고, 하나님 앞에 나와서 이의를 제기하고 있는 것이다. 『주께서 사탄에게 말씀하시기를 "네가 어디서 왔느냐?" 하시니 사탄이 주께 대답하여 말씀드리기를 "땅에서 여기저기, 위아래로 두루 다니다 왔나이다." 하니』(욥 1:7). 삼킬 자를 찾아다니는 것이다. 이런 무시무시한 영적 존재를 우리가 육안으로 볼 수 없다는 것은 참으로 다행한 일이다.

『주께서 사탄에게 말씀하시기를 "너는 내 종 욥을 유의해 보았느냐? 세상에 그와 같은 사람은 아무도 없나니 그는 온전하고 정직한 사람으로 하나님을 두려워하고 악을 피하는 자니라." 하시니라』(욥 1:8). 욥이 하나님 보시기에 기쁜 일들을 행하고 하나님을 영광스럽게 했기 때문에 하나님께서는 그를 자랑하셨다. 그런데 하나님이 '욥을 보아라. 나를 경배하는 욥 같은 사람은 없다'고 하시자 사탄이 '네, 알았습니다'라고 했는가. 아니다. 사탄은 그만큼 교만하고 하나님의 말씀을 우습게 여긴다. 그래서 하나님의 말씀을 변개시켜 이브를 속였던 것이다. '하나님은 그 열매를 먹는 날 바로 죽는다고 하셨지만, 사실은 먹어도 죽지 않아'라고 거짓말을 했다. 『그때 사탄이 주께 대답하여 말씀드리기를 "욥이 아무런 이유 없이 하나님을 두려워하리이까?』(욥 1:9) 사탄은 '욥이 아무 이유도 없이 하나님을 경배하겠어요? 하나님께서 복을 주시니까 그렇죠. 복을 주시는데 하나님을 따르지 않을 사람이 어디 있나요? 백만 달러를 은행에 넣어 줘 보세요. 바로 하나님 따른다고 하지요'라고 한다.

『주께서 그와 그의 집과 그가 소유한 모든 것에 사면으로 장벽을 두르심이 아니니이까? 주께서는 그가 손으로 하는 일에 복 주셨고 그의 재산이 그 땅에서 늘어나게 하셨나이다. 그러나 이제 주의 손을 내밀어 그가 소유한 모든 것을 쳐 보소서. 그리하시면 그가 주를 정면으로 저주하리이다." 하더라』(욥 1:10,11). 사탄이 '그러면 한번 그를 시험해 보십시오'라고 한다.

만약에 'LA에 사는 김 형제는 성경적으로 믿는 교회에 나가서 세상으로부터 박해를 받으면서도 모든 사역에 열심히 동참하니 얼마나 기특하냐?'고 주님이 말씀하실 때, 사탄이 '주님, 제가 한번 그를 쳐 볼게요. 어떻게 되나 봅시다.' 한다면 주님이 '안 된다, 김형제는 내가 보호해야 돼' 하시겠는가. 『주께서 사탄에게 말씀하시기를 "보라, 그가 소유한 모든 것이 네 권세에 있으나 다만 그의 몸에는 네 손을 대지 말라." 하시니 사탄이 주의 면전에서 물러가니라』(욥 1:12). 그래서 사탄은 욥을 치고, 욥은 어마어마한 시험을 받았다.

당신은 지금까지 어떤 시험을 받아 보았는가. 성경적으로 믿는 사람이 된 후로, 욥처럼 자식들이 다 죽고 전 재산을 잃어 보았는가. 그런 시험을 당한 욥이 무엇이라고 했는지 들어보자. 『그때 욥이 일어나 그의 겉옷을 찢고 머리를 밀고 땅바닥에 엎드려 경배하며 말하기를 "내가 내 어미의 태에서 맨몸으로 나왔으니 내가 맨몸으로 그리 돌아가리이다. 주신 분도 주시요, 빼앗아 가신 분도 주시니 주의 이름을 송축하나이다." 하더라. 이 모든 일에도 욥이 죄를 짓지 아니하였고 어리석게 하나님을 탓하지 아니하였더라』(욥 1:20-22). 우리는 조금만 어려운 일을 당하면 '아, 하나님, 저에게 왜 이런 일이 일어나나요?'라고 하나님께 불평하며 따질지 모른다. 그러나 재산과 자녀들, 건강까지 모두 잃은 욥은 '내가 맨몸으로 왔으니 주신 분도 주시고 빼앗아가신 분도 주시니 주의 이름을 송축합니다' 하고 찬양을 했다. 우리는 모든 것을 잃은 뒤에도 주님께 찬양을 드릴 수 있는가. 주님께서 시험하실 때 우리가 어떤 태도를 취할지 생각해 보아야 한다. 욥은 하나님을 탓하지 않았다. 우리는 조금만 어려움이 와도 하나님을 원망한다. 그러니 복을 받을 수 없는 것이다. 어려운 일을 당하면 주님께서 허락하셔서 일어난 일이니 이것을 믿음으로 헤쳐나가겠다는 자세를 갖고 주님을 송축해야 하는데, 대부분의 그리스도인들은 일차 관문에서 넘어지고 만다.

그동안 거짓 교회, 거짓 목사들에게 속아 지옥으로 가고 있다가 구원을 받고 성경적으로 믿는 사람이 되고 성경적 지식도 쌓아가다가, 한번 시험이 오면 그대로 떨어져나갈 것인가. 욥처럼 시험을 당하게 되었을 때 어떻게 하겠는가. 사탄은 죽음의 권세를 가진 존재이다. 하나님께서는 사탄을 사용해서 사람을 죽게 하신다. 그는 하나님의 허락 하에 모든 것을 할 수 있는 권세를 가진 것이다. 그런데 하나님께서 다만 욥의 몸에는 손대지 말라고 하신다. 하나님의 허락이 없이는 사탄이 행동할 수 없는 것이다. 그렇다면 우리는 누구를 두려워해야 되는가. 사탄이 아니라 하나님을 두려워해야 한다.

하늘에는 첫째 하늘, 둘째 하늘, 셋째 하늘이 있다. 새가 날아다니는 첫째 하늘이 있고, 별과 우주가 있는 둘째 하늘이 있다. 이 둘째 하늘에 악한 영적 존재들이 있다. 욥기 마지막에는 바다에서 용이 불을 뿜고 있다고 나온다. 창세기에서는 창공 위에도 물이 있다고 한다. 예전에 많은 사람들이 이 세상에서 바다 끝에 가면 용을 만난다고 착각하여, 콜럼버스가 배를 타고 나갈 때 그에게 가다가 용을 만나지 않도록 조심하라고 했다. 그러나 그 용은 이 지구상의 바다에 있는 게 아니라 저 위에 있는 것이다. 그 다음은 셋째 하늘인데, 그곳에 하나님의 보좌가 있고, 사도 바울이 다녀온 곳도 그곳이다. 욥기에서 보듯이 사탄은 이 공간들을 자유자재로 오가고 있다. 땅에도 가고, 하늘에서도 아직 완전히 쫓겨난 것이 아니다.

『내게 말하기를 "오 큰 사랑을 받은 사람 다니엘아. 내가 네게 하는 말들을 깨닫고 똑바로 일어서라, 내가 지금 네게 보냄을 받았느니라." 하더라. 그가 내게 이 말을 했을 때 내가 떨며 일어섰더라. 그때에 그가 내게 말하기를 "다니엘아, 두려워 말라. 네가 깨닫고 네 하나님 앞에 스스로 겸손하기로 마음을 정한 첫날부터 네 말이 들린 바 되었기에 내가 네 말들로 인하여 왔느니라』(단 10:11,12). 다니엘의 기도를 이루기 위해 왔다고 말한다. 우리는 기도가 얼마나 중요한 것인지 알아야 한다. 세칭 구원파에서는 그리스도인이 기도할 필요가 없다고 가르친다. 하나님께서는 우리에게 기도하라고 하셨는데 그들은 하나님이 다 아시니 기도할 필요가 없다고 한다. 그러나 하나님은 질서의 하나님이시고 자신의 법칙대로 운영하신다. 하나님께서는 기도하는 자에게 응답을 하시고, 기도하지 않는 자에게는 응답하지 않으신다. 하나님께서 세워 놓으신 법칙을 스스로 깨신다면 이 세상에 70억 인구가 있는데 어떻게 통제하시겠는가. 하나님께서 세우신 법칙은 기도하는 것이다. 구원받은 하나님의 자녀가 하나님의 뜻 안에서 기도했을 때 그 기도를 들어주신다.

『그러나 페르시아 왕국의 통치자가 이십일 일 동안 나를 가로막았도다. 그러나 보라, 최고 통치자들 중의 하나인 미카엘이 나를 도우러 왔고, 내가 페르시아의 왕들과 함께 거기 있었노라』(단 10:13). 우리가 기도할 때 둘째 하늘에 있는 악한 영적 세력들이 막는다는 말이다. 그래서 우리의 기도 응답이 연기가 되는 것이다. 이 땅에서만 전쟁이 있는 것이 아니다. '아이고, 하나님, 도와 주세요!' 하면 우리가 생각하는 것보다 하나님께서 늦게 응답하실 수 있는데, 여러 가지 이유가 있지만, 그 중 하나가 이처럼 영적 전쟁일 수 있다. 또한 하나님께서는 환경이나 모든 것을 다 보시고 하나님 뜻 안에서 해결해 주시기에 내가 원하는 시간에 내가 원하는 방식으로 해결해 주시지는 않는다. 우리가 원하는대로 하나님이 다 들어주신다면 우리는 망가져서 오히려 사탄에게 패배하고 말 것이다. 하나님만이 완벽한 시간과

때를 아시고, 완벽한 환경을 아신다.

사탄은 구약 때 이처럼 하나님의 사역을 방해하는데 이브를 유혹해 죄를 짓게 하고, 아담과 이브를 에덴 동산에서 쫓겨나게 하고, 카인을 통해 아벨을 죽게 한다. 창세기 3장에서 하나님이 약속하신 하나님의 씨, 여인의 씨를 말살시키기 위해서 사탄이 그런 짓들을 하는 것이다. 또 하나님의 아들들이 내려와서 그 씨를 혼잡시킨다. 사탄은 또 노아를 술 취하게 해서 함이 이상한 짓을 하게 한 다음 그 씨를 저주받게 하려 했다. 인간들을 교만하게 만들어서 바벨탑을 쌓아 하나님을 대적하게 만들고, 아브라함의 씨를 혼란시킴으로써 예수님이 나실 약속된 씨인 이삭 외에 이스마엘이 태어나게 만들었고, 파라오를 사용해 열두 지파를 몰살시켜 버리려 했다. 그 모든 이유가 하나님께서 약속하신 씨를 없애 버리려는 것이다. 다윗왕을 비롯해 왕들을 계속해서 타락하게 만들고, 예수님 때에 와서는 예수님을 죽이기 위해서 두 살 이하의 아이들을 모두 죽여 버렸다. 이것이 예수님이 오실 때까지의 사탄의 사역이다.

신약 시대로 들어와서 마태복음 4장에서는 사탄이 예수님을 시험한다. 『그때에 예수께서 마귀에게 시험을 받으시려고 성령의 인도로 광야에 가시니라. 사십 일 낮과 밤을 금식하신 후, 시장하게 되셨을 때에 그 시험하는 자가 주께 나아와 말하기를』(마 4:1-3). 사탄은 이렇게 교만한 자이다. 욥기에서는 하나님 앞에 서서 떠들더니, 이제는 하나님이신 예수님께서 오시자 그 앞에 나와서 떠드는 것이다. 『그 시험하는 자가 주께 나아와 말하기를 "네가 하나님의 아들이면 이 돌들에게 명하여 빵이 되게 하라."고 하더라』(마 4:3). 하나님께 도전하는 것이다. 『그러자 마귀는 주를 거룩한 도성 안으로 데리고 올라가서 성전 꼭대기에 세우고 말하기를 "네가 하나님의 아들이면 뛰어 내려 보라』(마 4:5,6). 네가 하나님의 아들이면 이렇게 하라 저렇게 하라 하면서 죄를 짓게 만드는 것이다. 그 정도로 교만한 사탄일진대 우리가 하나님을 섬기려 할 때 우리를 가만히 놔둘 것 같은가.

『다시, 마귀는 주를 아주 높은 산으로 데리고 올라가서 세상의 모든 나라들과 그것들의 영광을 주께 보여 주며 말하기를 "네가 내게 엎드려 경배하면』(마 4:8,9). 감히 하나님께 한다는 말이 자기에게 경배하라는 것이다. 그가 원래부터 원한 것은 바로 이것이었다. 사탄이 하나님께 '네가 나에게 경배하면 내가 이 모든 것을 너에게 주리라'고 한 것이다. 사탄은 이 세상의 신이기에 자신이 원하는 사람에게 권세를 줄 수 있다. 하나님이 그렇게 하도록 허락하신 것이다. 예수님도 그의 말을 반박하여 이 세상이 주님 것이라고 하지 않으셨다. 하나님이 사탄을 세상의 신으로 만들어 주셨기 때문이다. 세상의 높은 지위에 있는 사람들은 사탄의 손아귀에 있고 결국 나중에 이 세상은 적그리스도의 왕국이 될 것이다.

그때 주님께서 대답하신다. 『사탄아, 여기서 물러가라. 기록되었으되 '너는 주 너의 하나님께 경배하고 오직 그 분만을 섬기라.'고 하였느니라." 하시니, 마귀가 주를 떠나고, 보라, 천사들이 와서 주를 섬기니라』(마 4:10,11). 우리는 사탄이 그 정도로 권세가 있다는 것을 알아야 한다. 예수님도 대적하는데 우리를 공격하는 것쯤은 아무것도 아닌 것이다. 그런데 많은 사람들이 마귀를 그저 공상 영화 속의 한 캐릭터로 생각하고 있다.

예수님께서 십자가에서 죽으셨다가 부활하시고 승천하신 뒤에 교회 시대가 열렸다. 그러나 교회 시대라고 해서 사탄이 복음이 전파되도록 방관하는가 하면 결코 그렇지 않다. 사탄은 절대로 포기하지 않는다. 고린도후서 11장에 사탄이 교회 시대에 어떻게 사역을 하는지가 나온다. 『그러한 자들은 거짓 사도들이요, 기만하는 일꾼들이요, 자신들을 그리스도의 사도들로 가장하는 자들이라. 이것은 놀랄 일이 아니니 이는 사탄도 자신을 빛의 천사로 가장하기 때문이라』(고후 11:13,14). 이제 그는 빛의 천사로 가장을 하고 나오는 것이다. 따라서 기도원에 가서 예수를 만났다고 하면 사탄을 본 것이다. 카톨릭에서 빛을 보았다는 간증들을 많이 들을 수 있는데 그들 역시 사탄을 본 것이다. 교회 시대에 사탄이 빨간 옷을 입고 두 뿔을 달고 나타나는 것이 아니다. 사탄은 빛의 천사로 가장한다는 사실을 잊어서는 안 된다. 거짓 교리를 가르쳐 혼들을 지옥으로 몰고 가는 거짓 목사들은 빛의 천사인 마귀의 종들이다.

거짓 목사들의 특징은 조엘 오스틴처럼 얼굴에 억지 미소를 띠는 것이다. 남들보다 거룩한 체하고 강대상에서는 목에 힘을 주며 밖에 나가서는 죄를 짓는다. 그것이 수많은 한국 교회 목사들의 모습이다. 한국 교회뿐만 아니라 전 세계 수많은 목사들의 모습이다. 목사라고 남들 앞에서는 거룩한 체하지만 뒤에서는 세상 사람들보다도 더 나쁜 짓을 한다. 그런 줄 알면서도 그런 목사들을 따라가는 사람들 역시 죄를 짓는 것이다.

『그러므로 사탄의 종들이 의의 종으로 가장한다 하더라도 큰 일이 아니니라』(고후 11:15). 사탄이 교회 시대에 일하는 방법은 교회를 세우고 자기의 종들을 의의 종으로 가장시켜 목회를 하게 함으로써 교회를 타락시키는 것이다. 그런데도 사람들은 성경을 모르기 때문에 십자가만 걸려 있으면 모두 교회인 줄 알고 있다. 사탄은 술집이나 길거리 갱단에 있는 게 아니다. 사탄의 종들은 의의 종으로 가장해서 교회 안에 버젓이 앉아 있다. 그런 자들이 벌써 이천 년 전에 고린도후서 11장에 언급되어 있다. 수많은 목사들, 큰 교회 목사들이 여기 11장 15절에 해당되는 것이다. 그것이 교회 시대에 사탄이 하는 사역이다.

『그들의 종말은 그들의 행위대로 될 것이니라』(고후 11:15). J목사도, K 목사도 수십 년 사역하는 사이에 정체가 모두 탄로났다. 의의 종으로 가장 한 사탄의 종들의 종말은 그들의 행위대로 될 것이다. 수십 년 동안 교인들 을 이용해 사리사욕을 채워 온 목사들의 실체가 하나님의 말씀대로 다 드 러나고 있는 것이다.

교회 시대에 사탄은 우리를 방해한다. 『그러므로 우리는 너희에게 가고 자 하였으며 특히 나 바울은 한두 번 가려 하였으나 사탄이 우리를 방해하 였노라』(살전 2:18). 우리가 성경적으로 믿는 사역에 동참할 때 사탄은 자신 의 종들을 사용해서 그 사역을 방해한다.

고린도후서 4장 3,4절에 『그러나 만일 우리의 복음이 가려졌다면 그것 은 구원받지 못한 자들에게 가려진 것이라. 그들 가운데 이 세상의 신이 믿 지 않는 자들의 마음을 어둡게 하여 하나님의 형상이신 그리스도의 영광스 러운 복음의 광채가 그들에게 비치지 못하게 하느니라.』고 말씀한다. 세상 의 신인 사탄은 교회 시대에, 믿지 않는 자들의 마음을 어둡게 하여 영광 스러운 복음의 광채가 비치지 못하게 한다. 사탄이 그 복음을 가리기 때문 에 사람들이 복음을 안 받아들이는 것이다. 교회를 통해서 복음이 전파되 면 안되니까 사탄의 종들을 써서 거짓 교회를 수없이 만들어서 진짜 교회 를 박해하고 복음 전파를 방해한다. 그렇기 때문에 소수를 제외한 대다수 가 지옥으로 가는 것이다.

주님께서도 마태복음 13장 18,19절에 그것을 미리 예언하셨다. 『그러므 로 너희는 씨 뿌리는 자의 비유를 들으라. 누구든지 왕국의 말씀을 듣고도 깨닫지 못할 때에는 악한 자가 와서 그 사람의 마음에 뿌려 놓은 것을 빼앗아 가나니, 길가에 씨가 뿌려졌다는 것은 곧 이 사람을 두고 말하는 것이요.』성경적으로 믿는 사람들이 하나님의 말씀을 선포할 때 그것을 이해해야 되는데, 이해하지 못하는 사람들은 사탄이 말씀의 씨앗을 빼앗아가서 구원받지 못하게 된다. 그렇기 때문에 우리는 정신을 똑바로 차려야 한다. 사탄에게 말씀을 빼앗기지 않으려면 설교를 들을 때 잘 이해해야 한다. 사탄은 교회 시대에도 이런저런 방해로 사람들이 진리를 듣지 못하게 하고 있다. 그리고 요한계시록 12장을 보면 대환란 때에 사탄은 땅으로 쫓겨난다. 현재 그는 하늘에 있지만 그때는 하늘에서 일어나는 전쟁에서 패배하고 하늘에서 쫓겨난다. 그것에 대한 말씀이 다니엘서에 나오고 요한계시록에도 나온다.

『또 하늘에 전쟁이 있으니 미카엘과 그의 천사들이 용을 대항하여 싸우고 용과 그의 천사들도 싸우나 그들이 이기지 못하여 하늘에서 더 이상 있을 곳을 찾지 못하더라. 그리하여 그 큰 용이 쫓겨나니 그는 마귀라고도 하고 사탄이라고도 하는 옛 뱀, 곧 온 세상을 미혹하던 자라. 그가 땅으로 쫓겨나고 그의 천사들도 그와 함께 쫓겨 나더라』(계 12:7-9). 지금까지 2천 년 동안 교회 시대에 온 세상을 미혹한 것은 사탄이다. 자신의 종인 거짓 목사들을 시켜서 온 세상에 마귀들의 교리를 퍼뜨린 것이다. 『그가 땅으로 쫓겨나고 그의 천사들도 그와 함께 쫓겨나더라』(계 12:9). 밀턴은 이 구절에 근거해 〈실낙원〉을 썼지만, 이 구절은 현재의 상황이 아니라 앞으로 대환란 때 일어날 일이다.

『또 내가 들으니, 한 큰 음성이 하늘에서 말하기를 "이제 구원과 능력과 우리 하나님의 나라와 그의 그리스도의 권세가 임하는도다. 이는 우리 형제들을 우리 하나님 앞에서 밤낮 고소하던 그 고소자가 쫓겨났기 때문이니라』(계 12:10). 우리는 이 구절을 잘 기억해 두어야 한다. 우리는 밤에 잠을 자지만 마귀는 잠도 자지 않고 끊임없이 하나님 앞에서 우리를 고소하는 것이다. 우리가 지은 범죄에 대해 검사들이 법원에 고소장을 내는 것처럼 말이다. 우리가 죄를 지으면 하나님께서 '내 자식이니까 그냥 내버려 두겠다'고 하실 수가 없다. 검사가 고소를 했는데 재판관이 자기 자식이라고 해서 그냥 내보내 주면 그 재판관은 공의의 재판관이 아니기 때문이다. 그렇기 때문에 마귀가 하나님 앞에 와서 고소하면 우리는 우리가 지은 죄의 대가를 치러야 한다. 우리가 죄를 지을 때마다 사탄이 고소한다는 것을 알아야 한다. 그래서 우리는 고소자인 마귀가 쫓겨날 때까지 하나님을 두려워하고 죄를 짓지 않도록 조심해야 한다.

대환란 때 사탄은 땅으로 쫓겨 내려와서, 이 세상은 적그리스도와 거짓 선지자와 용의 무대가 된다. 하나님의 삼위일체를 모방한 사탄의 삼위일체로, 요한계시록 13장에서 첫째 짐승과 다른 짐승으로 나온다. 주님께서 재림하시면 사탄은 갇히게 된다. 『또 내가 보니, 한 천사가 하늘에서 내려오는데 그의 손에는 끝없이 깊은 구렁의 열쇠와 큰 사슬을 가졌더라. 그가 그 용을 잡으니, 곧 마귀요 사탄인 옛 뱀이라. 그를 천 년 동안 묶어 두니』(계 20:1,2). 주님께서 이 땅에 재림하시고, 천 년 동안 예루살렘 성전에서 통치하신다. 에스겔서 40장에서 48장은 이때에 세워질 성전의 상세한 규격과 열두 지파의 땅과 유업에 대해 말씀한다. 그 때 사탄의 운명은 끝없이 깊은 구렁에 천 년 동안 갇혀 있는 것이다. 『그를 끝없이 깊은 구렁에 던져서 가두고 그 위에 봉인하여 천 년이 찰 때까지는 민족들을 다시는 미혹하지 못하게 하더라』(계 20:3). 그래서 천년왕국 때는 모든 것이 회복되고 사탄이 아무도 미혹할 수 없다. 교회 시대인 현재는 사탄이 미혹하는 때이기 때문에 미혹당하지 않도록 진리에 굳게 서서 조심해야 하지만, 예수님께서 직접 통치하시는 천년왕국 때에는 미혹하지 못한다.

『그 후에는 그가 반드시 잠시 동안 풀려나게 되리라』(계 20:3). 사탄이 천 년 끝에 풀려난다. 『그 천 년이 끝나면 사탄이 그의 감옥에서 풀려나, 땅의 사방에 있는 민족들, 곧 곡과 마곡을 미혹하려고 나가서 그들을 함께 모아 전쟁을 일으키리니 그 수가 바다의 모래 같으리라. 그들이 땅의 넓은 데로 올라가서 성도들의 진영과 사랑하시는 도성을 포위하니, 하늘에서 불이 하나님께로부터 내려와 그들을 삼켜 버리더라. 그들을 미혹하던 마귀가 불과 유황 못에 던져지니 그곳에는 그 짐승과 거짓 선지자도 있어 영원무궁토록 밤낮 고통을 받으리라』(계 20:7-10). 짐승(적그리스도)과 거짓 선지자는 천년왕국 전에 불못에 들어간다. 『불못에 산 채로 던져지더라.』(계 19:20) 그런데 그 후 천 년 뒤에는 사탄마저도 불못으로 가는 것이다. 『마귀가 불과 유황 못에 던져지니』(계 20:10). 그 전까지 사탄은 지속적으로 미혹한다. 심지어 천년왕국 끝에 잠깐 풀려났을 때에도 또다시 하나님을 대적한다. 그것이 사탄의 교만함이다. 그렇게 천 년 동안 묶여 있었으면 반성을 해야 할텐데 뉘우치기는커녕 또 나와서 사람들을 속인다. '우리가 대적하면 다 엎을 수 있다. 우리가 왜 예수 왕을 섬겨야 하는가. 이 체제를 뒤집어 엎자!'고 하며 엄청나게 많은 사람들을 모아 사랑하는 도성 예루살렘을 포위한다. 그때에 하늘에서 불이 내려와 하나님께서 단번에 심판하시는 것이다.

사탄이 창세기부터 요한계시록까지 사역을 하는데, 하나님께서 심판하시기 전까지는 많은 승리를 거둔다. 아담과 이브를 속이는 것으로 시작해서 지속적으로 승리한다. 실패도 하지만 굵직한 승리들을 이룬다는 말이다. 오늘날 교회 시대도 거의 모든 교회들을 사탄이 장악했다. 소수의 진정으로 믿는 사람들 외에는 거의 다 사탄이 세운 종들이 강단에 서 있는 것이다. 적그리스도의 왕국이 올 때까지 그는 전 세계를 완전히 장악해 버릴 것이다. 그것이 하나님의 보좌를 넘보는 사탄의 교만함이다.

사탄이 그 정도로 강력함으로 우리는 그로부터 도망해야 하는 것인가. 아니다. 야고보서 4장 7절은 『그러므로 하나님께 복종하라. 마귀를 대적하라. 그리하면 그가 너희로부터 도망하리라.』고 말씀한다. 우리가 사탄을 이기는 방법은 36계 줄행랑이 아니다. 마귀가 공격할 때 많은 사람들이 겁을 먹고 도망간다. 그러나 도망가면 마귀에게 잡혀 먹히는 것이다. 하나님께서는 우리에게 사탄을 이길 방법을 주셨는데, 바로 그를 대적하는 것이다. 우리가 대적할 때 사탄이 도망간다. 이것 하나만 알아도 우리가 이 세상에서 패배하지 않는 삶을 살 수 있다.

세상의 창조 이전부터 하나님의 보좌를 넘봤다가 타락한 사탄은 지금도 우리를 미혹하고 있고, 주님 앞에서 우리를 고소하고 있다. 우리가 죄를 지을 때마다, 앞에서 배운 구절들을 생각해야 한다. 사탄이 우리를 공격하지 못하도록 보호해 달라고 주님께 기도하고, 마귀의 공격이 올 때 무섭다고 도망가지 말고, 주의 말씀을 붙들고 사탄을 대적하겠다고 다짐해야 한다. 그러면 사탄이 도망간다고 주님께서 약속해 주셨다.

시대에 따른
예수님의 사역

『태초에 말씀이 계셨고, 그 말씀이 하나님과 함께 계셨으니, 그 말씀은 하나님이셨느니라. 그 말씀이 태초에 하나님과 함께 계셨느니라. 만물은 그에 의하여 지은 바 되었으며, 이미 지음받은 것 가운데 그가 없이 지어진 것은 아무것도 없더라. 그분 안에 생명이 있었으니 그 생명은 사람들의 빛이라. 그 빛이 어두움 속에 비치어도 어두움은 그것을 깨닫지 못하더라』(요 1:1-5).

많은 사람들, 심지어 목사들조차 예수 그리스도께서 누구신지 잘 알지 못한다. 예수님이 누구신지를 제대로 아는 목사들이라면 모든 종교를 통합하자는 에큐메니칼 운동에 결코 가담할 수 없을 것이다. 이슬람교, 불교, 샤머니즘 등 온갖 종교들과 하나가 되어 하나님을 섬긴다고 말할 수 없을 것이다. 성경이 제시하는 예수 그리스도를 부인하는 그들은 예수님을 부처나 마호메트 같은 하나의 피조된 사람이나 선지자, 좋은 교사나 성인 정도로 생각한다는 점에서 인본주의자들과 다를 바 없다. 이처럼 만일 예수 그리스도께서 육신으로 오신 하나님이 아니시라면 우리는 결코 구원받을 수 없다. 그분께서 십자가에서 흘리신 보혈로 우리가 죄사함을 받는 것이며, 하나님께서는 하늘 아래 그 어떤 다른 이름으로는 인간에게 구원을 허락하신 적이 없다.

본문 구절은 예수께서 누구신지를 말씀해 주신다. 『태초에 말씀이 계셨고, 그 말씀이 하나님과 함께 계셨으니, 그 말씀은 하나님이셨느니라』(요 1:1). 하나님께서는 말씀이신 아들 하나님으로 말미암아 만물을 지으셨다. 『만물은 그에 의하여 지은 바 되었으며』(요 1:3). 그런데 창세 전에 주님께서는 어디에 계셨는가? 성육신하시기 전, 그리고 창세기 1장 1절에서 하늘과 땅을 창조하시기 전 주님은 하나님과 함께 영광 가운데 계셨다. 『오 아버지시여, 세상이 있기 전에 내가 아버지와 함께 갖고 있던 그 영광으로 이제 나를 아버지와 함께 영화롭게 하여 주옵소서』(요 17:5). 세상이 있기 전이란 바로 창세기 1장 1절 전이다.

요한일서 5장에서 성경 변개자들은 영광 가운데 계신 삼위일체 주님에 대한 구절을 삭제했다. 7절을 빼 버리고, 6절을 둘로 나누어 6,7절로 만들었다. 성경 변개자들은 예수 그리스도의 신성을 견디지 못하기 때문에 성경을 변개시킨 것이다.

『이는 하늘에서 증거하시는 이가 세 분이시니, 아버지와 말씀과 성령이시요, 이 세 분은 하나이심이라』(요일 5:7). 삼위일체인 여호와 하나님께서 세 인격체를 가지신 것이다. 이것은 우리가 이해하려 해도 이해할 수 없다. 인간도 세 부분 즉 몸, 혼, 영으로 이루어져 있다. 나 자신도 몸, 혼, 영 세 부분이 있지만 나는 한 사람인 것이다. 영광 가운데 삼위일체로 계셨던 하나님께서 죄인들을 구원하시기 위해 이 땅에 오신 것이다. 창세기 1장 1절 전에 주님께서는 아버지와 말씀과 성령으로 계셨고, 후에 예수님께서는 모든 것을 정복하시고 다시 영광으로 들어가신다(고전 15장). 성경을 통해 영광에서 시작해서 다시 영광으로 들어가시는 예수님의 사역을 시대에 따라 살펴보려 한다.

하나님으로서 만물을 창조하심

주님의 첫 사역은 요한복음 1장 3절에서 말씀하는 대로 만물을 창조하신 것이다. 영광 가운데 계시던 주님께서는 이 세상을 창조하셨다. 『만물은 그에 의하여 지은 바 되었으며, 이미 지음 받은 것 가운데 그가 없이 지어진 것은 아무것도 없더라.』 많은 사람들이 예수님께서 창조주 하나님이시라는 것을 안 믿는다. 세상을 창조할 수 있는 분은 오직 하나님 한 분이시다.

그런 예수님을 모르기에 오늘날 많은 교회들이 종교통합 운동에 가담하는 것이다. 카톨릭이 주관하는 이 운동은 교황을 앞세워 세상 종교를 한 데 모아 적그리스도의 왕국을 예비하려는 사탄의 계략이다. 교황은 모든 인류가 서로 형제요 하나님의 자녀라고 말한다. 이는 성경과는 전혀 무관한 것이다. 이제 교황은 더 이상 숨기지 않고 더욱더 본색을 드러내고 있다. 요새 카톨릭에서 특히 많이 다루는 이슈는 동성연애인데, 성경이 경고하는 악한 죄를 하나님의 종이라는 자가 옹호하는 것이다. 이처럼 명백한 죄를 교계가 그리고 온 세상이 자연스럽게 받아들이고 끝에 가서는 오히려 좋게 생각하도록 만드는 것이, 인간을 죄악으로 옭아매기 위한 사탄의 계략이다. 마귀의 지속적인 작업을 통해 타락한 인간의 마음이 이제는 거부감 없이 이를 받아들이기에, 마귀의 종들은 이제 완전히 드러내놓고 악을 추진하는 것이다.

『이는 만물이 그에 의하여 창조되되 하늘에 있는 것들과 땅에 있는 것들과 보이는 것들과 보이지 않는 것들과 보좌들이나 주권들이나 정사들이나 권세들이나 만물이 그에 의하여 또 그를 위하여 창조되었기 때문이라. 그는 만물 이전에 계시고 또 만물은 그로 말미암아 존속하느니라. 그는 몸

166

인 교회의 머리시라. 그는 시작이시며 죽은 자들로부터 첫 번째로 나셨으니 이는 그가 만물 안에서 으뜸이 되려 하심이라』(골 1:16-18). 창세기 1장 1절 이전, 아버지와 성령님과 함께 영광 가운데 계셨던 주님께서 첫째로 하신 일은 창조이다.

또한 히브리서 1장 3절은 하나님께서 창조하신 모든 것을 능력의 말씀으로 붙들고 계신다고 말씀한다. 현재 우주 만물이 질서 있게 운행하는 이유는 주님께서 만물을 질서 있게 돌라고 명하시기 때문이다. 주님께서는 우주를 사라지게도 하실 수 있다. 영원 세계에 들어가기 전 백보좌 심판 때에는 우주가 사라지고 죄인들은 공중에 떠 있는 채로 심판을 받을 것이다. 그러나 하나님께서 우주 장막을 벗어버리시는 그 때가 오기 전까지는 자신이 창조하신 것을 그냥 두실 것이다. 오늘날 환경 보호론자들은 마치 지구가 곧 멸망할 것처럼 거짓 주장을 하지만, 성경에 의하면 지구가 멸망하는 것은 수십 년 안이 아니라 천년왕국의 끝이며, 그때 불로써 멸망할 것이다.

오늘날 과학자들이 지구에 대해 말하는 것들에 전혀 걱정할 필요가 없다. 우리가 휴거된 뒤 대환란 때 지구에 지진이나 그밖에 무시무시한 현상들이 일어나지만, 우리는 그런 것을 인터넷이나 유튜브로 찾아보느라 시간을 낭비할 필요 없이 나가서 복음을 전파하면 된다. 마귀는 그런 것들로 사람들의 시간을 모두 낭비하게 만들지만, 그런 일들이 일어날 것이라고 주님께서 성경에 미리 말씀하셨기 때문에 우리는 그런 말들에 속지 않는다.

주의 천사로 나타나심

예수님께서는 구약 때 주의 천사로 나타나셨다. 창세기에서 주의 천사로 여러 군데에서 나타나신 것, 또 출애굽기 3장에서 주님께서 가시덤불 속에서 모세에게 나타나신 것 등이 그 예이다. 천사는 메신저의 역할을 수행하는 존재를 말하는 것이 아니라 나타남, 즉 '현현'을 뜻한다. 주의 천사는 주님께서 나타나신 것을 말한다. 많은 사람들이 천사는 날개 달고 날아다니며 메세지를 전한다고 생각하는데, 실제는 그렇지 않다.

출애굽기 3장을 보자. 『이제 모세가 그의 장인 미디안 제사장 이드로의 양떼를 치는데, 그가 그 양떼를 광야의 뒤편으로 인도하여 하나님의 산 호렙에 이르렀더니, 주의 천사가 가시덤불 가운데서 나온 불꽃 속에서 그에게 나타나시니라. 그가 보니, 보라 가시덤불이 불로 타나 가시덤불은 소멸되지 않더라』(출 3:1,2). 『주께서 그가 보려고 옆으로 비켜서는 것을 보신지라, 하나님께서 가시덤불 가운데서 그를 불러 말씀하시기를 "모세야, 모세야." 하시므로 그가 말씀드리기를 "내가 여기 있나이다." 하니, 주께서 말씀하시기를 "여기로 가까이 다가서지 말고 네 발에서 신을 벗으라. 이는 네가 서 있는 곳이 거룩한 땅임이니라." 하시더라. 주께서 또 말씀하시기를 "나는 네 조상의 하나님이니, 곧 아브라함의 하나님, 이삭의 하나님, 야곱의 하나님이라." 하시더라. 모세가 자기 얼굴을 가리니 이는 그가 하나님 쳐다보기를 두려워함이더라』(출 3:4-6). 여기서 나타나신 주의 천사를 '하나님'이라고 말씀하고 있다.

모세는 이 분이 누구신지, 그 이름이 무엇인지 알고 싶었다. 이스라엘 사람들한테 가서 자신을 보낸 분이 누구라고 해야 할지를 여쭤보았다. 『하나님께서 모세에게 말씀하시기를 "나는 곧 나니라."』(출 3:14). 여기서 위대한 하나님의 이름인 "I am"이 나오는데, 현재 시제인 것을 주목해야 한다. 예수님께서 "나는 길이요 진리요 생명이라"라고 하셨을 때에도 "I am"이라고 하셨다. 예수님께서 주의 천사로 여기에 나오신 것이다. 『또 말씀하시기를 "너는 이스라엘 자손들에게 이같이 말하기를 '나이신 분께서 나를 너희에게 보내셨다.' 하라 하시니라』(출 3:14).

성육신 이전까지 주님은 구약 곳곳에서 주의 천사로서 나타나셨는데, 창세기 18장에서는 주의 천사가 아브라함에게 나타나신다. 『주께서 마므레 평지에서 그에게 나타나셨더라. 그가 그 날 더울 때에 장막 문에 앉았다가 눈을 들어 보았더니, 보라, 세 사람이 자기 곁에 서 있더라』(창 18:1,2). 주의 천사를 비롯해서 천사들은 남성으로 나타난다. 롯이 천사들을 데리고 성읍으로 들어갔을 때 소돔인들이 나쁜 짓을 하려고 하자 롯이 자기 딸들을 내주려고 했었다. 오늘날 세상에는 이런 죄악이 만연해 있다.

『그가 그들을 보자, 장막 문에서 뛰어나가 그들을 맞으며 몸을 땅에 굽혀 절하고 말하기를 "내 주여, 내가 이제 주가 보시기에 은총을 입었사오면, 간구하오니 주의 종에게서 지나쳐 가지 마소서』(창 18:2,3). 하나님께서 소돔에 심판을 내리려 하시는데 롯이 그곳에 있었기 때문에 아브라함은 롯을 위해 중보한다. 『주께서 아브라함과 말씀을 마치시자 곧 자기 길을 가시고, 아브라함도 자기 처소로 돌아갔더라』(창 18:33). 주의 천사로 오신 주님이 떠나시고 2명의 천사가 나온다. 『저녁 때 두 천사가 소돔에 오니』(창 19:1). 그때 롯이 그 천사를 맞이한다.

사도행전 27장에도 사도 바울이 예수님을 하나님의 천사라고 하는 것을 볼 수 있다. 『내가 속해 있고 또 내가 섬기는 하나님의 천사가 간밤에 내 곁에 서서 말하기를 '바울아, 두려워 말라. 네가 반드시 카이사 앞에 서야 하리라. 그러므로, 보라, 하나님께서는 너와 함께 항해하는 모든 사람들을 너에게 주셨느니라.'고 하였느니라』(행 27:23,24). 당시 태풍이 심하게 왔는데 그때 바울에게 나타나셔서 힘을 북돋아 주신 분은 하나님의 천사, 즉 예수님이셨다.

예언을 성취하심

신약으로 와서 주님께서는 구약에 예언된 대로 육신으로 탄생하신다. 우리가 예수님을 믿는 것은 예수님을 눈으로 보았기 때문이 아니다. 우리가 성경의 모든 말씀을 믿는 이유는 성경에는 단 한 가지의 오류도 없으며 성경에 기록된 모든 예언들은 지금까지 그대로 성취되었고 앞으로도 성취될 것이기 때문이다.

성경에는 예수님에 관한 매우 많은 예언들이 있다. 우선 그리스도는 이스라엘로부터 오실 것이라는 민수기 24장 17절, 그리스도는 아브라함과 이삭과 야곱의 자손이 될 것이라는 창세기 12장 3절, 17장 19절, 그리스도는 다윗의 가문에서 태어나실 것이라는 창세기 49장, 이사야서 11장, 그리스도가 태어나는 곳이 베들레헴이 되리라는 미가서 5장 2절 등이 그것이다. 그리스도께서 처녀에게서 태어나신다는 것도 이사야서 7장 14절에, 그리고 태어나시는 날은 다니엘서 9장 25절에 예언되었다. 그분이 육신으로 나타나시는 하나님이라고 이사야서 9장 6절에 말씀하셨고, 이집트에서 어린 시절을 보내신다고 호세아서 11장에 기록되었다. 이처럼 예수님께서 탄생한 날짜, 장소, 삶 등 모든 것이 성경에 정확히 예언되었다. 그래서 우리는 하나님 말씀을 믿는 것이다. 이 세상의 다른 어떤 책도 그와 같을 수는 없다. 성경의 저자는 하나님이시기 때문에 성경의 모든 예언이 성취되는 것이다.

말씀을 믿는 데 있어서 우리는 은사주의자들처럼 어떤 체험을 해야 하거나 칼빈주의자들처럼 '절대적인 은혜'로 무엇을 느낄 필요가 없다. 그런 것은 마지막 때 미혹의 영이 주는 것이고, 그런 것을 붙잡으면 지옥으로 가는 것이다. 우리는 하나님 말씀을 의심 없이 믿을 때 거듭난다. 많은 사람들이 말씀 이외의 것으로 구원받으려 하니까 결국 거듭나지 못하는 것이다. 세상이 이렇게 타락으로 치닫는 이유는 많은 사람들이 사실에 근거해 판별을 하지 않기 때문이다. 우리 한국 민족은 특히 사실보다 감정을 더 쉽게 따라간다. 사실만 가지고 보면 A가 맞는데도 느낌을 좇아서 B를 선택한다. 하나님께서 말씀으로 거듭나는 것이라고 하셨는데, 그래도 말씀 외에 무언가 더 있어야 한다고 생각하기 때문에 그렇게 쉬운 구원의 길이 막히고 있다.

어떤 이들은 우리가 믿음으로만 구원받는 은혜 복음을 전하면 구원을 너무 쉽게 전한다고 우리를 비판한다. 그들은 구원에 대해 올바로 알지 못하는 것이다. 구원을 어렵게 가르치는 그들은 혼들을 지옥으로 보내고 있다. 구원을 받는 방법은 쉬운 것이다. 문제는 회개하는 마음이 없기 때문에 구원받지 못하는 것이다. 세상의 정욕을 따라 살고 명예와 부를 추구하기 때문에 하나님께서 마련해 주신 쉬운 구원을 받아들이지 못한다. 죄에 대한 찔림이 있으면 구원받을 수 있다. 하나님의 말씀을 마음으로 믿을 때, 겸손한 마음으로 어린 아이처럼 믿을 때 성령님께서 역사하시는 것이다.

주님께서는 고난을 받고 속죄를 이루신다고 이사야서 53장에 기록되어 있고, 나귀 새끼를 타고 예루살렘에 입성하신다고 스가랴서 9장 9절에 예언되어 있으며, 십자가에서 쓸개즙과 식초를 제공받는다고 시편 69편 21절에, 그 뼈가 부러지지 않을 것이라고 시편 34편 20절에, 옷을 나눠 가지기 위해 제비를 뽑는다고 시편 22편 18절에 기록되어 있다. 이 정도로 정확하게 탄생부터 죽음까지 성경에 기록되어 있는 것이다. 죽은 자들로부터 일으켜지시는 것이 시편 16편 10절에, 친구에게 배반당하는 것이 시편 41편 9절에, 은 삼십 냥에 팔리실 것이 스카랴서 11장 12절에 예언되었다. 우리는 이 모든 예언의 말씀으로 예수 그리스도를 의심 없이 믿으면 되는 것이다. 주님께서는 창조주 하나님이시며 창세전에 계신 분, 영원 가운데 계신 분이시다. 디모데전서 3장 16절에 사도 바울이 그분에 대해서 기록한 말씀을 어린 아이처럼 믿을 때 구원을 받는 것이지 무엇을 느끼고 체험해서 받는 것이 아니다.

성경적으로 믿는 사람들의 구원 간증을 들어보면 잘 알 수 있다. 럭크만 박사는 자신이 어떻게 구원받았는지 자주 간증하곤 했는데, 라디오 방송국에서 일할 당시 설교하러 방송국에 왔던 휴 파일 목사를 만나서 복음을 전해 듣고 구원받았다고 했다. 럭크만 박사는 당시를 회상하며 휴 파일 목사님이 성경을 펴서 로마서 10장 9절을 보여주었고, 구원받기 위해 기도로써 주님을 영접했을 때 감정적으로는 덤덤하고 아무 느낌이 없었다고 했다. 하지만 그 다음 주에 나와서 자신이 구원받았음을 공개적으로 이야기했다. 이것이 럭크만 박사의 구원 간증이다. 이렇듯 구원받는 데는 무슨 느낌이 있어야 하는 것이 아니다. 하나님 말씀을 믿고 죄에 대한 찔림을 갖고 주님을 영접하면 되는 것이다.

육신으로 오심

『경건의 신비는 논쟁의 여지없이 위대하도다. 하나님께서는 육신으로 나타나셨고 성령으로 의롭게 되셨으며, 천사들에게 보이셨고 이방인들에게 전파되셨으며, 세상에서 믿은 바 되셨고 영광 가운데로 들려 올라가셨음이라」(딤전 3:16). 믿어지는 것으로 따지자면, 이것이 어떻게 믿어질 일이겠는가. 그런데도 사람들은 믿어질 때까지 기다린다. 우리가 복음을 전할 때 가장 안타까운 것은, 성경으로 복음을 제시하면서 "하나님께서 육신으로 나타나셨고 성령으로 의롭게 되셨으며 천사들에게 보이신" 것을 어린 아이처럼 믿으라고 하면 자신은 '안 믿어진다'고 대답하는 것이다. 목사들이 그렇게 가르쳤기 때문이다. 장로교 칼빈주의 사상을 가진 사람들은 하나님께서 강력한 은혜를 줄 때까지, 구원파들은 깨달아질 때까지 기다리겠다고 한다. 둘 다 똑같은 칼빈주의의 누룩(거짓 교리)이며, 결코 성경이 가르치는 바가 아니다.

하나님께서 육신으로 나타난 것이 어떻게 믿겨지는가. 그건 믿겨져서 믿는 것이 아니다. 어린 아이처럼 '믿겠다고 결정'하는 것이다. 하나님의 말씀에는 거짓이 없으니 믿겠다고 결정하는 것이고, 그때 구원받는 것이다. 마음에 믿어질 때까지, 무언가 크게 깨달아질 때까지 기다려야 하는 것이 아니다. 그것은 모두 미혹의 영에 속하는 것이다. 그렇게 하는 사람들은 그 당시 기분으로는 구원받은 것 같지만 그 믿음을 나중에 살펴보면 하나님의 말씀을 믿고 구원받은 사람의 믿음과 완전히 다른 것을 알 수 있다. 교리적으로 잘못 알아서 느낌과 체험 등 이상한 것을 좇아가는 사람들과, 내주하시는 성령께서 확신을 주시는 사람들과 비교해 보면 완전히 다르다.

예수님께서는 하나님이신데 육신으로 나타나셨다. 나는 이것을 사람들에게 이해시키려 하지 않는다. 하나님 말씀을 전해주고 '믿으시겠습니까? 믿으십시오.' 하면 그냥 어린 아이처럼 믿기만 하면 되기 때문이다. 그 이상도, 그 이하도 아니다. 하나님 말씀으로 이렇게 쉽게 인도를 해야 되는데,

그것을 괜히 어렵게 설명하면서 믿어질 때까지 기다리라고 하는 자들이 있다. '아, 저는 구원받고 싶은데요.' 하는 사람이 있는데, 고기가 그물 앞에 와서 잡아달라고 하는데, 얼른 낚기는커녕 그대로 놓쳐 버리는 것이다. 예수님이 누구시며 우리를 위해 무엇을 하셨는지를 전해 듣고서 안 믿어진다고 대답하는 사람에게 '그럼 믿어질 때까지 기다리십시오.' 하고 보내 버리는 것은 얼마나 어리석은 일인가. 지금 지옥으로부터 구원을 받고 싶다는 사람을 앞에 두고서, 전하는 자가 잘못된 교리에 젖어 하나님께서 무언가 느낄 수 있는 것을 해 주셔야만 또는 믿음이 와야만 된다고 생각해서 기회를 그냥 놓쳐 버리는 것이다.

세칭 구원파 P목사의 자서전에 그런 예화가 있다. 자기를 찾아온 사람에게 예수님을 전했는데 안 믿어진다고 하자 '다음에 기회가 있겠죠.' 하고 보냈다는 것이다. 구원파는 장로교 칼빈주의의 누룩에 물들었기 때문에 믿기 위해서는 깨달음이 와야 한다고 가르친다. 마치 불교에서 득도하라고 하는 것과 비슷하다. 성령께서는 말씀을 통해 죄에 대한 찔림을 주신다. 그때 회개하고 하나님의 말씀을 믿고 구원받으면 되는 것이다. 하나님의 말씀이 선포될 때 자신이 죄인이라는 사실에 마음의 찔림을 받는데 그것이 성령께서 하시는 일이다. 그때 자기의 의지로 '나는 구원을 받겠습니다. 내가 믿어지지는 않지만 하나님 말씀에는 거짓이 없으니까 믿겠습니다.' 할 때 구원을 받는 것이다.

주님께서는 왜 육신으로 오셨는가? 오시지 않고 그냥 모든 인간을 구원해 주실 수는 없었는가? 주님께서 죄인들을 그냥 구원해 주실 수 있는지 생각해 보라. 살인자, 범법자, 음행자, 거짓말쟁이 등 온갖 죄인들을 어떻게 그냥 구원해 주실 수가 있겠는가. 그러려면 하나님께서 정하신 법과 질서를 깨뜨릴 수밖에 없다. 그러나 주님께서는 자신의 말씀을 스스로 어기고 불의를 저지르실 수가 없는 것이다.

주님께서 오신 목적은 히브리서 2장 14,15절에 나와 있다. 『자녀들이 피와 살에 참여하는 자인 것같이 그 역시 같은 모양으로 동일한 것에 참여하신 것은 자신의 죽음을 통하여 죽음의 세력을 가진 자, 곧 마귀를 멸망시키시며 또 죽음을 두려워하므로 평생을 노예로 속박되어 있는 자들을 놓아주시려 함이니라.』 16절은 주님께서 천사의 본성을 입지 않고 아브라함의 씨를 입고 나타나셨다고 말씀한다. 인간을 구원해 주시려면 인간의 모습으로 오셔서 피를 흘려 주셔야 했기 때문이다.

우리는 태어날 때 아담과 이브의 죄의 성품을 가지고 태어난다. 소위 원죄와 자범죄라는 것을 말하며, 예수님을 믿으면 원죄는 해결되지만 그 이후 자범죄는 해결되지 않았다고 말하는 자들도 있는데, 이는 성경과는 전혀 관계가 없는 가르침이다. 우리는 죄의 성품을 가지고 태어났기 때문에 살아가면서 죄를 짓는 것이다. 그래서 주님의 보혈로 모든 죄사함을 받아야 한다. 어떤 단체에서는 생각나는 모든 죄를 낱낱이 써서 불에 태움으로써 죄사함을 받으라고 한다. 30, 60년 동안 지은 죄를 어떻게 다 기억하고 종이에 쓴단 말인가. 그들은 죄가 무엇인지도 모르는 것이다. 마음 속에 있는 모든 악한 것들이 다 죄인데 어리석게도 겉으로 드러난 말과 행위만을 죄라고 생각하는 것이다. 죄를 간단하게 설명하자면, 죄는 우리의 피 안에 태어날 때부터 유전으로 가지고 있는 바이러스와 같아서 살아가면서 질병으로 나타나는 것이라고 생각하면 된다.

주님께서는 우리가 죽음에 대한 두려움에 사로잡혀 노예로 속박되어 있는 데서 놓아주시려고 육신으로 오셨다. 만일 예수님을 모르고, 복음도 모르고, 구원받지 못했다면 지금 어떻게 살고 있었을지 생각해 보라. 다른 모든 사람들처럼 죽음의 두려움 속에서 살고 있었을 것이다. 주님은 그것을 없애 주시기 위해 오신 것이다. 오직 믿음으로만 구원을 받는 은혜 복음을 마음으로 믿어 구원받은 사람은 죽음에 대한 두려움이 없다. 영광 가운데 계신 주님께서는 우리를 죽음의 공포에서 벗어나게 하시려고 수치를 개의치 않으시고 천사보다 낮고 흙으로 지어진 인간의 몸을 입고 오신 것이다. 당신은 구원을 받았는가? 구원받았는데 죽음을 두려워하고 있지는 않은가. 구원을 받았다고 하면서 죽음에 대한 두려움이 있다면 무언가 잘못된 것이다.

메시아로 나타나심

예수님께서는 메시아로 오셨다. 주님께서 12살 때 성전에 나타나신 것 외에는 공생애 이전 기간에 대해 성경에 기록된 것은 없다. 사람들은 성경의 기록을 벗어나 그리스도가 유아기 시절에 어디에 가서 무엇을 했다거나 서른 살 때까지 인도에 있었다는 등의 주장을 한다. 이는 모두 거짓이며 하나님 말씀을 없애 버리려는 인간의 시도에 불과하다.

주님께서는 침례인 요한에게 침례를 받으시고, 그 후 유월절을 세 번 지내신 뒤 네 번째 유월절 양으로 돌아가셨다. 그렇게 주님께서는 3년 반 동안 사역을 하셨다. 침례인 요한에게 침례를 받으시고 사탄에게 시험을 받으신 뒤에 지상 사역을 하실 때 주님께서는 엄청난 기적을 베푸셨다. 그럼으로써 자신이 메시아 왕이심을 인간에게 나타내 보여주셨지만 인간들은 주님의 기적과 표적을 보고서도 믿지 않았다.

주님께서는 바람과 파도도 잠잠케 하셨고 물 위를 걸으셨으며 죽은 자도 살리셨다. 귀머거리, 장님, 벙어리, 문둥병자들, 앉은뱅이 등 모든 병자들을 고쳐 주셨으며, 고치지 못한 사람이 없었다. 은사주의 목사들은 다리가 아파서 지팡이 짚고 집회에 온 사람이 안수 받고 지팡이 없이 몇 발자국을 걸었다고 자신이 기적을 일으켰다고 한다. 그 순간에 정신적으로 흥분되어서 조금 걸은 것이거나 아니면 누군가가 속이기 위해 연기를 한 것을 가지고 완전히 고쳤다고 하는 것이다. 주님께서는 실제로 사람들의 질병을 치유해 주시고 더러운 영들, 마귀들을 쫓아내 주셨다. 그런 위대한 표적을 보여 주셨는데도 사람들은 믿지 않고 계속해서 표적을 구했다.

오늘날 눈으로 보는 것을 가지고 예수님을 믿었다고 착각해서는 안 된다. 그 일이 일어난 지 사흘, 석 달, 삼 년 뒤에 기억을 더듬어보면 자신이 꿈을 꾼 건지 환상을 본 건지 확실하게 기억도 안 날 것이다(그 꿈과 환상마저 성령이나 말씀과는 무관한 것이지만). 사도 베드로는 변형산에서 영광스러운 모습으로 변화되신 예수님을 직접 목격했었다. 그랬던 그가 하나님의 말씀이 자신이 눈으로 보았던 것보다 더 확실하다고 말한 이유는 무엇이었는가. 우리의 지각과 기억은 완벽하지 못하기 때문에 시간이 지나면 희미해질 수 있다. 그러나 하나님의 말씀은 없어지지 않으며 영원한 것이다. 우리는 이 말씀을 믿고 의지하는 것이며, 말씀에 기록된 복음을 믿고 구원받는 것이지, 무언가를 보고 믿는 것이 아니다.

마태복음 23장에 보면 온유하고 겸손하신 주님께서 서기관들과 바리새인들을 향해 강하고 거친 설교를 하시는 것을 볼 수 있다. 많은 사람들이 성경적으로 믿는 목사들은 거칠게 설교한다고 한다. 그러나 우리는 예수님과 사도 바울에 비하면 온순한 양이다. 『그러나 위선자인 서기관들과 바리새인들아, 너희에게 화가 있으리라! 이는 너희가 사람들에게 천국을 닫아 버려서 너희 자신도 들어가지 않고 들어가려고 하는 사람들도 들어가지 못하게 하기 때문이라. 위선자인 서기관들과 바리새인들아, 너희에게 화 있으리라! 이는 너희들이 과부들의 집을 삼키며 남들에게 보이고자 길게 기도하기 때문이라. 그러므로 너희는 더 큰 심판을 받으리라. 위선자인 서기관들과 바리새인들아, 너희에게 화 있으리라! 이는 너희가 한 사람의 개종자를 얻으려고 바다와 육지를 두루 다니다가 얻고 나면 그를 너희보다 두 배나 더 악한 지옥의 자식으로 만들기 때문이라』(마 23:13-15). 『너희 뱀들아, 독사들의 세대야, 어떻게 너희가 지옥의 저주에서 피할 수 있겠느냐?』(마 23:33) 진정한 설교의 본질은 죄에 대한 찔림을 주어서 죄를 회개하고 버림으로써 변화된 삶을 살도록 하는 것이다. 사람들이 죄를 지적하고 거짓 교리를 지적하는 설교를 싫어하는 이유는 마음 속의 죄 때문이다. 마음이 죄로 물든 사람은 성경적이고 바른 설교를 견딜 수 없어 한다.

십자가에서 죽으심

주님께서는 이렇게 사역하시고 십자가에서 돌아가셨다. 『제육시에서 제구시까지 어두움이 온 땅을 덮었더니 제구시경에 예수께서 큰 음성으로 소리질러 말씀하시기를 "엘리, 엘리, 라마 사박타니?" 하시니, 이는 "나의 하나님, 나의 하나님, 어찌하여 나를 버리셨나이까?"라는 말이라. 거기 서 있던 자들 가운데 몇 사람이 그 말을 듣고 말하기를 "이 사람이 엘리야를 부른다."고 하더라. 그러자 그들 가운데 한 사람이 즉시 달려가서 해면을 가져다가 식초에 적셔 갈대에 꿰어 주께 마시라고 주더라. 그러나 나머지 사람들이 말하기를 "가만두어라. 엘리야가 와서 그를 구원하나 보자." 고 하더라. 예수께서 다시 큰 음성으로 소리지르신 후, 숨을 거두시더라』(마 27:45-50).

주님께서는 비참한 모습으로 우리 죄를 대신해서 십자가에서 돌아가셨다. 자신이 만인 앞에서 수치스러운 모습으로 십자가에 못박히고 창에 찔려 죽는다고 생각해 보라. 영광 가운데 계신 하나님께서 육신을 입고 오셔서 자신이 창조한 인간들에게 그런 수모를 당하신 것이다. 그 이유는 단 하나, 우리를 죽음의 두려움에서 건져 주시기 위함이었다. 우리가 수십 년 동안 지은 죄를 흰 눈처럼 깨끗이 사해 주시려면 그 방법밖에 없다. 주님의 공의와 주님의 사랑이 동시에 보여지는 것이 십자가 사건이다. 주님은 공의로 죄인인 인간을 처벌하셔야 하지만 주님은 사랑이시기 때문에 자신이 그 대가를 직접 치르신 것이다.

피흘림이 없이는 죄사함이 없다고 하셨는데 많은 사람들은 예수님의 보혈로 죄사함 받는 진리는 저버리고 자기의 종교 행위나 의식이나 선행으로 구원받으려고 한다. 그래서 모두 지옥으로 향하는 것이다. 다시 말해서 피흘림이 없이는 죄사함이 없기 때문에 주님께서 십자가에서 하나님의 피를 흘려 주셨다.

주님께서는 지옥에 대한 설교를 하늘나라에 대한 설교보다 더 많이 하셨다. 지옥에 가면 안 되고, 거기는 벌레도 죽지 않고 불도 꺼지지 않는다고 경고하셨다(사 66:24, 막 9:44,46,48). 그럼에도 불구하고 오늘날 강단에서 지옥에 대한 설교를 하지 않는 목사들은, 그들이 지옥의 자식이기에 자기 집에 대해서 얘기하는 것을 꺼리는 것이 아닌가.

부활하심

주님께서는 사흘만에 부활하셨다. 『안식일이 끝날 무렵, 그 주의 첫날 새벽이 시작될 때 막달라 마리아와 다른 마리아가 무덤을 보러 갔더라. 그런데, 보라, 거기에 큰 지진이 일어나고, 주의 천사가 하늘에서 내려와 그 문에서 돌을 굴려내고 그 위에 앉아 있더라』(마 28:1,2). 『그분은 여기에 계시지 않고 말씀하셨던 대로 살아나셨느니라. 와서 주께서 누우셨던 자리를 보라』(마 28:6). 도망가서 숨어 있던 제자들은 주님의 부활을 보았기 때문에 사도행전에서 죽음을 무릅쓰고 담대히 주님을 증거할 수 있게 되었다. 주님은 십자가에서 죽으셨을 뿐만 아니라 부활하셨고, 500명이 넘는 사람들이 주님의 부활을 목격했다(고전 15:2-8).

주님은 부활하신 뒤 40일 동안 제자들과 함께 동행하시며 그들에게 말씀을 가르쳐 주셨다. 그래서 제자들은 자신이 죽으면 어떻게 될지를 알았다. 몸은 흙으로 돌아가지만 나중에 주님과 같은 영광스런 몸을 입는다는 것을 알았다. 의심 많던 도마도 주님의 부활을 직접 보았을 때 '나의 주, 나의 하나님'이라고 고백했다. 부활하신 주님께서는 지금 대제사장으로서 우리를 주님께 이끄는 역할을 하신다. 『그러므로 하늘의 부르심에 참여하는 거룩한 형제들아, 우리의 고백하는 바 사도이며 대제사장이신 그리스도 예수를 깊이 생각하라』(히 3:1). 이 대제사장이 계시기 때문에 우리는 은혜의 보좌로 바로 나아가는 것이다.

요한일서 2장은 주님께서 우리의 변호인이 되신다고 말씀한다. 타락한 세상 속에서 아이들이 친구를 잘못 사귀어서 범죄에 연루되면 처벌을 면할 수가 없다. 그때 변호사가 없으면 감옥행을 피할 수가 없는 것이다. 이처럼 주님께서 우리의 변호인이시라는 것은 얼마나 큰 축복과 위로인가. 『나의 어린 자녀들아, 내가 이런 것들을 너희에게 쓰는 것은 너희로 죄를 짓지 않게 하려는 것이라. 그러나 만일 누가 죄를 지으면 우리에게 아버지와 함께 있는 한 변호인이 있으니, 곧 의인이신 예수 그리스도시라. 그는 우리의 죄들을 위한 화목제물이시니, 우리뿐만 아니라 온 세상의 죄들을 위한 것이니라』(요일 2:1,2).

주님께서는 온 세상의 죄를 위한 화목제물이시지만 사람들은 주님께 나아오지 않는다. 주님을 믿지 않는 것이다. 누구든지, 아무리 큰 죄를 지었을지라도 주님께 나아간다면 구원받을 수 있다. 문제는 예수 그리스도의 은혜 복음을 받아들이지 않는 것이다. 주님께서는 그 어떤 죄인일지라도 모두 용서해 주신다고 말씀하셨다. 지금 셋째 하늘에 계신 주님은 우리의 중보자요, 변호인이요, 대제사장으로서 우리가 기도할 때 중보하시고 우리를 도와 주신다.

다시 오심(휴거와 재림)

이제 주님께서는 우리를 데리러 오실 것인데, 이것이 데살로니가전서 4장에 기록된 휴거이다. 구원받은 자들이 들림을 받고 공중에서 주와 만난 뒤에는, 주님을 섬긴 모든 행위를 심판받는 그리스도의 심판석이 있을 것이고, 그 뒤에 어린양의 혼인식이 치러진다. 그 후 주님께서 이 땅에 재림하셔서 온 세상을 심판하신다. 이것이 성경에 기록된 주님의 사역이다. 『인자가 그의 영광 중에 오고, 또 모든 거룩한 천사들이 그와 함께 오면 그때에 그가 그의 영광의 보좌에 앉으리니 그 앞에 모든 민족들을 모아 놓고 마치 목자가 양들을 염소들에서 갈라놓듯이 그들을 따로 갈라놓으리라』(마 25:31,32).

『세상의 기초가 놓인 이래로 너희를 위하여 준비한 그 왕국을 이어받으라』(마 25:34). 『왼편에 있는 자들에게도 말하기를 '너희 저주받은 자들아, 내게서 떠나 마귀와 그의 천사들을 위하여 준비한 영원한 불 속으로 들어가라』(마 25:41). 현재 예수님을 거부하는 이스라엘은 대환란을 거친 뒤에 회개하고 돌아올 것이며, 그 뒤 주님께서 재림하셔서 민족들을 심판하시고, 다윗의 영광의 보좌에 앉으셔서 천 년 동안 이 땅의 왕국을 통치하실 것이다.

마태복음 24장, 디모데후서 3장 등 성경의 많은 구절들이 주님의 재림이 가까이 왔을 때의 징조에 대해 말씀하고 있다. 바로 우리가 살고 있는 오늘날에 해당되는 구절들이다. 온갖 거짓말과 거짓 가르침이 난무하고, 뉴스도 믿고 들을 수 없는 지경에 이르렀다. 암흑의 세력이 배후에서 비밀리에 계략을 꾸미기 때문에 눈 앞에 나타나는 현상들은 헷갈리고 혼란스러워졌다. 악인들은 적그리스도의 왕국을 세우기 위해서 모든 일을 자신들의 계획대로 진행시켜가고 있는데, 그들의 목적을 성취하는 데 방해물이 되는 것은 바로 하나님의 말씀을 믿고 전하는 사람들이다.

최근 텍사스주 휴스턴 시장이 목사들에게 설교문 제출을 요구한 일이 있었다. 동성연애자인 시장은 이를 준수하지 않는 목사들은 구금시킨다고 경고했다. 동성연애가 죄라고 말하는 목사들을 잡아넣겠다는 것이다. 정부가 설교 내용을 통제하는 것에 반대하는 목사들이 기독교 협회를 통해 소송을 제기했는데, 이 소송에서 목사들이 패소한다면 미국에서 그리스도인이 갖는 신앙의 자유는 사라지는 것이다. 그렇기 때문에 이 악한 때에 하나님 말씀을 있는 그대로 전하는 성경적으로 믿는 사람들이 보호받도록 기도해야 한다.

재림 때 주님께서는 이스라엘을 회복시키시며, 천년왕국 때 모든 피조물은 그 신음하던 것에서 해방될 것이다. 이사야서 11장에 기록된 대로 사자, 호랑이가 초식 동물이 되는 것이다. 사자와 어린 양이 함께 뛰놀고, 독사 굴에 손을 넣어도 물리지 않는, 그렇게 만물이 회복된 때가 천년왕국이다. 그 후 주님께서는 백보좌 심판석에서 심판하시고, 하늘과 땅, 모든 것을 불로 태우신 뒤 새 하늘과 새 땅, 새 예루살렘으로 영원 세계를 시작하신다.

영광으로 다시 들어가심

이제 주님께서는 고린도전서 15장 28절에 기록된 대로 다시 영광으로 돌아가신다. 『만물이 그분께 복종할 때에 그때 아들 자신도 만물을 자기에게 복종케 하신 그분께 복종하시리니 이는 하나님께서 만물 안에서 모든 것이 되시려 하심이라.』 하나님 아버지, 말씀, 성령 하나님께서 다시 영광으로 돌아가신다. 창세 전 영원 세계에 계셨던 하나님께서 이제 모든 것을 마무리하시고 다시 삼위일체로 돌아가시는 것이다.

우리는 깨어 있어서 오늘날 교회 시대에 주님께서 우리에게 주신 사명을 잘 감당해야 한다. 우리의 중보자요 변호인이신 주님께서 우리에게 주시는 능력을 힘입어 복음을 전해야 한다. 세상 돌아가는 일에 이리저리 끌려다니면서 허비할 시간이 없다. 인터넷, 유튜브를 보면서 낭비할 시간도 없다. 하나님 말씀을 읽고, 기도하고, 나가서 복음을 전파하고, 선한 일에 열심을 내어 주님의 사역에 동참하는 것이 우리의 할 일이다.

시대에 따른 　：　이스라엘의 변천사

　　　　　　　：　이방인의 변천사

　　　　　　　：　교회의 변천사

　　　　　　　：　왕국의 변천사

시대를 나누지 못해 생긴 이단 교리들

시대에 따른
이스라엘의 변천사

『이스라엘의 거룩한 분이며, 그를 지으신 분, 곧 주가 이같이 말하노라. 내 아들들에 관하여 다가올 일들을 내게 묻고, 내 손으로 할 일에 관하여 너희는 내게 명하라. 내가 땅을 만들었고, 그 위에 사람을 창조하였느니라. 내가 내 손으로 하늘들을 펼쳤으며, 내가 그 모든 군상들에게도 명하였도다. 내가 의로 그를 일으켰으며, 그의 모든 길을 곧게 하리니 그가 나의 성읍을 짓고, 또 그가 나의 사로잡힌 자들을 값이나 대가 없이 가게 하리라. 만군의 주가 말하노라. 주가 이같이 말하노라. 이집트의 수고와 에디오피아의 상품과 사베인의 키 큰 사람들이 네게로 와서 그들이 너의 사람들이 될 것이라. 그들이 너를 따라올 것이요, 사슬에 묶여 건너와서 네 앞에 엎드리고 네게 간구하여 말하기를 "확실히, 하나님이 네 안에 계시며, 아무도 다른 이가 없나니, 다른 하나님이 없느니라." 하리라. 오 구주, 이스라엘의 하나님이여, 진실로 주는 스스로 숨기시는 하나님이시니이다. 우상을 만드는 자들은 수치를 당할 것이며 또 그들 모두가 치욕을 받을 것이라. 그들은 다 함께 혼란 가운데로 들어가리라. 그러나 이스라엘은 주 안에서 영원한 구원으로 구원받으리니 너희는 영원히 세상에서 수치나 치욕을 당하지 않게 되리라』(사 45:11-17).

우리는 이스라엘에 대해서 알아야 한다. 세상 사람들은 이스라엘에 대해 모르기 때문에 하나님을 거부하고 마지막 때에 엄청난 배교를 일으켜 하나님을 대적하는 왕국, 즉 적그리스도의 왕국을 세우게 된다. 하나님의 백성으로서의 이스라엘은 끝났다고 하는 사람들이 있다. 현시대에 살고 있는 많은 사람들이 이스라엘을 대할 때 거부감을 갖는다. 이스라엘을 좋아하고 지지하는 사람들이나 나라들은 거의 없다. 그들에게 팔레스타인 편인지 이스라엘 편인지를 물으면 대부분 팔레스타인 쪽을 택한다.

최근 미국의 정치가들이 이스라엘 수상에게 입에 담지 못할 욕설을 하는 사건이 있었다. 지금까지 이스라엘의 우방을 자처한 미국이 등을 돌리기 시작한 것이다. 본문 구절은 "너희는 영원히 세상에서 수치나 치욕을 당하지 않게 되리라."고 말씀하며 이스라엘에게 수치와 치욕을 주는 자들이 그 대가를 치른다고 하신다. 이스라엘은 수치를 당하지 않는다는 말씀이 지금 교회 시대에 이루어지는 것은 아니다. 이 말씀은 이스라엘의 미래에 대한 예언이다. 미래에 이스라엘을 수치스럽게 하는 민족들과 사람들은 하나님의 심판을 받게 되는 것이다.

성경적으로 믿는 사람들 외에는 모든 국가와 정치가 등 온 세상이 이스라엘을 골칫거리로 생각한다. 그 전면에는 UN 총장이라는 자가 있다. 이들은 모두 팔레스타인 하마스 편을 든다. 이스라엘이 무엇을 하려 하면 UN, 미국 등 모든 나라에서 사사건건 저지한다. 이렇게 모두가 이스라엘에게 등을 돌리는 것은 성경을 모르기 때문이다.

복의 근원 이스라엘

성경은 여호와 하나님을 "이스라엘의 거룩한 분이며, 그를 지으신 분"이라 말씀한다. 성경에 무지한 인간들은 이스라엘 민족이 거룩하신 하나님의 백성이라는 사실을 무시하지만, 이스라엘은 인류가 복을 받는 근원이다. 이스라엘로 인해서 거룩한 하나님의 말씀이 보존되었고, 메시아께서 이스라엘 민족에게서 오셔서 구원의 길을 마련해 주셨기 때문이다.

이스라엘 사람들이 없었다면 우리 모두는 어떻게 되었을지 생각해 보아야 한다. 그들은 세상의 빛이었다. 그들이 아니었다면 이 세상은 어둠 속에서 모두 마귀의 자식으로 지옥으로 갈 수밖에 없었다. 신약 교회에서 이방인들에게 복음을 전한 것도 이스라엘 사람들이다. 성경적으로 믿는 사람들을 제외한 대부분의 사람들은 그런 이스라엘 사람들을 대적한다.

오늘날 미국이 쇠락의 길을 갈 수밖에 없는 이유는 하나다. 하나님의 바른 말씀을 버리고 이스라엘을 버렸기 때문이다. 지금까지, 바빌론(유다를 멸망시킨)에서부터 로마(예수님을 죽인)에 이르기까지 인류 역사상 이스라엘을 대적하고 수치를 준 나라 중에서 망하지 않은 나라는 하나도 없다. 이러한 이스라엘을 세상은 어떻게 대하고 있는가. 이스라엘을 시한폭탄이라한다면 그들은 시한폭탄을 가지고 놀고 있는 것이다.

온 세상이 우상 숭배에 빠졌을 때, 하나님께서 아브라함을 부르지 않으셨다면 이 세상은 그대로 사탄의 세상이 되어 끝났을 것이다. 하나님께서는 인간의 사악함으로 인해 이 땅을 홍수로 멸망시키셨다. 그 후 다시 기회를 주셨는데 인간은 바벨탑을 짓고 하나님을 대적하며 우상 숭배에 빠졌다. 그런 인간들 가운데서 아브라함을 부르신 것은 이 세상에 빛을 주시려는 '하나님의 사랑이요 자비와 은혜'였다. 사탄은 그것을 알고 있기 때문에 아브라함의 때부터 이스라엘의 열두 지파, 그리고 메시아이신 예수님이 나오실 때까지 지속적으로 그들을 공격해 왔고 지금도 공격하고 있다.

현재 이스라엘에 들어가 살고 있는 인구는 약 600만 명밖에 되지 않는다. 대한민국의 수도 서울의 인구보다 적은 사람들이 어떻게 거대한 아랍 국가들을 맞서고 있을까. 인간의 생각으로는 불가능한 일이다. 그러나 그들에게는 하나님께서 계시기 때문에 600만 명이라는 적은 숫자로도 전 세계에 맞서고 있는 것이다.

3천 년 전 이스라엘이 출애굽 할 당시 인구 200만 명이 이집트에서 나와 (비록 광야에서 죽기는 했지만) 약속된 땅으로 들어갔다. 그렇지만 그로부터 3천 년이 지난 후 현재는 600만 명이 이스라엘에 들어가서 살고 있다. 전 세계적으로 이스라엘 인구는 약 1천400만 명 정도 되는데, 이 중 거의 700만 명 정도가 미국에 거주하고 있다. 절반도 안 되는 사람들이 이스라엘에 들어가서 자신들의 나라를 지키고 있는 것이다. 유대인의 수는 1939년에 약 1천700만 명이었지만 홀로코스트를 거치고 난 뒤 1945년에는 1천100만 명으로 줄었다. 반유대주의로 죽임을 당한 유대인의 수는 약 600만 명이다.

이렇듯 작은 나라가 그렇게도 중요한 이유는 그들이 성경에 나오는 하나님의 백성이기 때문이다. 세상 모든 나라들의 흥망성쇠는 이런 이스라엘에 대해서 잘 아는지 모르는지에 달려 있다. 많은 사람들과 많은 나라들이 이스라엘을 잘 모르기에 저주를 받았으며, 현재도 그렇고 미래에도 동일한 이유로 저주를 받게 될 것이다.

처음부터 수적으로 적었던 그 민족을 주님께서는 자신의 백성으로 삼으셨다. 그 수가 적어서이지 결코 그들이 크고 강대해서가 아니었다. 『이는 네가 주 너의 하나님께 거룩한 백성임이니, 주 너의 하나님께서 땅 위에 있는 모든 백성 위에 너를 택하시어 자신의 특별한 백성이 되게 하셨음이라. 주께서 그분의 사랑을 너희 위에 두시고 너희를 택하신 것은 너희가 다른 민족보다 수가 많음이 아니라 너희가 모든 민족 중에서 가장 적기 때문이니라. 그러나 주께서는 너희를 사랑하셨고 너희 조상에게 하신 맹세를 그분께서 지키고자 하셨기 때문에 주께서 너희를 능하신 손으로 인도하여 내셨으며 이집트 파라오 왕의 손, 종의 집에서 너희를 구속하셨나니 그러므로 주 너의 하나님을 알라. 그분은 하나님이시니, 그를 사랑하고 그의 계명들을 지키는 자들에게 언약과 자비를 일천 대까지 지키시는 신실하신 하나님이시며』(신 7:6-9).

이스라엘 백성을 하나님의 특별한 백성이라 하셨다. 세상은 그런 이스라엘을 보잘것없다고 생각하지만, 우리는 이스라엘에 대해 제대로 알아야 한다. 이스라엘은 보통 나라가 아니다. 한국의 어느 사이비 교파는 재림하시는 예수 그리스도가 한국 사람들 중에서 나온다는 웃지 못할 말을 하고 있다. 한국인들도 유대인과 같은 셈족이기는 하지만, 초림 때 예수 그리스도는 유대인이셨다. 하나님께서 이스라엘을 어떻게 보고 계시는지 다음 구절이 잘 말해준다. 『오 너희 주의 종 아브라함의 씨야, 너희 그의 택하신 야곱의 자손들아, 그는 주 우리의 하나님이시라. 그의 심판들이 온 땅에 있도다. 그가 자기의 언약을 영원히 기억하셨으니, 곧 천 대에 명령하신 그 말씀이라. 이는 그가 아브라함과 하신 언약이며 이삭에게 하신 그의 맹세요 또 같은 것을 야곱에게 율법으로, 이스라엘에게 영원한 언약으로 확증하셨으니, 말씀하시기를 "내가 네게 카나안 땅, 곧 너희 유업의 몫을 주리라." 하셨도다』(시 105:6-11).

카나안 땅의 합법적 소유자 이스라엘

하나님께서는 카나안 땅이 이스라엘의 땅이라고 확실히 말씀하셨다. 이사야서 45장 12절은 땅을 만드신 분이 하나님이라고 말씀한다. 그분께서 '이스라엘이 카나안 땅을 소유하라'고 하시면 그들의 소유가 되는 것이다. 성경을 모르고 그 땅이 팔레스타인 땅이라고 하면 하나님을 대적하게 되는 것이다.

하나님께서는 이스라엘을 독특한 백성으로 만들기 위해서 창세기 12장에서 아브라함을 불러내신다. 그 전까지는 창세기 10장에서 볼 수 있듯이 함족, 인종으로는 흑인들이 카나안 땅에 살았다. 『주께서 아브람에게 말씀하셨는데 "너는 네 고향과 네 친족과 네 아비의 집을 떠나 내가 네게 보여줄 땅으로 가라. 내가 너로 큰 민족을 이루게 할 것이며 네게 복을 주고 네 이름을 위대하게 하리니, 너는 복이 되리라. 너를 축복하는 자들에게 내가 복을 주고 너를 저주하는 자를 저주하리라. 네 안에서 땅의 모든 족속들이 복을 받을 것이라." 하셨더라』(창 12:1-3). 아브라함의 자손 중에서 메시아가 오셨기 때문에 우리가 복을 받은 것이다.

『그러나 사 대 만에 그들이 이곳으로 다시 돌아오리니, 이는 아모리인들의 죄악이 아직 다 차지 않았음이라." 하시니라. 해가 져서 어두웠는데 연기 나는 가마가 보이며, 불타는 등이 쪼갠 고기 사이로 지나더라. 그 날에 주께서 아브람에게 언약을 세워 말씀하시기를 "내가 이 땅을 이집트 강에서부터 큰 강 유프라테스까지 네 씨에게 주었으니, 켄인들과 크니스인들과 캇몬인들과 힛인들과 프리스인들과 르파인들과 아모리인들과 카나안인들과 기르가스인들과 여부스인들의 땅이니라." 하시니라』(창 15:16-21). 지금 이스라엘이 소유한 그 땅만이 아니라 이집트 강에서 유프라테스 강까지의 주인은 아브라함의 육신적인 자손이라고 말씀한다. 현재 아랍 국가들이 자신들 땅이라고 우기는 곳을 하나님께서는 이스라엘의 소유라고 하신다.

이스라엘은 아랍 사람들을 불쌍히 여겨 이스라엘 땅에서 그들도 함께 살게 해주는 것인데, 이스라엘이 나라를 잃은 동안 자신들이 그곳에 살고 있었다는 이유로, 그곳이 자신들의 땅이라고 우기고 있다. 이스라엘 사람들이 여기도 조금 주고 저기도 조금 주는데도 그들은 그것으로 부족하다며 예루살렘을 넘보고 있다.

하나님께서는 이미 보듯 창세기에서 예루살렘뿐만 아니라 그 주변에 있는 모든 지역을 이스라엘 땅으로 주셨다. 이 성경 말씀을 UN, 미국, 유럽, 아랍 모든 나라들에서 믿고 받아들인다면 싸울 이유는 단번에 사라질 것이다. 아마 성경을 모르는 한국 목사들 중에서도 팔레스타인 편을 드는 사람이 많을 것이다. 성경에 무지한 자들은 이스라엘이 너무하다고 생각하지만, 주님께서는 함족인 그들에게 '너희의 땅은 아프리카인데 왜 거기 가서 싸우느냐'고 하시는 것이다.

시편 105편 23절을 보자. 『이스라엘도 이집트로 들어왔으니 야곱이 함의 땅에서 기거하였도다.』 또 106편 21,22절은 『그들이 이집트에서 위대한 일들을 하셨던 그들의 구주 하나님을 잊었으니 그는 함의 땅에서는 경이로운 일들을, 홍해에서는 무서운 일들을 행하신 분이라.』고 말씀한다. 이집트는 아프리카에 있고, 함의 땅은 아프리카이다. 그리고 주님께서 예루살렘은 아브라함의 자손들에게 맡기셨다.

아브라함의 후대가 민족을 이루어 이집트에서 나올 때 하나님께서 제일 먼저 모세에게 보여주신 표적은 불타는 가시덤불이었다. 가시덤불에 불이 붙어 있는데도 타서 없어지지 않았다(출 3:2). 그 가시덤불은 이스라엘을 상징한다. 이스라엘이 그 불 속에서도 계속 살아남는 것이다.

예언된 이스라엘의 회복

우리 나라는 한일 합방이 되었던 불과 몇십 년 동안 언어를 거의 잃어버리고 나라가 사라질 뻔했었다. 그런데 2,500년 동안이나 나라를 빼앗겼던 이스라엘은 하나님께서 주신 땅을 되찾고서 그 땅으로 돌아갔을 때 히브리어를 국가 언어로 정했다. 전 세계 100여개 국가에 흩어져서 유랑하던 유대인들이 돌아와서 자신들의 언어인 히브리어를 잊지 않고 사용한 것이다. 이로써 스파냐서에서 언어를 되찾아 주신다는 약속이 이루어졌다(습 3:9). 그들은 또 지금 세켈이라는 구약에 나오는 화폐 단위를 쓴다. 그런데도 사람들은 하나님 말씀을 경시하고 있다. 하나님께서 이스라엘에 대해 예언하신 것이 다 이루어지고 있는데도 말이다.

이스라엘은 모세를 통해 민족으로 형성되어 카나안 땅에 들어왔다. 그리고 다윗과 솔로몬왕 때 가장 번성한다. 이 때는 주님께서 약속하신 땅의 전부는 아니었지만 상당한 부분을 차지했었다. 그것이 BC 1000년 경이었다.

그 땅에 족보도 없는 이상한 자들이 나타나서 현재 자기네 땅이라고 우기며 버티고 있는 것이다. 그곳에는 이스라엘이 나라를 잃은 동안, 나라도 이름도 없는 유랑자들이 살고 있었는데 이제 와서 아무 소속도 없는 이상한 국가를 만든 것이다. PLO(팔레스타인 해방기구 - 팔레스타인의 아랍인들이 결성한 반 이스라엘 조직) 우두머리가 아라파트라고 하는 자인데, 그는 거기서 출생한 것이 아니라 이집트에서 출생했다. 그런 자가 와서 그 땅이 자신들 땅이라고 우기고 지금까지 그런 식으로 유지됐던 것이다. 그 땅을 하나님께서 이스라엘에게 다시 찾아주셨는데 사람들은 이스라엘이 그 땅을 훔친 것처럼 생각한다.

구약을 보면 그 땅은 역사적으로도 계속 이스라엘 땅이었다는 것을 알 수 있다. 다윗이 사무엘하 5장에서 예루살렘을 수도로 정하는데, 3천 년 전에 다윗이 이스라엘의 수도로 정한 예루살렘을 오늘날 아랍인들이 자신들 땅이라고 주장하는 것이다. 『다윗이 치리를 시작할 때 삼십 세였으며, 그가 사십 년을 치리하니라. 헤브론에서 다윗이 칠 년 육 개월간 유다를 치리하였고, 예루살렘에서 온 이스라엘과 유다를 삼십삼 년간 치리하니라』(삼하 5:4,5). 『그리하여 다윗이 그 요새에 거하였고, 그곳을 다윗 성읍이라 불렀더라. 다윗이 밀로에서부터 안쪽으로 둘러 건축하니라. 다윗이 점점 창대해졌으며 만군의 주 하나님께서 그와 함께하셨더라』(삼하 5:9,10).

열왕기상 4장을 보자. 『유다와 이스라엘이 많아, 바닷가에 있는 많은 모래 같았으니 먹고 마시고 즐거워하더라』(왕상 4:20). 이것이 솔로몬 때이다. 『솔로몬이 모든 왕국들을 다스렸으니 강에서부터 필리스타인들의 땅과 이집트의 경계까지더라. 그들이 예물들을 가져오며 솔로몬의 평생 동안 그를 섬기니라』(왕상 4:21). 여기서 솔로몬이 전성기를 보내는데 그 후 타락과 멸망의 길을 가고 결국 이스라엘은 호세아 왕 때인 BC 721년 경에 포로로 잡혀가고, 유다도 BC 587년에 바빌론에게 멸망당하고 만다. 그때서부터 1948년까지 나라가 없었다가 1948년 5월 14일에 이스라엘은 독립 국가임을 선언했다. 그 기간 동안에 메시아가 오셨는데, 이스라엘은 그를 거부하여 결국 그들이 기다리던 메시아 왕국이 2천 년 동안 연기됐다. 그러나 주님께서는 이스라엘 백성을 끝내지 않으셨다.

아모스 9장을 보자. 『그 날에 내가 무너진 다윗의 장막을 일으키고 그 틈을 막으리라. 또 내가 그의 파괴된 것들을 일으켜 옛날처럼 세우리니 그들이 에돔의 남은 자와 나의 이름으로 불려지는 모든 이방의 남은 자를 차지하리라. 이 일을 행하는 주가 말하노라』(암 9:11,12). 이 내용은 앞으로 이스라엘 백성들이 이방인들을 치리하는 것에 대해서 말씀하시는 것이다. 『주가 말하노라. 보라, 그 날들이 이르리니 밭 가는 자가 추수꾼을 앞서며 포도를 밟는 자가 씨 뿌리는 자를 앞서리라. 산들은 단 포도주를 떨어뜨릴 것이요, 모든 작은 산들은 녹으리라』(암 9:13). 이스라엘 땅은 이 정도로 비옥해질 것이다.

『내가 내 백성 이스라엘의 사로잡힌 자를 다시 데려오리니』(암 9:14). BC 600년 경부터 지금까지 이스라엘은 보잘것없는 상태였지만, 끝난 것이 아니다. 주님께서 그들을 다시 데려오는 것이다. 현재 완전하지 않지만 1948년에 일단 그 땅으로 돌아가서 독립 국가를 세웠다. 『그들이 황폐한 성읍들을 세워 그 곳에 거주할 것이요, 또 그들이 포도원들을 만들어 그 포도주를 마시겠고 그들은 또한 정원들을 만들어 그 열매를 먹으리라』(암 9:14). 지금도 그들은 계속 심고 거둔다.

『내가 그들을 그들의 땅에다 심으리니 그들이 다시는 내가 그들에게 주었던 그들의 땅에서 뽑히지 아니하리라. 주 너의 하나님이 말하노라』(암 9:15). 여기 본문은 바빌론 포로에서 돌아왔던 때를 말하고 있는 것이 아니다. 왜냐하면 여기 15절에서 '다시는 그 땅에서 뽑히지 않으리라'고 하셨는데 AD 70년 이후에(즉 포로에서 돌아온 이후) 이스라엘은 다시 전 세계로 흩어졌기 때문이다. 하지만 미래에 주님께서는 이 말씀을 반드시 성취하실 것이다.

클라렌스 라킨(Clarence Larkin: 1850-1924)은 그의 저서에 이스라엘의 박해의 역사를 상세하게 정리했다. 이스라엘 백성들의 죄는 메시아께서 오셨지만 그 메시아를 거절한 것이다. 마태복음 27장 25절에서 그들은 "그의 피를 우리와 우리 자손에게 돌리라."고 외쳤다. 즉 예수 그리스도를 처형하라고 하면서 완전히 거부한 것이다.

이스라엘의 박해의 역사

이스라엘에 대한 하나님의 심판이 시작되었고, AD 50년에 예루살렘은 로마 군에 의해 침입 당한다. 그때 3천 명이나 되는 사람들이 몰살되었다. 그 다음 최악의 고난은 AD 66년에 시작되었는데, 당대의 유명한 역사가 요세푸스(Flavius Josephus, AD 37-100) 장군의 저서에는 다음과 같이 기록되어 있다. 「그의 폭정에 항거하는 시위가 각처에서 발생했다. 더욱이 폭군 네로는 6만여 명의 병사를 보내 베스파시안으로 하여금 그의 아들인 티투스와 함께 예루살렘을 치도록 명령했다.」

이 요세푸스의 책에는 예수님의 모든 기적과 함께 예수 그리스도의 부활에 대해서도 기록되어 있다. 이 사람은 성경적으로 믿는 그리스도인이 아니었지만 예수 그리스도의 탄생과 죽음과 부활은 물론 그분이 메시아라는 사실을 자신의 책에 기록했다.

그의 기록을 계속 살펴보자. 「이스라엘은 요타파타에 진을 치고 항거하였으나 힘이 부족하여 결국은 4만 명 이상의 병력을 잃고 패하였다. 곧이어 갈릴리는 정복되고 그 전쟁으로 인하여 수천 명이 죽었다.」「AD 70년에 십만 명을 헤아리는 로마 군이 예루살렘에 진격하여 이스라엘이 패배하고 성전이 파괴되었다. 예루살렘은 그 진격에 반격을 가하기에는 너무나 허술했다. 더구나 성 안에서는 경쟁하는 파벌 사이에 통수권을 놓고 갈피를 못 잡고 있었다. 로마군의 포위는 4개월이나 계속되고 성 안에서는 기근으로 자기 자식들을 먹는 참혹한 일들까지 벌어지고 있었다.」 자식을 잡아먹는 저주를 받은 것은 바빌론 군대에 포위당했을 때에도 있었던 일이다. 「또한 최악의 운명을 피해 밖으로 도망쳤던 많은 사람들이 티투스에게 잡혀 성읍 외곽에서 본보기로 십자가에서 처형되었다.」 그렇게 해서 성전은 화염에 싸이고 그 터에는 돌무더기만 남게 된 것이다. 요세푸스는 이 전쟁에서 100만여 명이 넘는 사람들이 죽었다고 전한다.

또 그 당시에 「9만 7천 명 정도가 포로로 잡혔으며 그 중 건장한 청년들은 로마로 끌려갔다」고 기록되어 있다. 이스라엘 역사에 의하면 그때 로마로 흩어지고 난 뒤에도 유대인 민족주의자들을 중심으로 유대인들의 많은 저항이 있었다고 한다. 「AD 135년에 유대인들은 로마 권력에 대항할 수 있는 세력을 형성할 수 있게 되었다. 그러나 로마의 하드리안 황제는 3년 반이나 계속되는 전쟁을 일으켜서 유대인들을 완전히 흩어 놓았다. 그는 팔레스타인을 완전히 휩쓸어 58만 명을 죽이고 시온을 마치 쟁기질하듯 파헤쳐 놓음으로써 미가서 3장 12절의 예언을 성취했다. 그 후로 팔레스타인에는 유대인들이 거의 살지 않게 되었다.」 『그러므로 시온이 너희로 인하여 밭같이 쟁기질 당할 것이요, 예루살렘이 무더기같이 되고 그 전의 산은 숲의 산당들같이 되리라』(미 3:12).

AD 135년에 하드리안 황제는 유대인 민족주의자들을 말살시키기 위해서 이스라엘 땅을 시리아 팔레스타인이라고 명칭을 바꿔 버리는 엄청난 일을 한다. 그 뒤로 팔레스타인 땅이라는 말이 나오게 되었다. 그 땅은 실질적으로는 팔레스타인 사람들의 땅이 아니다.

성경에 나오는 필리스티아인들(개역성경에는 블레셋)은 서쪽 지중해 연안에 살았던 사람들로, 자신들이 그 사람들이라고 주장한다. 팔레스타인은 AD 135년에 바꾼 지명인데 사람들이 그것을 오늘날의 팔레스타인으로 착각하는 것이다.

그 후로 그 땅을 모슬렘이 지배했다. 콘스탄틴 황제가 AD 312년에 기독교로 개종하여 카톨릭 교회가 생기면서, 유대인들은 메시아를 죽인 '지저스 킬러'라 불리며 박해를 받았다. 이후 카톨릭은 십자군 원정을 핑계로 예루살렘을 침공했다.

그 외에도 전 세계 여러나라에서 이스라엘 백성들을 박해해 왔는데, 특히 유럽에서는 유대인들의 극심한 박해가 있었다. 이스라엘 백성들은 주님께서 예언하신 대로 엄청난 박해와 고난을 받은 것이다. 「AD 1020년 커누트 왕은 모든 유대인들을 영국에서 추방하라는 명령을 내렸다. AD 1272년에 에드워드 1세 때까지 왕들은 스펀지에서 물을 짜내듯 유대인들을 억압하여 돈을 쥐어짜는 것을 허락하였다. 에드워드 1세는 16만 5천 명에 달하는 유대인을 영국에서 추방하였다. 그 후 4세기 동안 영국 땅에서는 유대인의 흔적도 찾아볼 수 없게 되었다.」하지만 결국 이스라엘을 박해한 '해가 지지 않는 나라'라는 이름의 대영제국도 쇠퇴하고 만다.

프랑스에서도 마찬가지다. 「AD 1306년 예루살렘 멸망을 기념하는 날 이른 아침에 프랑스에 거주하는 십만 명이나 되는 모든 유대인들은 남녀노소 상관없이 그들의 재산을 모두 왕실에 빼앗기고 국외로 추방되었다. 그 다음에 AD 1683년에 또다시 유대인에게 프랑스 식민지에서 떠나라는 명령을 내렸으며 AD 1723년에야 비로소 루이 14세가 유대인들에게 프랑스에서 주택을 소유할 수 있도록 허락하였다. 이것으로 프랑스에서 박해의 물결이 그 방향을 달리하기 시작한 것이다.」

세계 각국에 흩어져 살았던 이스라엘 민족은 수백 년 동안 살았어도 그곳이 자신의 집이 아니었다. 언제 쫓겨날지 몰랐기 때문이다. 영화로도 많이 소개되는 그런 삶을 살았던 유대인들은 이제 자신들의 나라를 가지게 되었다. 하나님께서 역사하지 않으셨다면 그렇게 되었겠는가.

독일에서도 엄청난 박해를 받았다. 「1348년에서 1350년 사이에 흑사병이 유럽을 휩쓸어 전 인구의 1/4이 생명을 잃었으나, 유대인들은 거의 영향을 받지 않았다. 왜냐하면 그들은 삶이 깨끗하고 레위기에서 요구하는 위생적인 생활을 했기 때문이었다. 그러나 그들만이 흑사병의 피해에서 제외되었다는 것 때문에 병의 발생에 대한 의심이 유대인들에게 쏠리게 되었고 급기야 우물이나 샘에 독약을 풀었다는 죄목을 덮어쓰게 되었다. 독일에서는 독약 제조, 운반, 취급자 명단을 위조해서 시민들에게 발표했다. 그 결과로 유대인들은 끓는 냄비와 활활 타오르는 불에 손을 넣는 고문을 당했으며, 전 독일을 휩쓸고 다니면서 유대인을 멸종시켜야 한다는 선동가들의 말이 힘을 얻었다. 스트라스버그에서는 그 마을 전체 인구에 달하는 2천 명의 유대인들 모두가 화형대로 끌려가 화형 당했다.」「콘스탄티노플에서는 유대인 구역에 살던 3천 여 가구가 불타고 5천만 크라운(영국의 화폐단위)에 해당하는 재산이 몰수되었다.」

독일에서 가장 최근에 일어난 박해로는 유대인 600만 명이 학살당한 홀로코스트가 있다. 스페인에서는 막강한 권력을 가진 종교재판소를 이용해 유대인들을 죽였다. 「땅이 갈라져 삼키듯이 수백 명의 유대인 남녀가 사라지곤 했다. 그들 중에는 다시 돌아오지 않는 사람도 있었으며 어떤 이들은 차갑고 어두운 지하 감옥에 오랫동안 감금되어 창백하고 말라빠진 반미치광이가 되어 돌아오곤 했다.」「1492년에 유대인에게 추방령을 내렸다. 그로부터 200년이 지난 1680년에도 유대인 학대는 여전했다.」

이 책에 기록된 유대인 박해의 역사는 끝이 없다. 그런데 우리가 아는 것은 그들을 박해하는 나라치고 망하지 않은 나라는 없다는 것이다. 바빌론, 앗시리아에서 시작해서 모두 망하거나 아니면 망해가고 있다. 또한 하나님께서는 유대인들 편에 서고 킹제임스성경을 하나님의 말씀으로 믿은 미국을 인류 역사상 전례 없는 강한 국가로 만들어 주셨다. 그런데 요즘에 와서 미국이 어떻게 하고 있는가. 킹제임스성경을 학교에서 제거하고 이스라엘 백성마저 박해하기 시작했다. 이스라엘 편에 섰던 최후의 국가였던 미국조차도 돌아서기 시작했으니 이제 미국도 끝난 것이다.

이는 주님께서 이방인의 기간을 끝내시는 것이다. 이 말씀이 로마서 11장에 기록되어 있다. 『형제들아, 너희가 스스로 지혜 있는 체하지 않게 하기 위하여 이 신비를 너희가 모르기를 내가 원치 아니하노니 이는 이방인들의 충만함이 차기까지는 이스라엘의 일부가 완고하게 된 것이라. 그리하여 온 이스라엘이 구원을 받으리라. 기록된 바 "구원자가 시온에서 와서 야곱에게서 경건치 아니한 것을 제거하리라」(롬 11:25,26). 주님께서 다시 오셔서 이스라엘을 구원하신다는 말씀이다. 오늘날 세상 사람들은 이스라엘 사람들을 멸시하고 박해하지만 주님께서는 그것을 모두 기억하고 계신다. 이제 반전의 때가 곧 오는 것이다. 『이는 내가 그들의 죄들을 없앨 때 그들에 대한 나의 언약이 이것임이니라." 함과 같으니라』(롬 11:27). 주님께서는 이스라엘 백성들을 대환란으로 연단하시고 나서 회복시키신다.

대환란 끝 심판의 잣대인 이스라엘

대환란 때 회개하고 남은 자들이 돌아온다. 그 다음 주님께서 재림하셔서 마태복음 25장에 기록된 대로 민족들을 심판하셔서 양과 염소를 가르실 것이다. 그 심판의 잣대는 바로 예수 그리스도의 형제인 유대인들을 어떻게 대했는가이다. 지금 이 시대에 살고 있는 사람들은 이 설교를 듣고 이스라엘 사람들을 반드시 환대해야 한다. 우리 구원받은 사람들은 휴거 되어 올라가지만 그렇지 못한 자들은 대환란 때 땅에 남게 된다. 그때 지속적으로 유대인들을 박해하게 되면 마태복음 25장에 나온 것처럼 양이 아닌 염소로 분류되어 불못으로 던져지게 된다. 그 정도로 이스라엘은 하나님께 중요한 것이다.

이방인들의 축복과 저주를 가르는 기준이 이스라엘을 어떻게 대했는가이다. 이는 창세기 12장에서 하신 주님의 약속 때문이다. 아브라함의 자손을 어떻게 대하는지에 따라서 축복과 저주가 갈리는 것이다. 그로부터 수천 년이 지났어도 신실하신 하나님께서는 그 약속을 지키신다.

이제 그들의 언어와 화폐가 부활되었고, 앞으로 이스라엘에 성전이 건축되면 결국에는 주님의 재림이 가까이 온 것이다. 그 성전에서 적그리스도가 높은 곳에 앉아 자기가 하나님이라고 할 것이다(살후 2:4). 적그리스도의 왕국을 세우려고 하는 자들은 교황과 전 세계 지도자들과 UN이다. 성경을 모르는 목사들도 그에 동조하는 세력에 포함될 것이다. 그들은 계속해서 팔레스타인 편에 서서 유대인을 핍박하며 적그리스도의 왕국을 세울 것이다. 이 모든 것을 '평화'라는 허울 좋은 이름으로 할 것이다.

다니엘서에는 적그리스도가 평화를 가지고 등장한다고 말씀한다. 세상의 역사는 정확하게 성경에 기록된 대로 돌아갈 것이다. 그 후 주님께서 재림하시면 그들을 다 벌하실 것이다. 요한계시록 19장에 아마겟돈 전쟁이 나오는데, 그것이 그들의 운명이다.

이때 주님께서 오셔서 이스라엘을 구원하신다. 『왕들의 살과 최고 대장들의 살과 용사들의 살과 말들과 그 위에 탄 자들의 살과 자유인이나 종이나 작은 자나 큰 자나 할 것 없이 모든 자의 살을 먹으라.”고 하니라. 또 내가 보니, 그 짐승과[적그리스도] 땅의 왕들과[적그리스도의 편에 선 자들] 그들의 군대가 그 말 탄 분과 그의 군대에 대적하여 전쟁을 하려고 다 함께 모였더라』(계 19:18,19).

그 말 탄 분은 재림하시는 예수님이시다. 『또 내가 하늘이 열린 것을 보니 흰 말이 보이더라. 그 위에 앉으신 분은 신실과 진실이라 불리며 의로 심판하고 싸우시더라. … 피에 적신 옷을 입었는데 그의 이름은 하나님의 말씀이라고 불리더라[예수님]. 또 하늘에 있는 군대들이 희고 정결한 세마포를 입고 흰 말들을 타고 그를 따르더라[이 군대는 주님과 함께한 우리들이다]. 그의 입에서는 예리한 칼이 나와서 그것으로 민족들을 칠 것이요 또 철장으로 그들을 다스릴 것이며, 그는 전능하신 하나님의 맹렬한 진노의 포도즙틀을 밟으실 것이라. 또 그의 옷과 넓적다리에 이름이 기록되어 있는데 "만왕의 왕, 또 만주의 주"라 하였더라』(계 19:11-16).

여호와 하나님, 예수님께서 오신다. 예수님은 만왕의 왕, 만주의 주이시다. 주님께서 마태복음 19장에 나오는 보좌에 앉으시는 것이다. 주님께서 이 땅에서 사역하실 때 제자들에게 주님의 보좌에 대해 말씀하셨다. 『예수께서 그들에게 말씀하시기를, "진실로 내가 너희에게 말하노니, 나를 따르는 너희들은 인자가 자기 영광의 보좌에 앉을 새 세대에, 너희도 열두 보좌에 앉아 이스라엘 열두 지파를 심판하리라」(마 19:28).

성경적으로 믿는 사람들은 이스라엘이 나라를 되찾기(1948년) 전에, 그러니까 1900년 이전부터 전천년주의(문자적인 지상 천년왕국 이전에 예수님께서 재림하신다는 교리)를 가르쳐 왔으며 이스라엘의 회복을 가르쳤다. 스코필드 주석 성경이나 클라렌스 라킨의 책들은 이스라엘이 자신들의 땅으로 들어가기 전에 기록되었는데도 이스라엘이 회복될 것을 말하고 있다. 성경에 기록된 이스라엘의 회복을 그대로 믿었기 때문에 가능한 일이다. 우리 역시 이렇게 성경적으로 믿는 사람들의 믿음을 그대로 가르치고 있다. 우리는 이스라엘이 나라를 세우는 것과 그들이 거기서 점점 성장하는 것을 우리 눈으로 보았다.

또 그들이 전 세계의 나라들로부터 핍박을 받는 것도 보고 있다. 이렇게 이스라엘과 연관된 예언들이 성경에 기록된 대로 이루어지고 있는데도 사람들은 성경을 믿지 않는다. 우리가 성경이 거짓이 없는 하나님의 말씀이라는 것을 믿을 수 있는 이유는 성경의 모든 예언들이 성취되었기 때문이다. 인간이 쓴 것이라면 성취될 수 없다. 어떻게 몇천 년 뒤에 일어날 일이 하나의 오류도 없이 성취되겠는가. 그러나 성경에는 단 하나의 잘못도, 오류도 있을 수가 없다. 무신론자들, 자신이 현명하다고 하는 사람들, 하나님의 말씀을 거부하는 모든 자들은 성경의 오류를 발견해 보려고 눈을 부릅뜨고 찾고 있다. 그러나 찾으려고 노력하면 할수록 오히려 하나님의 말씀이 진리라는 것을 깨닫게 된다. 그것이 성경의 힘이다!

이스라엘 백성은 앞으로 무서운 대환란을 통과해야 하는데, 이것이 예레미야 30장에서 말씀하신 '야곱의 고난의 때'이다. 주님께서는 마태복음 24장에서 이 기간을 대환란이라고 말씀하시는데, 다니엘서를 통해 우리는 적그리스도가 유대인인 것을 알 수 있다.

현재 인구가 600만 명밖에 되지 않는 이스라엘이지만 멸시하거나 경시하면 안 된다. 하나님께서는 그 이스라엘을 전 세계를 움직이는 독특한 민족으로 만드신 것이다. 앞으로 이스라엘은 전 세계 이방인들을 다스리게 된다. 에스겔서에서는 이스라엘 사람들이 대환란을 통과하고 회복되어 천년왕국 때 각 나라들을 다스리게 될 것이라고 말씀한다. 한편 교회 시대에 구원받은 우리들은 유업으로 주님과 같이 통치하는 권세를 받게 된다.

이런 이스라엘을 보고 나서도 예수 그리스도를 믿지 않고 지옥으로 향하는 사람들이 얼마나 많은가. 기적과 같은 이스라엘의 역사를 보고서도 거짓 목사들은 오히려 팔레스타인을 두둔하고 이스라엘을 적대시한다. 현재 구원받지 못하는 사람들은 이스라엘과 함께 대환란을 통과해야 하며, 이스라엘을 박해하는 자들은 결국 염소로 분류되어 불못에 가게 된다. 우리는 이스라엘의 역사를 보면서 더욱더 하나님 말씀이 진리라는 확신과 담대함을 가지고 구원받지 못한 사람들에게 복음과 진리를 전해야 한다.

시대에 따른
이방인의 변천사

『그러므로 너희는 손으로 육체에 행한 할례자라 불린 자들에 의하여 과거에는 육체로 무할례자라고 불린 이방인들이었음을 기억하라. 그 때에 너희는 그리스도로부터 분리되어 있었고 이스라엘 나라에 속하지 않는 타국인이요, 약속의 언약들로부터는 생소한 사람이었으며 소망도 없고 세상에서 하나님도 없었느니라. 그러나 한때 멀리 있었던 너희가 이제 그리스도 예수안에서 그리스도의 피로 가까워졌느니라. 그는 우리의 화평이시니 둘을 하나로 만드셨고 우리 사이에 가로막힌 중간의 벽을 허물어뜨리셨으며 원수된 것, 곧 법령 안에 속한 계명들의 율법까지도 그의 육신 안에서 폐기하셨으니 이는 그 둘을 자기 안에서 한 새 사람으로 창조하사 화평케 하시고 그가 십자가를 통하여 둘을 한 몸으로 만들어 하나님과 화해하도록 함이며 그 십자가로 원수 된 것을 죽이려 함이니라. 또 오셔서 멀리 떨어져 있던 너희와 가까이 있던 그들에게 화평을 전파하셨느니라. 이는 그를 통하여 우리 둘이 한 성령으로 아버지께 나아감이라. 그러므로 이제부터 너희는 더 이상 나그네도 타국인도 아니요, 오히려 성도들과 같은 시민이며 하나님의 가족이니라. 너희는 사도들과 선지자들의 기초 위에 세워졌으며 예수 그리스도께서 친히 귀중한 모퉁잇돌이 되셨고 그분 안에서 건물 전체가 함께 알맞게 맞추어져 주 안에서 거룩한 성전으로 자라 가며 또한 그분 안에서 너희도 성령을 통하여 하나님의 거처로 함께 지어져 가고 있는 것이니라」(엡 2:11-22).

인류의 세 부류

하나님께서는 성경을 기록하실 때 유대인, 이방인, 그리고 하나님의 교회(고전 10:32), 세 부류의 사람들에 대해 기록하셨다. 위 본문에서는 이방인들이 예수 그리스도를 통해서 유대인과 하나가 된다고 말씀하시는데, 그것이 교회이다. 본 장에서는 성경에 기록된 이방인들의 변천사에 대해서 살펴보려고 한다.

성경은 이방인에 대해서 무엇이라고 말씀하시는가. 본문 11절에서 "그러므로 너희는 손으로 육체에 행한 할례자라 불린 자들" 곧 이 할례자들이 유대인이고, "과거에는 육체로 무할례자라고 불린 이방인들"이 무할례자들인 이방인이다. 유대인이 아니면서 구원받지 않은 사람들을 성경은 이방인이라 부르고, 구원을 받은 사람들은 하나님의 교회라고 부른다.

그 이방인들에 대해 12절은 "그 때에 너희는 그리스도로부터 분리되어 있었고 이스라엘 나라에 속하지 않는 타국인이요, 약속의 언약들로부터는 생소한 사람이었으며 소망도 없고 세상에서 하나님도 없었느니라."라고 말씀한다. 대부분의 이방인들은 성경이 증거하는 아브라함, 이삭, 야곱의 하나님을 믿지 않으며 오히려 하나님을 어느 한 민족만의 신으로 생각할 뿐만 아니라 '우리가 왜 다른 민족의 신을 믿어야 하는가?'라고 말한다. 왜냐하면 그들은 성경을 모르기 때문이다.

하나님은 아브라함의 하나님이실 뿐만 아니라 온 인류의 하나님이다. 그분을 아브라함의 하나님이라고 하는 이유는 하나님을 경배하지 않고 사탄을 좇아가며 우상 숭배에 빠진 모든 사람들로부터 아브라함을 불러내셨기 때문이다. 하나님께서 아브라함을 선택하시기 전에는 모든 인간은 다 이방인이었다.

하나님께서 아담과 이브를 창조하신 후, 인간들은 하나님과 사랑의 교제를 하며 살면 됐었는데 곧바로 사탄의 유혹에 빠지게 되었다. 사탄의 말을 믿고 하나님의 말씀을 거절한 것이다. 이로 인해 인간의 타락이 시작되었다.

그때는 옷을 벗고 있어도 창피한 줄도 몰랐던 시대였는데 인간이 스스로 신처럼 되겠다는 욕망(창 3:5,6) 때문에 그만 사탄의 덫에 걸려 버린 것이다. 오늘날 온 세상에 퍼지고 있는 뉴에이지 운동은 한마디로 설명하면 사람이 스스로 신이 되려고 하는 것이다. 창세기 때 일어났던 일이 이 마지막 때에도 되풀이되고 있다.

우리가 말하는 '마지막 때'라는 말은 많은 사람들이 말하는 것처럼 이 세상의 종말을 뜻하는 말이 아니다. 마지막 때에는 이방인들의 심판, 즉 대환란이 일어나고 그 후 주님께서 재림하신 뒤 이 세상을 회복하신다. 따라서 성경이 말씀하는 마지막 때는 우리(구원받은 그리스도인)에게는 끝이 될 수 없지만, 이방인들에게는 마지막이다. 오늘날 교회 시대에 믿음만으로 구원받지 못한 사람들은 대환란으로 들어가서 요한계시록에 나오는 무시무시한 심판을 받게 된다. 그렇기 때문에 우리가 나가서 그들에게 복음을 전파하는 것이다.

하나님께서는 인간을 창조하셨지만 인간은 사탄을 좇아가 죄를 지었고, 또 창세기 6장에서는 타락한 천사들이 땅으로 내려와서 사람의 딸들을 취함으로 인해 하나님께서 노아의 때에 홍수로 온 땅을 심판하셨다. 그러나 하나님의 사랑으로 인해서 전 인류를 몰살하지 않으시고 노아의 가족을 통해서 다시 한번 인류를 번성케 하셨다.

그리고 얼마 지나지 않아 인간은 다시 하나님을 대적하고 바벨탑을 만드는 사건이 일어났다. 하나님께서는 그들의 언어를 혼동시켜 땅 여기저기로 흩어지게 하셨지만, 그런 하나님의 심판에도 불구하고 온 인류가 우상숭배에 들어갔다. 주님께서는 인간에게 다시 소망을 주시기 위해서 칼데아 우르에서 아브라함을 택하셨다. 계속되는 인간의 타락 속에서 하나님께서는 아브라함이라는 '한 사람'을 택하셔서 하나의 민족을 만드시고 그를 통해 하나님의 빛을 인류에게 비추는 방법을 사용하셨던 것이다.

아브라함이 최초의 히브리인이었고 야곱 대에 와서 열두 지파가 시작되었으며 후에 '이스라엘'이라는 이름으로 불리게 된다. 이후 바빌론 포로 생활 때에 와서 그 열두 지파 중 대표인 유다 지파의 이름이 사용되어 그때부터 그들은 '유대인'이라고 불렸다. 인류를 창조하시고 역사를 주관하시는 하나님을 이스라엘에 국한된 또는 어느 미미한 민족의 하나님 정도로만 생각하면 안 된다. 하나님께서는 유대인, 이방인, 교회 등 모든 인간을 창조하신 창조주 하나님이시다. 이방인들은 이 사실을 반드시 알아야 한다.

하나님께서는 이방인들에게 기회를 주셨다. 『그 때에 너희는 그리스도로부터 분리되어 있었고 이스라엘 나라에 속하지 않는 타국인이요, 약속의 언약들로부터는 생소한 사람이었으며 소망도 없고 세상에서 하나님도 없었느니라. 그러나 한때 멀리 있었던 너희가 이제 그리스도 예수 안에서 그리스도의 피로 가까워졌느니라』(엡 2:12,13).

『그가 십자가를 통하여 둘을 한 몸으로 만들어 하나님과 화해하도록 함이며 그 십자가로 원수 된 것을 죽이려 함이니라』(엡 2:16).『자기 안에서 한 새 사람으로 창조하사 화평케 하시고』(엡 2:15) 라고 하셨다. 그 한 새 사람이 그리스도의 몸, 즉 교회(건물이 아닌, 눈에 보이지 않는 영적인 교회)이다. 이 그리스도의 몸 안으로 들어오지 않은 사람들 중에 유대인이 아닌 모든 사람들은 이방인이다. 이들은 나중에 하나님의 말씀에 의하면 결국은 멸망을 당하고 만다. 그들이 멸망당하지 않도록 우리가 복음을 전파하는 것이다.

이방인들의 운명은 멸망

이방인들의 운명에 대해서는 다니엘서 2장에서 말씀하신다. 이스라엘 백성이 하나님의 말씀에 불순종하자 결국에는 바빌론에 포로로 끌려가게 되었는데, 다니엘서는 그 당시에 있었던 일이 기록된 말씀이다. 다니엘서 2장에서 느부캇넷살왕이 꿈을 꾸고 그 꿈을 다니엘이 해석하는데, 그 말씀은 이방인들에 대한 예언이다.

『오 왕이여, 왕께서 보셨나니 한 큰 형상을 보심이라. 이 큰 형상은 그의 광채가 찬란하며 왕 앞에 섰는데 그 용모가 무서웠나이다. 이 형상의 머리는 정금이요, 그의 가슴과 양 팔은 은이요, 그의 배와 넓적다리는 놋이요, 그의 다리는 철이요, 그의 발의 일부는 철이며, 일부는 진흙이었나이다. 왕께서 보셨는데, 손으로 다듬지 아니한 돌이 철과 진흙으로 된 그 형상의 발을 쳐서 산산이 부수니』(단 2:31-34).

이것이 이방인들의 운명이다. 현재 이 땅에 70억 인구의 사람들이 있는데 그 중 소수의 유대인, 소수의 그리스도인을 제외한 나머지 모든 사람들의 운명이 성경에 기록된 대로 산산이 부서지는 것이다. 아무리 정치적, 경제적, 종교적으로 큰 권력을 가졌다 할지라도 주님께서 심판하시기 전에 구원받지 못하면 그들의 종말은 성경의 예언대로 되는 것이다.

『그 철과 진흙과 놋과 은과 금이 함께 산산이 부서져서 여름 타작마당의 쭉정이같이 되어 바람에 날려 사라져 간 곳이 없어졌으며, 그 형상을 친 돌은 태산을 이루어서 온 세상을 가득 채웠나이다』(단 2:35). 이방인들의 왕국은 그 돌의 왕국으로 변한다.

『그 후에 일곱째 천사가 나팔을 부니, 하늘에서 큰 음성들이 있어 말하기를 "이 세상의 나라들이 우리 주와 그의 그리스도의 왕국들이 되어서 그분이 영원무궁토록 통치하시리라."고 하더라』(계 11:15). 이 세상의 나라들이란 이스라엘을 제외한 세상의 모든 이방 나라들이다. 예수님께서 누가복음에서 말씀하시는 '이방인들의 때'는 바빌론 포로생활인 BC 606년부터 요한계시록 11장에 나오는 이 때까지이다. 주님께서 오셔서 그 돌로써 이방인들의 나라들을 산산조각 내시면 이방인들의 때가 끝나는 것이다. 그 나라들은 '그리스도의 왕국들'이 되어서 영원무궁토록 주님의 통치를 받게 된다.

그 때가 오면 사탄은 더 이상 이 세상을 장악하지 않는다. 현재는 고린도후서에 기록된 대로 '이 세상의 신'인 사탄이 주님의 허락 하에 이 세상을 통치한다. 인간의 죄와 이스라엘의 죄로 인해 그렇게 된 것이다. 그러나 요한계시록 11장에서 말씀하는 이 때가 오면 모든 나라들이 그리스도의 왕국이 되는 것이며, 더 이상 이방인에게 주어지는 기회란 없다.

이방 왕국의 역사를 다니엘서에 나오는 형상을 통해 알 수 있다. 다니엘

2장 38절에서 다니엘은 왕의 꿈을 해석한다. 『또 사람의 자손들과 들의 짐승들과 하늘의 새들이 살고 있는 모든 곳들을 하나님께서 왕의 손에 주셔서 왕으로 그들 모두를 다스리는 자가 되게 하셨나니, 왕은 곧 이 금 머리니이다.』하나님께서 바빌론 왕 느부캇넷살에게 모든 곳을 다스리는 권세를 주셨다고 말씀한다. 그 형상에 대해서는 "형상의 머리는 정금이요, 그의 가슴과 양 팔은 은이요, 그의 배와 넓적다리는 놋이요, 그의 다리는 철이요, 그의 발의 일부는 철이며, 일부는 진흙이었나이다."라고 말씀한다.

이 말씀은 역사적으로 보면 첫째 왕국인 금 머리가 느부캇넷살왕의 바빌론 왕국이고, 둘째 왕국은 은으로 된 가슴과 양 팔로, 이는 바빌론 왕국을 정복한 메데 페르시아이다. 39절은 셋째 왕국에 대해서 말씀한다. 『왕 이후에 왕보다 못한 다른 왕국이 일어날 것이요, 또 다른 셋째 왕국이 놋으로 일어나 온 세상을 다스리게 되리이다.』둘째 왕국은 첫째 왕국보다 못한 왕국이고, 셋째 왕국은 놋으로 된 배와 넓적다리로 표현된 그리스를 말한다.

성경에 이렇게 정확하게 나와 있는데도 불구하고 많은 사람들은 성경을 믿지 않는다. 성경은 이처럼 몇백 년 뒤에 어떤 나라가 생기고 누가 통치한다는 것을 미리 말씀하신다. 그러나 하나님 말씀을 믿지 않는 사람들은 성경을 하나님 말씀으로 받아들이는 대신 성경을 변개하거나 성경을 하나의 이야기 책 정도로 생각하고 경시한다. 성경을 제대로 읽는다면 그것은 인간이 쓴 책이 아니라는 것을 인정할 수밖에 없다. 하나님께서 성경을 기록하실 때 사람들을 도구로 사용하셨지만 성경의 저자는 하나님이시다. 창세기 1장부터 요한계시록 22장까지 66권의 책이 한 권의 책을 이루는 것은 그 저자가 한 분이시기 때문이다.

적그리스도의 왕국

『넷째 왕국은 철같이 강한 왕국이 될 것이니 철은 모든 것을 산산조각 내며 이기는 것이라. 철이 모든 것을 부수는 것같이 그 왕국이 산산조각을 내고 깨뜨릴 것이니이다』(단 2:40). 다리로 표현되는 네 번째 왕국은 로마를 말한다. 강하기 때문에 철이며, 다리는 둘이기 때문에 동로마와 서로마로 나누어진다. 성경은 이처럼 정확하다.

『그 일부는 토기장이의 진흙이며 일부는 철인 발과 발가락을 왕께서 보셨으니 그 왕국이 나뉘어질 것이며, 왕께서 철과 차진 진흙이 섞인 것을 보셨으니 그 왕국에는 철의 강함이 있을 것이니이다』(단 2:41). 그 다음에 로마 제국에서 나오는 사람들이 마지막 왕국을 차지한다. 그것이 적그리스도의 왕국인데, 형상에서 발과 발가락에 해당된다.

맨 마지막 왕국은 초자연적인 왕국이다. 창세기 6장에서 타락한 천사들과 사람의 딸들이 섞였던 것처럼 그때에도 동일한 일이 벌어질 것이다. 철과 진흙이 섞여 있는데, 인간은 진흙으로 만들어졌다. 『또한 그 발가락의 일부는 철이요 일부는 진흙이므로 그 왕국이 부분적으로 튼튼하고 부분적으로 부서질 것이니이다』(단 2:42). 열 발가락은 요한계시록에 나오는 열 왕국이다. 적그리스도의 왕국은 열 왕국으로 시작한다. 앞으로 나오는 왕국은 열 왕국으로 나올 것이다. 이것은 로마와 연관이 있으며, 다리의 철과 연관되어 있다.

『왕께서 철과 차진 진흙이 섞인 것을 보셨으니 그들은 사람들의 씨와 섞일 것이나 그들이 서로 합하지 못하는 것이 철이 진흙과 섞이지 못함과 같으리이다』(단 2:43). 사람들의 씨와 섞인다는 것은 앞서 말한 대로 창세기 6장과 비슷한 말씀이며, 이것은 요한계시록에 나오는 괴물들과 연결된다. 사람들은 각종 괴물들이 인간의 상상의 산물이라 생각하지만, 모두 성경에 나오는 것들이다.

요한계시록에는 사탄이 하늘의 영적 존재들과 함께 하나님 편에 있는 영적인 존재들과 싸운다고 말씀한다. 그리고 그 1/3이 하늘에서 땅으로 쫓겨난다. 그때 "땅에 사는 자들에게 화 있으리라."고 말씀한다(계 8:13). 창세기 6장에 나타났던 괴물들이 요한계시록에 또 나타나는 것이다. 요한계시록에 의하면 창세기 6장에 나왔던 그런 시대가 실제로 오는 것이다. 요한계시록은 하나의 비유일 뿐이라고 말하는 사람들은 성경에 대해 무지한 것이다.

창세기 6장에 일어난 일로 인해서 수많은 우상 숭배들이 등장했다. 우리가 아는 그리스, 로마 신화에 나오는 이야기는 창세기 6장의 사건과 연관된다. 특히 인도에 가면 반신반인, 반인반수 같은 괴물들이 나오는데 정말 그런 사건들이 과거에 있었던 것이다. 그런 유적들이 지금도 발견되고 있다. 그런데도 사람들은 현재 자신의 눈에 보이는 현상만을 믿으려 하고 성경을 믿지 않는다. 우리는 하나님의 말씀을 통해서 보이지 않는 것을 믿는 믿음을 가졌다. 하나님의 말씀은 분명하게 마지막 때에 이러한 일들이 있을 것이라고 말씀한다.

『이들 왕들의 때에 하늘의 하나님께서 결코 멸망하지 않는 한 왕국을 세우시리니』(단 2:44). 이것은 요한계시록 11장에서 말한 그리스도의 왕국이다. 적그리스도의 왕국인 열 왕국이 대환란 때에 등장하지만 결국은 주님께서 재림하셔서 이 왕국을 산산조각 내시고 통치하실 것이다. 그것이 돌 왕국이다.

『그 왕국은 다른 백성에게 넘겨지지 않을 것이요, 도리어 그 왕국이 이 모든 왕국들을 쳐부수고 멸하여 영원히 설 것이니이다』(단 2:44). 이 말씀은 한국, 미국 등을 포함한 이 세상의 모든 국가들, UN에 속한 거의 2백여 개의 국가들이 완전히 멸망한다는 것이다. 이것이 믿어지는가. 이것은 내가 하는 말이 아니라 성경에 기록된 말씀이다.

사람들은 전쟁을 없애고 평화를 이룩하겠다고 UN을 만들었지만 UN이 생긴 이후 더 많은 전쟁이 일어났다. 인간이 만든 것들은 결국은 모두 실패작으로 끝나는 것이다. 그래서 주님께서 오셔서 영원한 왕국을 세우셔야 한다. 세상 모든 나라들은 이 구절에 따라 멸망할 것이다. 지혜가 있는 사람이라면 이 멸망에서 벗어나기 위해 지금이라도 예수 그리스도를 믿음으로 구원받아야 한다.

『왕께서 사람의 손을 대지 않고 산에서 떨어져 나간 돌과, 그 돌이 철과 놋과 진흙과 은과 금을 산산조각을 내는 것을 보신 것은 위대하신 하나님께서 이후에 있을 일을 왕께 알게 하신 것이니, 그 꿈은 분명하고 그 해석은 확실하나이다." 하였더라』(단 2:45). 이 말씀을 대충 보고 넘어갈 것이 아니다. 분명하고 확실한 것이다.

다니엘서 7장에서는 다니엘이 꿈을 꾸고 환상들을 보는 장면이 나온다. 『다니엘이 고하여 말하였더라. 내가 밤에 환상을 보았는데, 보라, 하늘의 네 바람이 큰 바다로 불어 닥치더니 큰 짐승들 넷이 그 바다에서 올라오는데 서로 다르더라. 첫째는 사자 같고 독수리의 날개가 있는데, 내가 보니 그 날개가 뽑혔고 또 땅에서 들려서 사람처럼 발로 서 있게 되었으며, 또 사람의 마음을 받았더라. 또 다른 짐승을 보니 둘째는 곰과 같고 그것이 몸 한쪽 편을 들어올렸는데, 그 입의 잇사이에 갈비뼈 세 대가 물려 있으며 그들이 그 짐승에게 이렇게 말하기를 "일어나서 많은 고기를 먹으라." 하더라. 이 일 후에 내가 보았더니, 보라, 또 하나는 표범과 같은데, 그 등에는 새의 날개 넷이 있고 그 짐승은 머리도 네 개가 있으며 권세를 받았더라. 이 일 후에 내가 밤에 환상들을 보았고 넷째 짐승을 보았는데, 두렵고 무서우며 힘이 매우 세고 또 철로 된 큰 이빨을 가졌더라. 그 짐승이 먹고 산산이 부수며 그 나머지는 발로 밟더라. 그 짐승은 먼저 있었던 모든 짐승들과 다르며 또 그 짐승은 열 뿔을 가졌더라」(단 7:2-7). '열 뿔'은 요한계시록 13장에서 언급되는 '열 왕'들을 말하며 느부갓넷살 형상 중 '열 발가락'과 일치한다. 이 넷째 짐승은 사실상 앞의 세가지 짐승의 복합체이며 마지막 왕국의 왕이다.

『내가 곁에 서 있는 그들 중 한 사람에게 다가가서 이 모든 일의 진리를 그에게 물었더니 그가 나에게 말하여 그 일들의 해석을 내게 알려 주더라. 이 커다란 네 짐승은 땅에서 일어날 네 왕이라. 그러나 지극히 높으신 분의 성도들이 그 왕국을 얻으리니, 영원하고 영원무궁한 그 왕국을 차지하리라」(단 7:16-18).

결국 이방인의 왕국은 끝나고 성도들이 그 왕국을 얻는다. 여기서 로마 다음에 나오는 첫째 짐승인 사자는 영어를 공식어로 쓰는 영국이다. 마지막 적그리스도의 왕국에서는 영어가 전 세계의 언어가 된다. 둘째 짐승은 곰인데, 러시아이다. 즉 적그리스도 왕국의 정치적 체제는 공산주의, 사회주의인 것이다. 공산주의는 실패한 체제로서 사라졌다고 하는 말은 잘못된 것이다. 유럽은 사회주의로 넘어간지 오래이며, 오늘에 와서 미국과 모든 자유주의자들이 추구하는 것이 바로 사회주의이다. 사회주의가 더 진행되면 공산주의가 된다. 사회주의를 추구하는 자들의 목표는 최대한 많은 사람들이 정부가 주는 돈에 의존하게 만드는 것이다. 정부를 통해 국민들을 통제하려 하기 때문이다.

반면 보수주의적 사고는 개인이 열심히 일하고 번영해서 모든 사람들이 잘 살게 되며 정부가 돕지 않아도 되는 그런 나라를 만들려는 것이다. 이 두 가지 사상을 가지고 양쪽이 서로 싸우는 것이다. 그러나 결국 세상은 러시아처럼 사회주의, 전체주의, 공산주의 체제로 가게 될 것이다. 유럽은 이미 그렇게 되었다.

많은 사회주의 정책을 시행하는 캐나다만 해도 국민들에게 너무 많은 세금을 부과하고 있다. 15-20년 전에 수퍼마켓에 가서 물건을 사면 세금이 15-20% 정도였는데 지금은 더 올랐을 것이다. 물론 정부에서 뭐든지 다 해준다고 하는데 그 혜택이라는 것이 사실 받기가 쉽지 않다. 유럽의 영국 같은 나라에서는 암에 걸리면 병원 치료를 기다리다가 죽는다고 한다. 국가가 전국민의 의료 혜택을 주관하면 개인에 대한 의료적 결정을 국가가 내리게 된다. 예를 들어, 암에 걸렸는데 나이가 80이면 나이가 너무 많으니 치료도 받지 말고 그냥 죽으라고 하면 죽어야 하는 것이다.

셋째 짐승은 표범인데, 표범은 호랑이과로 몸에 노랑, 흰색, 검정색을 띄고 있다. 마지막 왕국인 넷째 왕국이 나오기 전에 노랑, 흰색, 검정이 있는 나라, 미국이 권세를 잡게 된다. 하나님께서 2500년 전에 이미 예언하신 대로 역사는 흘러가고 있는 것이다. 인종은 혼합되고, 정치 체제는 공산주의이며, 언어는 영어인, 이 모든 것이 한데 어우러진 넷째 짐승이 등장하는 것이다. 마지막 왕국은 철로 된 큰 이빨을 가진 로마에서 나오게 된다.

그러나 이것으로 끝나는 것이 아니다. 18절에서는 지극히 높으신 분의 성도들이 그 영원무궁한 왕국을 얻는다고 말씀하고 있다. 하나님께서는 이제 더 이상 참지 않으신다. 모든 인간이 멸망하지 않고 회개에 이르기를 원하시는(벧후 3:9) 주님께서는 계속해서 반역해 온 인간에게 6천 년 동안 기회를 주셨다. 이제 마지막이 얼마 남지 않은 지금 우리는 인류 역사상 가장 중요한 때에 살고 있다. 우리는 주님의 초림을 보지는 못했지만 주님께서 우리를 다시 데리러 오시는 것은 볼 수 있는 시기에 살고 있는 것이다.

그때가 되면 우리는 죽지 않아도 된다. 성경에 한번도 죽지 않고 올라간 사람으로는 하나님과 동행하다 사라진 에녹과 구약의 선지자 엘리야가 있다. 엘리야는 대환란 때 다시 내려와서 모세와 함께 사역을 하다 목베임을 당한다. 그러나 에녹은 이 땅에 다시 내려오지 않는다. 에녹은 오늘날 구원받은 우리들, 즉 주님께서 오시면 살아서 들림받아 죽음을 맛보지 않는 영원히 사는 교회의 예표이다. 에녹은 무서운 대환란을 예표하는 노아의 홍수 전에 주님께서 데려가셨다. 마찬가지로 구원받은 그리스도인인 교회는 무서운 대환란이 오기 전에 주님께서 오셔서 데려가시는 것이다. 그리고 나서 주님께서 성경에서 말씀하신, 인류 역사상 전무후무한 무서운 대환란이 이 땅에 오는 것이다(마 24:21).

노아의 홍수 때 하늘이 열리고 물이 쏟아져 내렸을 때 얼마나 무서웠겠는가. 그런데 대환란은 그보다 더 무서운 때이다. 노아의 홍수 때에는 그냥 물에서 죽으면 끝나는 것이지만 대환란 때에는 요한계시록 16장에 나오는 것처럼 죽고 싶어도 죽지 못하기 때문이다. 이것이 이방인들의 운명이다. 엄청난 기근과 전쟁과 질병과 재앙으로 주님께서 심판하시는데 그때는 죽고 싶어도 죽음이 그들을 피한다. 『또 내가 성전에서 나오는 큰 음성을 들었는데, 일곱 천사에게 말하기를 "가서 하나님의 진노의 일곱 호리병을 땅에 쏟으라."고 하시더라. 그러므로 첫째가 가서 자기 호리병을 땅에 쏟으니 그 짐승의 표를 가진 자들과 그의 형상에 경배한 자들 위에 악취가 나는 심한 헌데가 생기더라. 둘째 천사가 자기 호리병을 바다에 쏟으니 바다가 죽은 자의 피같이 되어 모든 살아 있는 혼들이 바다에서 죽더라』(계 16:1-3). 일본, 필리핀에서 일어났던 쓰나미 같은 것은 여기에 비하면 아무것도 아니다. 구원받지 못한 이방인들이 이렇게 무시무시한 대환란을 겪을 것이다.

『셋째 천사가 자기 호리병을 강들과 물의 원천들에 쏟으니 그것들이 피가 되더라. 또 내가 들으니, 물의 천사가 말하기를 "오 주여, 주는 지금도 계시고, 전에도 계셨고, 앞으로도 계실, 의로우신 분이시니, 주께서 이렇게 심판하셨나이다. 그들이 성도들과 선지자들의 피를 흘렸으므로 주께서 그들에게 피를 주어 마시게 하신 것이 그들에게는 마땅하니이다."라고 하더라』(계 16:4-6). 본문의 천사는 그들이 주를 거절했기 때문에 피를 마시게 하는 것이 마땅하다고 말한다.

『또 내가 들으니, 제단에서 다른 소리가 나서 말하기를 "그러하나이다. 전능하신 주 하나님, 주의 심판들은 참되시며, 의로우시니이다."라고 하더라. 넷째 천사가 자기 호리병을 해에 쏟으니, 해에게 불로 사람들을 태우는 권세가 주어지더라. 그리하여 큰 열기로 사람들을 태우니 그들이 이러한 재앙에 권세를 가진 하나님의 이름을 모독하더라. 그들이 회개하지 아니하고 그분께 영광을 돌리지 아니하니라』(계 16:7-9). 지구가 지금보다 조금이라도 더 태양에 가까워지면 지구는 타버린다. 해에게 불로 사람들을 태우는 권세가 주어진다고 하나님께서 경고하시는데도 사람들은 믿지 않고 하나님을 모독하기까지 하는 것이다. 이 정도가 되면 모두 회개하고 돌아와야 하건만 인간들은 그렇게 하지 않는다.

『다섯째 천사가 자기 호리병을 짐승의 자리에 쏟으니, 그의 왕국이 흑암에 싸이며 그들이 고통으로 인하여 자기 혀를 깨물고 자신들의 고통과 헌데로 인하여 하늘에 계신 하나님을 모독하되 자기들의 행위는 회개치 아니하더라』(계 16:10,11). 엄청난 고통에 혀를 깨물면서도 회개하지 않고 도리어 하나님을 모독하기까지 한다. 이 정도로 인간이 악한 것이다.

이스라엘은 하나님의 시계이며 이스라엘이 어떻게 되는지에 따라 이방인들의 운명이 달라진다. 하나님께서는 이스라엘을 심판하시는 데 70주를 정하셨다. 『칠십 주가 네 백성과 네 거룩한 도성에 정해졌나니, 허물을 끝내고 죄들을 종결시키며 죄악에 화해를 이루고 영원한 의를 가져오며 그 환상과 예언을 봉인하고 지극히 거룩한 이에게 기름부으려 함이라. 그러므로 알고 깨달으라. 예루살렘을 복원하고 건축하라는 그 명령이 나오는 때부터 메시아 통치자까지 칠 주와 육십이 주가 될 것이요, 그 거리와 그 성벽이 재건되리니, 곧 고난스런 때들이라』(단 9:24,25).

이스라엘이 포로생활을 마치고 돌아온 때가 BC 446년이었다(느 2:1). 그때부터 메시아 통치자까지가 "7주와 62주가 될 것이요", 즉 69주이다. 그 다음 메시아가 나온다.

『육십이 주 후에는 메시아가 끊어질 것이나』(단 9:26). AD 30년에 주님께서 십자가에서 죽으신다. 이렇게 해서 이스라엘의 시간표에서 69주가 이미 끝났다. 이제 지금은 1주만 남은 것이다. 이스라엘 시계를 보면 이방인들의 미래의 운명을 알 수 있다. 70주 후에 "허물을 끝내고 죄들을 종결시킨다"고 하셨기 때문에 한 주인 7일, 즉 7년이 지난 뒤에 이방인들의 때는 끝나고 주님께서 이스라엘을 회복시켜 주시는 것이다.

69주는 주님의 십자가 사건에서 끝났다. 메시아가 오셨을 때 이스라엘 민족이 거절하여 주님을 십자가에서 처형한 뒤에 바로 주님의 왕국이 건설될 수 있었는데, 이스라엘 백성은 사도들이 전파하는 복음을 끝내 받아들이지 않았다. 결국 사도행전 7장에서 스테판을 죽임으로 주님께서는 그 왕국을 2천 년 뒤로 연기하셨다. 그때부터 이방인의 시대가 열렸고, 이스라엘이 메시아를 받아들이지 않았기 때문에 이방인들에게도 구원받을 기회가 왔다.

그러나 하나님의 시계는 이방인에 의해서 움직이는 것이 아니다. 70주가 끝나면 이스라엘이 회복될 것이다. 69주가 이미 지났고 이제 1주가 남아 있는데 이것이 7년 대환란이다. 7년 대환란은 유대인들에게는 '야곱의 고난의 때'이고, 이방인들에게는 심판의 기간이다. 이스라엘 백성은 7년 동안 용광로 같은 고난을 통해 정결케 된다. 대환란을 통과하면서 그제서야 회개하는 것이다. 현재의 이스라엘은 회개하지 않고 있다. 예수님을 거절했던 그들은 복음을 거절한 채 여전히 구약에서 예언된 메시아를 기다리고 있다. 대환란 기간 동안 요한계시록의 두 증인, 즉 엘리야와 모세가 하늘로부터 내려와서 기적과 표적을 행하면서 이스라엘이 죽인 그분이 메시아임을 전할 때 그제서야 받아들이고 주님께 돌아올 것이다.

그렇기 때문에 이방인들은 이스라엘이 돌아옴으로써 이방인의 때가 끝나기 전인 지금, 서둘러서 예수님을 영접하고 구원을 받아야 한다. 이스라엘이 주의 말씀을 거절하는 지금이 이방인들에게는 기회인 것이다. 아직 기회가 있을 때 속히 주님 앞에 나와야 한다. 구원받은 우리들은 이 무시무시한 대환란을 겪지 않아도 되기에 행복한 사람들이다.

『육십이 주 후에는 메시아가 끊어질 것이나 자신을 위해서가 아니요, 또 장차 올 그 통치자의 백성이 도성과 성소를 파괴하리니 그 끝은 홍수로 뒤덮일 것이요 그 전쟁의 끝에는 황폐함이 정해졌느니라』(단 9:26).

27절을 보자. 『그가 많은 사람들과 더불어 한 주 동안 언약을 확정하고, 그 주의 중간에 [7년 중에서 3년 반을 말한다.] 그가 희생제와 예물을 금지시킬 것이요, 그는 가증함을 확산시킴으로 황폐케 하리니 진멸할 때까지 할 것이며, 정해진 것이 황폐케 한 자에게 쏟아지리라" 하더라.』

요한계시록, 데살로니가후서에 보면 그 가증함이란 적그리스도가 성전에 들어가서 자기가 하나님이라고 하며 경배를 받는 것이다(계 13:15-17, 살후 2:4). 그때 적그리스도의 표를 받는 사람들은 하나님의 진노를 받게 된다. 이것이 대환란 때 남은 이방인들의 운명이다.

하나님을 알면서 거부한 이방인들의 죄

자비하신 하나님께서는 이방인들에게 많은 기회를 주셨다. 하나님께서는 하나님에 대한 지식을 누구에게나 다 주셨는데 왜 이방인들이 저주를 받게 되는 것인가. 로마서 1장에서는 그 이유를 그들이 하나님을 알면서도 거부했기 때문이라고 말씀한다. 『이는 하나님을 알 만한 것이 그들 속에 나타나 있기 때문이니 하나님께서 그것을 그들에게 보이셨음이라. 세상의 창조 때부터 그분에 속한 보이지 않는 것들이 분명히 보여졌고 심지어는 그분의 영원한 능력과 신격까지도 만들어진 것들에 의해 알려졌으므로 그들이 변명하지 못하느니라』(롬 1:19,20).

인간들은 하나님을 몰랐다고 변명할 수가 없다. 930살까지 살았던 아담은 노아의 아버지 라멕과 동시대에 살았다. 그런데 노아가 하나님의 손으로 지음 받은 아담에 대해서 몰랐겠는가. 또 노아와 동시대에 살았던 아브라함이 창조주 하나님을 몰랐겠는가. 그렇기 때문에 이방인들은 하나님을 몰랐다고 변명할 수가 없는 것이다. 아브라함이 이삭을 낳고 이삭이 야곱을, 야곱이 이스라엘 열두 지파의 조상을 낳았다. 그 열두 지파가 하나님을 전파했으니 유대인이건 이방인이건 하나님에 대해서 모를 수가 없다.

『이는 하나님을 알되 하나님께 합당한 영광을 돌리지 아니하고 감사치도 아니하며 도리어 그들의 상상들이 허망하여지고 그들의 어리석은 마음이 어두워졌기 때문이니 그들은 스스로 현명하다고 말하나 우둔하게 되었고 썩지 아니하는 하나님의 영광을 썩어질 사람의 형상과 새들과 네 발 달린 짐승들과 기어 다니는 것들과 같은 형상으로 바꾸었도다』(롬 1:21-23). 이것이 지금 이방인들의 정확한 모습이다.

지난 주 신문에는 미주 산악회 회원들이 산에서 제사상을 차려 놓고 굿을 하면서 사고 나지 않게 해달라고 빌었다는 기사가 실렸다. 예전에 군대에 복무했을 당시에 내가 속했던 탱크 부대에서는 군인들이 한 달 동안 훈련 나가기 전에 사고 나지 않게 해달라고 탱크에 술을 뿌리고 북어 대가리, 돼지 머리를 갖다 놓고 절하기도 했다. 이처럼 인간의 어리석은 마음이 하나님을 버리고 짐승들과 벌레들의 형상을 섬기게 하는 것이다.

『그러므로 하나님께서도 그들을 자기들의 마음의 정욕에 따른 더러움에 내버려 두시어 그들의 몸을 서로 욕되게 하도록 하셨으니 이는 그들이 하나님의 진리를 거짓말로 바꾸어 피조물을 창조주보다 더 경배하고 섬겼음이라. 하나님은 영원토록 찬양받으실 분이로다. 아멘. 이로 인하여 하나님께서 그들을 수치스러운 욕정에 내버려 두셨으니 심지어 그들의 여자들까지도 본래대로 쓰는 것에서 본성을 거역하는 것으로 바꾸었음이라』(롬 1:24-26).

성경에 의하면 죄악과 타락의 끝은 동성연애인 것이다. 많은 유명 인사들은 수치를 모르는 채 자신이 동성연애자인 것을 자랑스럽게 밝힌다. 다른 사람들에게 질병을 전염시키고 많은 사람들을 망가뜨리고 있으면서 양심이 있으면 부끄러운 줄 알아야 하는데도 불구하고 도리어 당당하게 나온다. 이것이 인간의 모습이다. 『마찬가지로 남자들도 여자들을 본래대로 쓰는 것에서 벗어나 서로 음욕이 불일 듯하니 남자들이 남자들과 더불어 부끄러운 일을 행하여 그들의 그릇됨에 상당한 보응을 자기 자신들에게 받았느니라』(롬 1:27).

『뿐만 아니라 그들은 자기들의 지식 가운데 하나님 두기를 싫어하니 하나님께서 그들을 버림받은 마음에 내버려 두시어 온당치 아니한 일을 하게 하셨도다. 그들은 모든 불의, 음행, 사악, 탐욕, 악의로 가득찼으며, 시기, 살인, 분쟁, 사기 악독이 가득하며, 수군거리는 자들이요, 비방하는 자들이요, 하나님을 미워하는 자들이요, 모욕을 주며, 교만하며, 자기 자랑만 하며, 악한 일들을 꾀하는 자들이요, 부모를 거역하며, 몰지각하며, 약속을 저버리며, 무정하며, 화해하지 아니하며, 무자비한 자들이라』(롬 1:28-31). 이것이 구원받지 못한 이방인들의 모습이며 우리가 목도하고 있는 현실이다.

『그들은 이 같은 일을 행하는 자들이 마땅히 죽음에 처해져야 한다는 하나님의 심판을 알면서도 이 같은 일을 행할 뿐 아니라 이런 일을 행하는 자들을 좋게 여기느니라』(롬 1:32). 자신들이 동성연애를 좋게 여길뿐 아니라 좋게 여기지 않는 사람들에게는 증오 범죄를 적용해서 처벌까지 하고 있다. 이것이 오늘날 정치가들이 하는 일이다. 그뿐 아니라 마리화나를 합법화하는 법을 통과시키려고 고민 중이다. 뇌물을 받았으니 통과는 시켜야 하는데, 양심상으로는 하지 말아야 될 것 같은 것이다.

주님께서는 이들을 요한계시록 19장에서 말씀하신 것처럼 멸망시키실 것이다. 『왕들의 살과 최고 대장들의 살과 용사들의 살과 말들과 그 위에 탄 자들의 살과 자유인이나 종이나 작은 자나 큰 자나 할 것 없이 모든 자의 살을 먹으라.”고 하니라』(계 19:18). 새들이 만찬을 갖는데 그 잔치에서 새들이 먹는 것이 바로 이방인들의 살이다. 하나님의 군대에 대적하는 모든 이방인들이 살육되어 새들의 먹이로 던져지는 것이다. 『또 내가 보니, 그 짐승과 땅의 왕들과 그들의 군대가 그 말 탄 분과 그의 군대에 대적하여 전쟁을 하려고 다 함께 모였더라』(계 19:19). 이것이 이방인들의 운명이다.

천년왕국

그러나 주님께서는 재림하셔서 천 년을 통치하신다. 『첫 번째 부활에 참여하는 자는 복되고 거룩하도다. 둘째 사망이 그들을 다스리는 권세가 없고, 오히려 그들이 하나님과 그리스도의 제사장들이 되어 천 년 동안 그와 함께 통치하리라』(계 20:6). 이 천년왕국을 세우시려고 주님께서 재림하시는데, 그때 이방인들은 완전히 심판을 받는다.

마태복음 25장에서 말씀하신 양과 염소를 따로 갈라 놓으시는 것의 비유가 '민족들의 심판'이다. 대환란 때 이방인들이 이스라엘을 어떻게 대했는지에 따라 양 또는 염소로 분류되어, 염소로 분류된 자들은 불못에 던져지고, 양으로 분류된 이방 민족들은 천년왕국의 백성으로 살게 된다.

스가랴서와 미가서에서는 이스라엘 백성들이 이방 민족들을 통치하는 것이 나온다. 천년왕국 때 주님께서는 예루살렘에서 율법을 선포하시는데 마태복음에서 예수님께서 말씀하셨던 산상수훈이 천년왕국의 법으로 선포되는 것이다.

인간은 하나님 앞에서 그 어떤 변명도 할 수 없다. 인간은 하나님을 알 수 있기 때문이다. 욥기를 읽어 보면 이방인들이 하나님을 몰랐다고 결코 말할 수 없다. 욥기에는 이 세상에서 아무리 뛰어난 과학자, 철학자, 지식인이라 할지라도 알 수 없는 내용들이 나온다. 자신의 시대에 한 이방인으로 살았던 욥은 하나님과 하늘, 사탄에 대한 진리의 지식을 모두 알고 있었다. 이처럼 이방인들은 하나님을 모르지 않는다. 문제는 하나님을 알면서도 하나님께 합당한 영광을 돌리지 않는 것이다.

예수 그리스도의 초림 때에도 하나님을 알았던 이방인들은 유대교로 개종하여 유대인과 같은 위치가 되었으며, 이방인 에디오피아 내시도 그 중 한 사람이었다. 이방인들은 충분히 하나님의 자녀가 될 수 있었다. 문제는 그들이 아브라함의 하나님은 믿지 않겠다고 거절한 것이다.

현재 구원받지 못한 이방인들은 이스라엘을 무시하고 있지만, 곧 있을 대환란 때 적그리스도의 왕국에서 짐승의 표를 받고 목숨을 부지하다가 재림하시는 주님께 심판을 받거나 아니면 대환란 때 일어나는 재앙으로 목숨을 잃는 것이 그들의 운명이다. 아담의 때부터 대환란까지 이스라엘의 하나님을 믿지 않는 자들에게 기다리는 것은 지옥의 심판이다. 이방인들은 이스라엘을 잘 대해 주어야 한다. 그렇지 않으면 천년왕국 끝에 있을 백보좌 심판에서 심판을 받는다. 창조 이후 7천 년 동안 구원을 받지 못하면 영원한 심판인 불못으로 가게 되는 것이다.

더 늦기 전에 우리는 그들이 구원받도록 복음을 전파해야 한다. 물론 예수 그리스도를 거절하는 유대인들에게도 복음을 전해야 한다. 그렇지 않으면 유대인과 이방인은 다른 목적으로 대환란에 들어가게 되는 것이다. 점점 구원받기 힘들어지는 때가 온다. 우리는 구원받은 그리스도인이라는 사실이 정말 감사하다. 대환란 기간 중 불, 기근, 질병, 전쟁으로 심판하실 때, 휴거된 우리는 그 심판에서 면제될 것이기 때문이다. 그러나 그 사실에 안주해서는 안 된다. 주변의 가족, 이웃, 친지들이 구원받지 못한 이방인이라면 그들에게 인간 역사상 없었던 무서운 대환란이라는 고난이 다가온다는 것을 일깨워주고, 그 전에 예수 그리스도를 구주로 영접하고 구원받도록 복음을 전하고 기도해야 한다.

시대에 따른
교회의 변천사

『이 때문에 나 역시, 주 예수를 믿는 너희의 믿음과 모든 성도를 향한 사랑을 들었으니 너희로 인하여 감사드리기를 그치지 아니하고 나의 기도에 너희를 말하노라. 우리 주 예수 그리스도의 하나님, 영광의 아버지께서 자기를 아는 지식 안에서 지혜와 계시의 영을 너희에게 주시어 너희의 지성의 눈을 밝히셔서 너희로 하여금 그의 부르심의 소망이 무엇이며 성도들 안에 있는 그의 유업의 영광의 풍성함이 무엇인지 또 그의 강력한 능력의 역사하심을 따라 믿는 우리에게 향하신 그의 능력의 지극히 위대하심이 어떤 것인가를 너희로 알게 하시기를 원하노라. 하나님께서 그 능력을 그리스도 안에서 역사하게 하사 그를 죽은 자들로부터 살리셨으며 천상에서 하나님의 오른편에 앉히사 모든 정사와 권세와 능력과 다스림과 이 세상뿐만 아니라 오는 세상에서도 이름 지어진 모든 이름 위에 뛰어나게 하셨으며 또 만물을 그의 발 아래 두시고 그를 만물 위에 머리가 되게 하셔서 교회에게 주셨느니라. 교회는 그의 몸이니 만물 안에 모든 것들을 채우시는 분의 충만이니라』(엡 1:15-23).

성경은 유대인, 이방인, 교회, 세 부류의 사람들에게 주신 책이다. 앞에서는 유대인과 이방인에 대해서 살펴보았고 이제 교회에 대한 성경적 가르침을 살펴보려 한다. 사도행전 7장 38절은 '광야의 교회'를 말씀한다. 모세를 통해 이스라엘 백성들이 출애굽 했을 때 그 무리를 교회라 지칭하는 것이다. 교회의 뜻은 '불러냄을 받은 모임'(called out assembly)이며 세상으로부터 불러냄을 받은 이들을 뜻한다. 이집트에서 노예 생활을 하던 이스라엘 백성을 불러내셔서 이스라엘 민족을 이루셨던 것처럼, 세상에서 노예 생활을 하던 우리들을 주님께서 불러내신 것이다. 십자가 사건으로 인해서 교회가 탄생하게 되었다. 위 본문은 이 십자가 사건으로 인해서 생긴 신약 교회에 대한 말씀이다.

그리스도의 몸

본문 22절은 『또 만물을 그의 발 아래 두시고 그를 만물 위에 머리가 되게 하셔서 교회에게 주셨느니라.』고 말씀한다. 교회의 머리는 예수님이시다. 교황도, 교단 총회장도 아닌, 주 예수 그리스도시다. 많은 사람들이 이것을 놓친다. 『교회는 그의 몸이니 만물 안에 모든 것들을 채우시는 분의 충만이니라』(엡 1:23). 예수 그리스도를 구주로 믿은 사람들은 그 즉시 성령님께서 그 사람 안에 들어오셔서 죽은 영을 살리시고, 동시에 몸과 혼을 가르는 영적 할례를 베푸신다. 그렇기 때문에 구원받은 다음에는 육신이 죄를 지어도 몸의 죄가 혼에 전가되지 않아 지옥에 가지 않는 것이다. 이것은 구원받은 사람으로서 죄를 지어도 괜찮다는 뜻이 아니라, 만일 육신으로 죄를 짓는다 하더라도 그 혼은 죄사함을 받았기 때문에 하늘나라에 갈 수 있다는 말이다. 구약 시대에는 달랐다. 예를 들어 죽은 시체를 만진다든지 하여 율법을 어기고 죄를 지으면 성전에 들어가지 못했다.

우리가 예수 그리스도를 믿었을 때 우리는 예수 그리스도의 몸 안으로 침례를 받는다(고전 12:13). 그것이 성령 침례이다. 많은 사람들이 성령 침례라고 하면 '랄랄라 셰셰셰..' 하는 이상한 소리를 내는 소위 '방언' 기도를 하는 것으로 생각하는데, 그것은 성경이 가르치는 것이 결코 아니다. 우리가 하나님 말씀을 통해 예수 그리스도를 자신의 구주로 마음에 믿을 때 눈에 보이지 않는 역사가 일어난다. 칼로 하지 않는 레이저 수술 같은 것을 생각하면 이해하기 쉽다. 하나님 말씀이 그런 강력한 할례를 베푸셔서 우리를 보이지 않는 그리스도의 몸의 지체로 만들어 주시는 것이다. 우리 각자가 주님의 몸의 지체가 되었기 때문에 무슨 일이 있어도 지옥에 가지 않는다.

많은 사람들이 '구원을 받았어도 죄를 지으면 지옥에 간다'고 하는데, 그렇다면 그리스도의 몸이 지옥에 간다는 말이 된다. 이는 그리스도의 몸이 무엇인지 모르기에 하는 말들이다. 그리스도의 몸은 유대인도 아니고 이방인도 아닌, 예수 그리스도를 믿고 구원받은 그리스도인들을 말하는 것이다. 성경은 교회가 신비라고 말씀한다(엡 5:32, 골 1:27). 신비라는 것은 유대인과 이방인이 복음을 듣고 한 몸이 되는 것을 말한다.

우리가 구원을 받은 뒤에는 주님께서 원하시는 것을 하는 삶을 살아야 한다. 『하나님께서 세상의 기초를 놓으시기 이전에 우리로 사랑 안에서 그분 앞에 거룩하고 흠 없게 하시려고 그리스도 안에서 우리를 택하시어』(엡 1:4). 하나님께서는 교회에 대한 생각을 창세기 1장 1절 이전에 가지신 것이다. 주님께서는 인간을 창조하실 것을 아셨고, 인간이 타락할 것도 아셨으며, 구속 사역에 대해서도 알고 계셨고, 예수 그리스도를 통해서 교회를 만들 것도 아셨다. 위 구절에 대해 칼빈주의자들은 하나님께서 누구는 선택받아 구원받고 누구는 선택받지 못해 지옥에 갈 것을 예정하셨다고 한다. 그러나 그것은 결코 성경이 말씀하는 바가 아니다.

여기서 말씀하시는 것은 태초 전에 '그리스도 안에서' 택하실 것을 정하셨다는 것뿐이다. 그리스도 안에 들어가는 것은 여전히 우리 자신에게 달린 일이다. 우리의 자유 의지로 예수 그리스도를 영접할 때 예수 그리스도 안으로 들어가는 것이다. 칼빈주의자들은 '그리스도 안에서'는 빼고 주님께서 세상의 기초를 놓으시기 이전에 나를 선택했다고 말한다. 그러나 주님께서는 인간이 타락할 것을 미리 아셨기 때문에 교회를 미리 생각하신 것이다. 누가 구원받을지를 미리 정해 놓으셨다는 뜻이 아니다.

많은 사람들은 '예정'이라고 하면서 주님의 '정하심'과 주님의 '미리 아심'에 대해 혼동한다. 우선 주님께서는 미리 모든 것을 다 아신다. 우리가 복음을 거절할지, 받아들일지, 지옥에 갈지, 가지 않을지를 아시는 것이다. 다 아신다고 해서 주님이 어떤 사람은 지옥에 가고 어떤 사람은 하늘나라에 가도록 미리 정하신 것이 아니다. 예정에 대해 오해하는 사람들은 '하나님의 주권'과 '인간의 자유 의지'를 혼동한다. 둘은 상반되는 것이 아니다. 이 세상을 창조하시고 모든 우주 만물을 질서 있게 운영하시는 분이신 예수님을 우리 인간이 자유 의지로써 선택해야 하는 것이다.

우리는 자신의 죄인인 상태를 회개하고 하나님의 구원 계획을 믿을 때 택함을 받는다. 즉 우리가 예수님을 선택할 때 택함받는 것이고, 예수님을 선택하지 않는 사람들은 택함받지 못하는 것이다. 노아가 방주를 지었을 때, 방주에 들어가지 않으면 택함받지 못하고, 방주에 들어간 사람들만이 택함을 받는 것이다. 이것은 어려운 것이 아니다. 어거스틴, 칼빈 같은 자들이 어렵게 만들었을 뿐이다. 그래서 수많은 사람들이 인간적인 철학을 성경에 대입시켜서 혼들을 지옥으로 보내고 있는 것이다. 자신의 의지로 예수님을 믿어야 하는데 인간적인 철학을 가지고 있어서 믿음을 행사하지 못하는 것이다. 그들은 '인간은 완전히 타락했기 때문에 믿을 수 없다'고 말한다. 만일 우리가 믿을 수 없다면 왜 하나님께서는 우리에게 믿으라고 하셨겠는가. 우리가 우리의 의지로 예수 그리스도를 믿고 그리스도 안으로 들어왔더니 주님께서 우리를 택하여 주신 것이다.

『하나님의 기쁘신 뜻에 따라 예수 그리스도를 통하여 우리를 자신의 자녀로 입양할 것을 예정하셨으니』(엡 1:5). 누구는 지옥으로 보내고 누구는 하늘나라로 보내는 것을 예정하신 것이 아니라, 예수 그리스도를 통하여 구원받은 사람들은 당연하게 자신의 자녀로 입양하실 것을 미리 정하셨다는 것이다. 그것을 예정하신 것이다. '예수 그리스도 안으로 들어오면 너희들은 나의 자녀다'라고 하신 것이다.

구원받은 우리들은 교회 안으로 들어왔다. 여기서 말하는 교회는 눈에 보이지 않는 그리스도의 몸이다. 이 교회는 영적인 유기체로, 계속해서 자라난다. 성경은 교회를 진주에 비유하는데, 진주는 살아있는 돌이며 전체가 하나의 유기체를 이룬다. 그 진주 안에 우리가 속해 있는 것이다.

『이는 하나님께서 그 사랑하시는 이 안에서 우리를 받아들이신 그의 은혜의 영광을 찬양케 하려 하심이니라』(엡 1:6). 주님께서 우리들을 구원해 주신 이유가 여기에 있다. 그의 은혜의 영광을 찬양케 하시려는 것이다. 주님께서 핏값으로 교회를 사신 목적은 세상에 나가서 복음을 전해 사람들을 구원받게 하고 그들이 하나님의 은혜의 영광을 찬양케 하려는 것이다. 우리는 힘써 진리를 배우고, 나가서 복음을 전파하고, 모여서 주님께 영광을 돌리고, 세상에서 빛과 소금으로 살아야 한다. 그것이 교회의 사명이다.

오늘날 많은 사람들이 성경적으로 교회가 무엇인지 알지 못한다. 교회가 조직체, 더 나아가 건물이라고 생각하는 사람들은 교회에 소속되어야 구원받는다고 믿게 된다. 이것이 과거에 카톨릭 교회에서 사용했던 거짓 교리이다. 카톨릭 교회에 속해야 구원받는다고 가르쳐서 사람들을 통제했고, 그것이 중세 암흑 시대를 가져왔다. 성경을 모르는 무지 속에서 사람들은 카톨릭 교회에 나가야만 그리스도 안에 들어간다고 생각했다. 그리스도의 몸은 곧 교회이므로 눈에 보이는 교회 안으로 들어가야 구원받는다고 생각한 것이다. 그들은 영적 유기체인 그리스도의 몸, 즉 보이지 않는 교회를 몰랐던 것이다.

교회에는 눈에 보이지 않는 교회 즉 그리스도의 몸이 있고, 구원받은 사람들이 지역적으로 모여서 이루는 눈에 보이는 교회 즉 지역 교회가 있다. 성경에는 이 두 가지 교회가 있다는 것을 모르면 결국 교회를 다녀야 구원받는다고 생각하게 된다. 많은 한국 사람들이 교회에 나가야 구원을 받는다고 잘못 알고 있는 이유가 여기에 있다.

만약 어떤 사람이 예수님을 믿지 않고 살다가 불의의 사고로 죽어가고 있는데 지옥에 가게 될까 두려워서 지나가는 어떤 목사에게 '제가 지금 죽어가는데 예수님을 믿고 싶습니다. 어떻게 하면 구원받을 수 있습니까?'라고 물었는데, 그 목사가 '우리 교회에 나와야 합니다'라고 한다면 어떻게 되겠는가. 그것은 복음이 아니다. 복음은 좋은 소식인데 그런 처지에 놓인 사람에게 그 말은 저주이다.

성경적으로 믿는 침례교회 외의 모든 교단들은 카톨릭으로부터 나왔다. 반면 성경적으로 믿는 교회들은 카톨릭이 생기기 전부터 계속적으로 존재해 왔다. 교회의 역사를 통해서 보게 되는 것은, 사도들이 죽고 난 후 은혜 복음이 전파되면서 그와 동시에 이단들이 생기기 시작했다는 것이다. 인간이 교회를 부와 권력을 갖기 위한 수단으로 삼으면 하나님의 말씀을 이용해서 사람들을 묶어 놓으려고 한다. 그래야 사람들이 따라오기 때문이다. 우리처럼 거리에 나가서 그리고 방문을 통해 지옥으로 향하는 사람들에게 '예수님을 영접하면 지금 이 자리에서 구원받습니다'라고 복음을 전해서, 그 자리에서 구원받게 해 버리면 교회가 장사가 안 되는 것이다. 그래서 한국이나 미국의 많은 목사들이 어떻게든 사람들을 교회로 엮으려고 그 교회에 꼭 나와야 구원받는 것처럼 얘기하는 것이다. 그럴 때 그들이 하는 말은 복음이 아니라 교회 선전이다.

내가 LA 지역에서 성경적으로 믿는 교회 사역을 시작할 당시에는 구원을 전하는 사람을 찾아볼 수 없었다. 그로부터 17년이 지난 지금은 복음 방송을 듣노라면 가끔 구원에 대해 말을 하는 사람이 나오기도 한다. 이렇게 구원이라는 말도 하지 않는 목사들은 사람들을 교회로 데려오는 것이 목표이다. 그래야 교회를 크게 키워서 나중에 교인 수대로 돈을 받고 다른 목사에게 팔 수가 있는 것이다. 이런 극악한 행태가 한국에서뿐 아니라 이곳 LA에서도 비일비재하다는 말을 들었다. 교회 중에는 참 교회가 있는가 하면 거짓 교회도 있다는 것을 알아야 한다.

세례 중생으로 시작된 이단 교리

본문 말씀대로 교회를 세우신 목적은 주님께 회개하고 돌아온 사람들이 주님의 몸인 교회에 모여 주님의 은혜의 영광을 찬양케 하기 위함이다.

그러나 거짓 목사, 사제들은 권력을 위해서 교회를 하기 시작했고, 그러면서 가장 먼저 가르치기 시작한 것이 물 침례(세례)에 의한 중생이다. 침례를 받아야 구원을 받는다고 하면 교회에 나올 수밖에 없기 때문이다. 그 결과는 은혜 복음이 사라져 버리는 것이다. 오직 믿음만으로 구원을 받아야 하는데 그들은 예수도 믿고 침례도 받아야 구원을 받는다고 가르쳤다. 이것이 교회사 최초의 이단 교리이다. 카톨릭에서는 또 미사 때 거행되는 성찬식에서 과자와 포도주를 받아먹어야 예수 그리스도를 자기 안에 모신다고 한다. 물 침례와 성찬식, 이 두 가지가 사람들을 교회의 노예로 삼는 데 가장 효과적으로 이단 교리에 사용된 것이다. 이 두 가지로 옭아매면 교회에 안 나올 수가 없게 된다. 목사에게 굴복하지 않을 수가 없는 것이다. 거기다가 고해성사까지 시키면 목사가 그 사람을 완전히 장악할 수 있게 된다.

『그 사랑하시는 이 안에서 우리가 그의 은혜의 풍성함을 따라 그의 보혈을 통하여 구속, 곧 죄들의 용서함을 받았느니라』(엡 1:7). 주님께서 원하시는 것은 죄인들의 죄를 사해 주시고 그들이 그리스도의 몸의 지체가 되어 주님께 영광을 돌리는 것인데 그것을 인간들이 다 바꾸어 버렸다.

천국의 신비

주님께서는 교회가 생기기도 전에 교회가 어떤 식으로 변질될지를 미리 아시고 마태복음 13장에서 경고하셨다. 『주께서 그들 앞에 또 다른 비유를 들어 말씀하시기를 "천국은 좋은 씨를 자기 밭에 뿌린 사람과 같으니 사람들이 잠자는 동안 그의 원수가 와서 곡식 사이에 독보리들을 뿌리고 가 버리니 싹이 나고 이삭이 패일 때에 독보리들도 나오니라』(마 13:24-26).

천국이 도래하기 위해서 메시아 왕이 오셨는데 그 백성이 왕을 거절함으로써 천국이 2천 년 뒤로 연기되었다. 위 구절에서 주님의 말씀은 그 기간 동안의 천국의 신비에 대해서 말씀하신 것인데, 이것이 오늘날 교회 시대에 일어날 일들에 대한 예언이 된다.

여기서 원수는 마귀이며, 마귀가 곡식 사이에 독보리를 뿌려 놓는다고 말씀한다. 오늘날 교회 안에 곡식만이 있어야 하는데 그 안에 독보리가 뿌려진 것이다. 종들이 지금 한데 모으기를 원하시느냐고 묻자, 『주인이 말하기를 '아니라, 독보리들을 한데 모으다가 곡식까지 함께 뽑으면 아니 되느니라. 추수 때까지 둘 다 함께 자라도록 두었다가, 추수 때에 내가 추수꾼들에게 말하여, 먼저 독보리들을 모아서 불사르기 위하여 단으로 묶고, 곡식은 내 곳간으로 모아들이게 하리라.'고 하니라." 하시더라』(마 13:29-30). 주님께서 2천 년 교회 시대 동안 그냥 내버려 두신다는 것이다. 현재 주님께서 하시는 일은 독보리를 모으시는 것이다. 세계종교통합, 세계단일정부, 정치, 문화, UN 등을 통해 하나로 묶으시는 이유는 이 독보리를 불사르기 위해서다. 이 모든 것은 주님의 때에 따라 이루어지고 있다. 구원받은 우리들이 휴거 되고 나면, 하나님을 대적하는 자들과 독보리들을 모아 대환란을 통과시키고, 그 후 재림하셔서 그들을 멸망시키실 것이다.

대환란 때 세상은 전 세계가 하나로 묶여 적그리스도의 왕국이 되는데, 이는 1900년대부터 시작되었다. 현재 UN 총장인 반기문(2010년 당시)이 이스라엘이 아닌 팔레스타인 편을 들고 동성연애자들을 옹호하는 등 온갖 악한 것들을 지지하는 까닭은 그가 독보리를 모으는 데 쓰이는 UN의 수장이기 때문이다.

『주께서 그들 앞에 또 다른 비유를 들어 말씀하시기를 "천국은 어떤 사람이 가져다가 자기 밭에 뿌린 겨자씨 한 알과 같으니, 그것은 참으로 모든 씨 중에서 가장 작지만 자라나면 푸성귀 중에서 가장 커지고, 나무가 되면 공중의 새들이 와서 그 가지들에 깃들이느니라."고 하시더라』(마 13:31,32). 푸성귀인 겨자씨가 왜 거대한 나무가 되겠는가. 변질이 돼서 거대한 기독교계를 만들어 버린 것이다.

『주께서 그들에게 또 다른 비유를 말씀하시기를 "천국은 어떤 여인이 가져다가 가루 서 말에 숨겨 넣어, 전체를 부풀게 한 누룩 같으니라."고 하시더라』(마 13:33). 이 여인은 요한계시록 17,18장에 나오는 종교 창녀이다. 주님께서는 2천 년 전에 이 여인이 교회를 누룩으로 부풀려 나중에는 독보리가 수두룩하게 될 것을 경고하셨다. 2천 년 교회사는 이 말씀을 그대로 성취해 왔다.

큰 바빌론 카톨릭의 역사

이 여인이 받는 심판에 대해서 요한계시록 18장에 정확하게 기록되어 있다. 『그가 큰 음성으로 힘있게 외쳐 말하기를 "큰 바빌론이 무너졌도다, 무너졌도다, 마귀들의 거처가 되었고 온갖 더러운 영의 소굴이요, 모든 더럽고 가증한 새의 소굴이로다』(계 18:2). 마태복음에서는 겨자씨가 변해서 된 나무에 공중의 새들이 와서 그 가지에 깃들인다고 했는데, 위 구절에 의하면 이 새들은 온갖 더러운 영이다. 그 나무는 마귀들의 소굴, 바빌론이다. 『많은 물 위에 앉은 그 큰 창녀의 심판을 네게 보여 주리라』(계 17:1). 이 큰 창녀가 마태복음 13장에 나오는 여인이다.

『땅의 왕들도 그녀와 더불어 음행하였고 땅에 사는 자들도 그녀의 음행의 포도주에 취하였도다."라고 하고 … 그 여자는 자주색과 주홍색 옷을 입고 금과 보석과 진주로 장식하고 손에는 금잔을 가졌는데 그 잔은 가증 스런 것들과 그녀가 행한 음행의 더러운 것들로 가득 찼더라』(계 17:2,4). 땅의 모든 왕들이 교황에게 가서 절을 한다. 또 사제들과 교황이 입는 자 주색과 주홍색 옷, 금과 보석과 진주 장식이 나오고, 카톨릭 교회에서 가 장 중요하게 생각하는 금잔이 나온다. 카톨릭 교회 단상 뒤에 가면 벽에 보 물 상자가 있는데 그것을 열면 금잔이 있고 그것을 꺼내어 거기에 포도주 를 따라준다. 그들은 금잔 안에 든 포도주가 진짜 예수 그리스도의 피라고 믿는다. 우리처럼 그것을 주님의 보혈을 상징한다고 믿는 것이 아니다. 그 들은 그 포도주를 마시면 예수 그리스도의 피를 직접 마신다고 믿는다. 그 들이 미사에 쓰는 과자는 예수님의 몸이라고 여기기 때문에 그 과자부스 러기를 땅에 떨어뜨리면 큰일이 난다. 이렇게 카톨릭에서는 사람들을 종교 의 노예로 만들어 버린다.

『그 잔은 가증스런 것들과 그녀가 행한 음행의 더러운 것들로 가득 찼 더라. 그녀의 이마에 한 이름이 기록되어 있는데 "신비라, 큰 바빌론이라, 땅 의 창녀들과 가증한 것들의 어미라."고 하였더라』(계 17:4,5). 『그 여자가 성 도들의 피와 예수의 순교자들의 피에 취하였더라』(계 17:6). 2천 년 교회사 가 보여주는 것은 성도들의 피에 취한 자들은 로마 제국과 로마 카톨릭이 라는 것이다.

카톨릭은 성경이 자신들의 정체를 적나라하게 드러내자, 계시록에 기 록된 내용이 모두 로마제국에 대한 것이고, 로마제국의 네로 황제가 적그 리스도라고 주장한다. 일곱 산, 일곱 머리와 연결된 도성은 로마이다(계 17:9). 『그러므로 내가 그녀를 보고 크게 의아해 하며 놀랐노라』(계 17:6).

그 당시 이미 로마제국은 성도들을 박해하고 있었으므로, 요한이 로마제국을 보고 새삼 놀라지는 않았을 것이다. 『네가 본 그 여자는 땅의 왕들을 다스리는 큰 도성이라."고 하더라』(계 17:18). 『또 그가 나에게 말하기를 "네가 본 그 창녀가 앉아 있는 물은 백성들과 무리들과 민족들과 언어들이라』(계 17:15).

이 카톨릭을 중심으로 전 세계종교통합이 이루어진다. 주님이 떠나시자마자 교회 역사에 악한 인간들이 등장하기 시작했다. 하나님의 말씀보다 인간의 철학을 좇아가는 무리들이 나오는데, 플라톤과 필로 같은 사람들로 인해서 이집트 알렉산드리아 학파가 생기고, 여기에서 나온 많은 사람들이 성경을 변개시키고 이단 교리를 체계화시켜, 결국 콘스탄틴 때 카톨릭이라는 거대한 괴집단이 등장한 것이다.

세상 사람들은 카톨릭이 한 악행들을 보고 기독교가 악하다고 한다. 그러나 카톨릭은 기독교가 아니다. 그들은 주님께서 마태복음 13장에서 말씀하신, 마귀가 뿌린 독보리들이다. 이에 대한 자세한 내용은 닥터 피터 럭크만의 〈신약교회사〉에 기록되어 있는데, 주님의 초림 이전부터 이런 철학자들이 등장하기 시작했다. 이 책에서 럭크만 박사는 「플라톤은 구원받지 못한 그리스 철학자로 지혜가 지고의 선이라고 생각했다. 그는 이성과 지성을 비대화 시켰고 사회적 지성이야말로 이상적인 지성이라고 주장했다.」라고 적고 있다. 플라톤은 오늘날 미국의 교육 시스템에 기초가 되는 사상을 제공했다. 「플라톤은 아이들을 뺏어서 정부에서 20년 동안 재교육을 시켜 국가의 쓸모 있는 재목으로 키워야 된다고 했다.」 이것이 현재 미국의 교육 방침이다. 교육이라는 미명하에 아이들을 부모로부터 분리하여 보호 시설에 넣고 세뇌를 시키는 것이다. 이것은 플라톤부터 시작해서 많은 철학자들이 이루고자 한 것이었다.

「플라톤은 하늘과 지옥, 심판도 부활도 믿지 않았기 때문에 육상 동물은 인간으로부터 진화했다고 믿었고 하나님은 남성도 여성도 아닌 중성적 힘이라고 말했다.」 오늘날의 뉴에이지 사상과 동일하게 믿은 것이다. 그는 인격적 하나님을 믿지 않았는데, 그가 쓴 〈공화국〉이라는 제목의 책은 후대의 철학자들에게 지대한 영향을 미쳤다. 최초의 기독교 대학은 플라톤의 철학의 기초 위에 세워졌으며, 여기에서 나온 자들이 판테누스(AD 145-200), 총장인 클레멘트(AD 150-215), 그리고 성경 변개자인 오리겐(AD 184-254) 등이다. 이런 뿌리들에서 당대와 후대에 독보리들이 무성하게 자란 것이다.

콘스탄틴은 권력을 잡기 위해서 기독교라는 집단을 옹호하기 시작하는데, 당시에는 신비 종교, 이방 우상 종교가 만연했었다. 물 침례(세례) 중생 같은 이단 교리들이 들어오면서 교회들은 거대해지고 변질되기 시작했다. 「이때 콘스탄틴이 AD 313년에 성직 계급에게 면세 등을 주고, 기독교인들에게 문제가 될 것 같은 몇 가지 이교적인 관행들을 폐지시켰으며, 모든 구원받지 못한 이교도들에게 일요일을 준수할 것을 명령했고(321년), 기독교로 개종한 모든 자에게 금화 20개와 흰 옷 한 벌씩을 선물로 준다고 약속했다.」 성경적으로 믿는 사람들은 이를 받아들이지 않고 스스로 성별하였다.

콘스탄틴은 결코 구원받은 사람이 아니었다. 「과연 콘스탄틴은 예수 그리스도가 완성해 놓으신 그것을 믿음으로써 은혜로 구원을 받는다고 믿었던가? 결코 그렇지 않다. 그는 그의 감독들에게 보낸 그 어떤 편지에서도 예수 그리스도의 이름을 언급하지 않았다. 그는 죽기 일주일 전까지도 구원을 받았다고 고백하지 않다가 결국 '불멸을 제공해 주는' 물뿌림을 받으면서 구원을 받았다고 한다.」

구원에 대해서 전혀 알지 못했던 그는 세례를 받으면 구원을 받는다고 믿었지만 세례받는 것을 미루었다. 계속 나쁜 짓을 하고 사람들을 더 죽여야 하기에 죽기 바로 직전에 세례를 받으려 했던 것이다. 그는 결국 예수 그리스도의 보혈을 의지한 것이 아니라 세례를 의지한 것이다.

「그는 물뿌림을 받은 후 기도할 때 예수의 이름을 한 번도 사용하지 않았으며 스스로의 착각 가운데 '불멸의 생명을 받을 자격이 있다'라고 말했던 것이다.」 지금도 많은 사람들이 콘스탄틴처럼 자신은 침례받았으니까, 세례받았으니까 구원받았다고 한다. 우리는 구령할 때 '구원을 받으셨습니까? 구원의 확신이 있습니까?'라고 묻는다. 그럴 때 어떤 사람들은 '저는 이러이러한 때에 세례를 받았습니다' 하며 세례 이야기를 한다. 목사들에게 속아서 세례나 침례받은 것을 구원받은 것으로 착각하는 것이다. 침례나 세례는 구원과 전혀 상관이 없다. 결국 이와 같은 자들로 인해 요한계시록 17,18장에 나오는 무시무시한 창녀 교회가 생긴 것이다.

성경적으로 믿는 사람들 외의 교단들은 모두 카톨릭에서 생긴 교단들이다. 자신들은 분리되어 나왔다 하지만 카톨릭의 누룩을 그대로 갖고 나온 것이다. 카톨릭 주교 어거스틴은 많은 사람들이 우러러보며 특히 한국 교인들은 그를 매우 존경한다. 그러나 어거스틴은 카톨릭 이단 교리의 누룩을 널리 퍼뜨린 대표적 인물이다.

한국인들이 카톨릭을 옹호하는 이유는 장로교, 감리교 등 모든 교단들이 카톨릭에서 나왔기 때문에, 카톨릭에 대해 '처음에는 괜찮았는데 나중에 변질이 된 것'이라고 한다. 은혜 복음을 전하는지 여부는 상관하지 않고 맹목적으로 옹호하는 것이다. 그러니까 어거스틴까지는 괜찮다는 것이다. 그러나 그의 책 〈하나님의 도성〉을 살펴보면 그의 믿음이 얼마나 비성경적 이었는지를 잘 알 수 있다. 다음은 그 책의 일부 내용과 우리의 반박이다.

1. "그리스도의 천 년 통치는 비유적이며 문자적이 아니다." – 오리겐, 어거스틴 같은 자들로 인해서 성경을 코에 걸면 코걸이, 귀에 걸면 귀걸이 식으로 비유적 해석을 하니 성경을 우습게 생각하게 된 것이다. 그런 비유적, 풍유적 성경 해석법 때문에 오늘날 S단체 L교주 등의 이단들이 나와서 성경에서 나오는 단어에 아무 의미나 부여해 자신들이 원하는 대로 가르치게 되었다. 교계에 이러한 폐해를 가져온 최초의 장본인이 바로 어거스틴인데도 한국인들은 어거스틴 하면 무조건 믿어버린다.

2. "그리스도인은 성체성사를 행할 때 그리스도의 실제 몸을 삼키는 것이다." – 이같은 어거스틴의 가르침에서 카톨릭 교리가 나온 것이며, 이것이 카톨릭 교인들이 영생을 얻으려고 목숨까지 걸고 미사에 참여하는 이유이다. 언젠가 교황이 필리핀에 방문해서 미사를 집전하는데 많은 사람들이 몰려들어 밟혀 죽어가면서까지 그 쿠키를 받아먹으려고 했다. 그리스도의 몸을 받아 먹어야 영생을 얻는다고 믿기 때문이다. 우리는 성찬식이라고 하지 않고 주의 만찬이라고 하는데, 주의 만찬은 주님께서 우리에게 명령하신 대로 주님의 죽으심을 기념하기 위해 지키는 것이다. 빵은 주님의 몸, 포도주는 주님의 피를 상징한다. 그것이 실제 몸이고 피라면 카톨릭이 식인종들과 다를 것이 무엇인가.

3. "외경(에스드라스, 토빗, 쥬디스)은 영감을 받은 것이다."

4. "인간은 순교를 통해 두 번째 사망에서 구원받는다." – 순교를 해야 구원받는다고 말했던 어거스틴의 가르침을 한국 교회에서는 절대적으로 받아들이며, 기독교 서점에서도 그의 저서가 기독교 최고의 권위서인 양 판매되고 있다.

5. "아담의 혼이 죽은 것이지 영이 죽은 것이 아니다."

6. "칠십인역은 그 외경과 더불어 영감을 받은 것이다." – 어거스틴은 변개된 구약의 70인역을 영감을 받은 하나님의 말씀이라고 했을 뿐 아니라 외경도 성경이라고 했다.

7. "호세아 6:2에 나오는 이스라엘의 부활과 회복은 AD 33년에 성취되었다." – 그렇기 때문에 유대인들을 죽여도 상관이 없다는 것이다. 카톨릭은 유대인들을 'Jesus killer'라 하면서 잡아서 죽였다. 카톨릭과 히틀러는 한 패였던 것을 잊어서는 안 된다.

8. "말라기 4장은 재림에 관한 구절이 아니고 최후의 심판을 가리키는 구절이다." – 그래서 카톨릭과 카톨릭에서 나온 개신교 교단들은 그리스도의 재림을 믿지 않고 최후의 심판 하나만을 믿는다.

9. "계시록 20장에서 심판대에 앉아 있는 부활한 성도들은 카톨릭 사제들과 감독들로, 그들은 현재 이교도들을 심판하고 있다." – 즉 카톨릭 아닌 사람들을 다 심판한다는 말이다. 이런 자를 성인으로 추대하며 설교할 때 그의 말을 인용하는 한국 목사들은 과연 은혜 복음을 아는 자들인가. 은혜 복음은 행함 없이 선물로 받는다. 행함이 있으면 선물이 되지 않기에 구원을 못 받는 것이다. 값없이 받아야만 선물이 되는 것이다.

10. "로마서 8장 29절은 부활 시의 최종 상태가 아닌, 현재 은혜 안에서

이루어지는 영적 성장을 지칭하는 것이다." – 그는 그리스도인이 부활해서 주님과 같은 영광된 몸을 입는 것도 믿지 않았다.

11. "물을 뿌리지 않은 유아들은 그들이 '택함'받은 유아들이 아니라면 지옥에 간다." – 성경에 의하면 죄를 모르는 어린 아기들이 죽으면 하늘나라에 가는데, 그는 세례를 받지 않은 아기가 지옥에 간다고 한 것이다. 카톨릭과 모든 개신교 교단의 유아 세례 교리가 여기서 나온 것이다.

12. "예수 그리스도의 재림은 매주 일요일마다 카톨릭 교회에서 예수 그리스도의 몸 한 조각씩으로 나타나다가 결국은 완전한 몸이 나타나게 될 것이다." – 이것이 마태복음 13장에서 주님께서 말씀하신 독보리들이며, 누룩을 뿌린 여인이고, 비정상으로 자라난 겨자씨이다. 그런데 한국 교인들은 누룩의 성경적 의미를 모르고 '겨자씨 복음 선교회', '누룩 선교회' 등의 이름들을 쓰고 있는 것은 실로 웃지 못할 일이다. 이는 그동안 한국 교계에서 성경을 제대로 가르치는 사람이 없었음을 보여 주는 것이다. 개신교 교단들은 종교개혁으로 카톨릭에서 나왔다고는 하지만 카톨릭의 누룩을 그대로 가진 채 성경을 가르쳐 왔다. 성경적으로 믿는 무리들은 처음부터 카톨릭 교회에 속하지 않았으며 카톨릭에서 그들을 이단시하고 핍박했다.

바이블 빌리버들의 교리

바이블 빌리버들은 그룹에 따라 세부적인 교리가 서로 조금씩 다를 수 있지만 다음과 같은 다섯 가지 공통점이 있다.

첫째, 그들은 성경 말씀이 모든 문제에 있어서 최종 권위임을 믿는다. 이것이 성경적으로 믿는 사람들의 가장 중요한 특징이다. 교황이나 카톨릭 교회, 그 어떤 교단이 아니라 성경이 최종 권위이다.

둘째, 유아에게 침례나 세례를 주지 않는다. 그들 그룹에 붙었던 '재침례교도' 즉 '아나뱁티스트'라는 명칭은, 어릴 때 카톨릭에서 받은 세례를 무시하고, 커서 복음을 믿고 주님을 영접하여 구원받은 후에 침례받은 그들을 이단시하기 위해 카톨릭에서 붙여준 이름이다. 이 침례 문제 하나로 무수한 그리스도인들이 순교당했다. 혹자는 그들(침례교도들)이 침례에 의한 구원을 믿기 때문에 침례를 준다고 하지만, 그들이 침례에 순종하는 것은 구원을 공개적으로 간증하기 위한 것이지 결코 침례가 구원의 조건이기 때문은 아니다.

셋째, 그들은 국가는 종교적 실행과 믿음의 문제에 있어 지역교회와 아무런 관련이 없다고 믿는다. 정교분리, 즉 종교와 정치의 분리를 믿는 것이다. 오늘날의 성경적으로 믿는 사람들도 그들과 동일하게 믿는다.

넷째, 그들은 카톨릭 교회에서 하듯 성도들에게나 죽은 자들에게 기도하지 않았다.

다섯째, 그들은 로마 카톨릭의 미사를 거부했다. 이 사람들은 보도파, 보고마일, 왈덴시안, 알비겐스, 폴리시안, 불가리안, 카타리 등의 이름으로 불린다. 그들의 믿음이 오늘날의 성경적으로 믿는 사람들의 뿌리이다.

바이블 빌리버들의 박해의 역사

교회의 변천사에는 두 뿌리가 존재한다. 하나는 독보리인 카톨릭, 다른 하나는 곡식이다. 모든 개신교 교단은 그 독보리에서 나왔다. 종교개혁으로 개신교가 시작되었지만 개신교의 뿌리는 카톨릭 교회이며, 그래서 개신교가 유아 세례를 베푸는 것이다. 캐롤 목사는 〈피흘린 발자취〉라는 책에서 "재침례교도들이 우리의 믿음의 선조들이다."라고 썼다. 위에서 말한 그 성경적으로 믿는 사람들의 그룹들은 역사를 통해 지속적으로 존재했던 것이다. 이 그룹들이 사실 종교개혁운동에 불씨를 제공했다. 카톨릭 신부들인 종교개혁자들이 카톨릭 교회의 잘못된 점을 깨달은 것은 재침례교도들의 영향 때문이었던 것이다. 위클리프와 틴데일의 경우도 마찬가지였다. 그런데 종교개혁으로 카톨릭에 반대해서 나온 개신교들조차 침례교도들을 박해하고 죽였다.

「취리히에서는 재침례교도와 개신교 사이에 많은 논쟁이 벌어졌는데 이때 의회가 한 법령을 제정했다. 이는 유아 때 세례를 받은 사람들이 다시 침례를 받으려고 한다면 이들을 물 속에 집어넣어서 죽여야 한다는 것이다.」 많은 사람들이 칼빈, 쯔빙글리를 기독교 신앙의 최고 권위자로 알지만 그들은 성경적으로 믿었던 우리 믿음의 선조들을 박해한 자들이다. 혹자는 침례교도들인 우리가 개신교의 한 그룹이라고 생각하는데, 우리는 카톨릭에 대항해서 나온 프로테스탄트들이 아니다. 우리는 카톨릭에게 박해받고 또 거기서 나온 개신교들에게도 박해받은 성경적으로 믿는 사람들이다.

「비엔나에서는 많은 침례교도들이 하나로 길게 이어진 쇠사슬에 메여 서로 뒷사람을 끌고 바닷물 속으로 들어가 모두 수장 당하고 말았다.」 순수한 교회의 역사는 성도들의 피로 기록되어 있다. 우리는 현재 너무나 쉽게 믿음 생활하고 있는 것이다. 우리 믿음의 선조들은 로마 제국, 로마 카톨릭, 개신교들의 손에 근대에까지도 죽임과 핍박을 당하면서 믿음을 지켰다. 미국 역사도 이 사실을 증거한다. 현재 우리는 과연 어떤 자세로 믿음 생활을 하고 있는가.

「AD 1539년에 사우스웍 건너편에서 두 사람의 재침례교도가 불에 태워 죽임을 당하고 그들보다 조금 먼저 다섯 사람의 네덜란드 재침례교도가 스미스필드에서 화형당했다」(풀러의 〈교회사〉). 「1160년 폴리시안 일행(성경적으로 믿는 사람들)이 옥스퍼드에 들어왔다. 헨리 2세는 불에 달군 인두로 안면에 화인을 찍게 하고 군중들 앞에서 그들을 매질하고 골목마다 끌고 다니게 하였으며 옷을 허리에서 짧게 끊어서 시골로 쫓아내라고 명령했다. 그러나 사람들이 그들에게 거처와 음식을 제공하지 않았으므로 그들은 추위와 굶주림으로 말미암아 죽고 말았다」(무어의 옥스퍼드12).

「트렌트 종교회의 의장 호시우스 추기경(1545-1563)은 이렇게 말했다. "만약 침례교도들이 과거 1200년 동안에 비참한 고통을 겪지 아니하였거나 칼로 죽임을 당하지 아니하였다면 그들은 모든 개신교회들보다 더 수가 많았을 것이다." 이처럼 카톨릭 추기경도 개신교와 침례교를 구별했는데 오늘날 개신교 목사들은 이에 대해 무지하다.

아이작 뉴턴은 「침례교도들은 로마 카톨릭에 동화되지 않은 그리스도인들의 유일한 단체이다」라고 말했다. 「루터, 칼빈이 나오기 전에 유럽인들이 살고 있었던 거의 모든 나라에 침례교도들의 교리를 지키고 있었던 사람들이 은밀히 숨어 있었다」(모세임, 루터교 역사가). 「침례교도란 전에 재침례교도라고 기록되었던 그리스도인들과 동일한 교회이다. 참으로 이것은 터툴리안 시대부터(사도 때부터) 지금까지 지속해 온 그들의 교리로 생각되었다」(장로교 백과 사전, 에딘버그).

앞에서 언급한, 성경적으로 믿는 사람들의 특징들을 지닌 사람들이 지속적으로 존재해 왔고 그것이 우리 믿음의 뿌리이다. 그 뿌리가 미국에서는 노예 문제로 남침례교와 북침례교로 나누어졌다. 그 후 1900년대에 들어서면서 남침례교가 변질되고 럭크만 박사, 존 R 라이스, J 프랭크 노리스 등의 사람들이 나와서 독립침례교회를 세우고 신학교들을 세워서 시작된 사역이 현재 거의 70-80년(2010년 당시)이 되었다. 이것이 우리 독립침례교회의 역사이다.

그러나 독립침례교는 1950, 60년대에 들어서면서 변질되기 시작했다. 그 유명한 빌리 그래함도 그때 변질되었다. 후에 일어난 그의 변질과 타협으로 믿기 힘든 이야기가 되어 버렸지만, 그는 침례교 목사였다. 또 독립침례교회의 신학교가 변질되면서 킹제임스성경을 버리려고 했다. 이에 맞선 사람이 럭크만 박사다. 럭크만 박사가 아니었다면 전 세계에 킹제임스성경의 최종 권위는 사라졌을 것이다. 다른 모든 교단이 킹제임스성경을 버릴 때 이를 수호한 최후의 교단이 침례교였다. 그 침례교마저, 남침례교회가 킹제임스성경을 버리고 뒤이어 독립침례교가 버렸을 때 성경을 수호한 최후의 주자가 피터 럭크만 박사였다. 피터 럭크만 박사는 처음에 남침례교회 목사로 안수받았다. 우리 이전 세대의 믿음의 선배들은 모두 남침례교회 목사들이다. 그 사람들이 양육해서 현재 전 세계에 성경적으로 믿는 교회가 세워진 것이다. 한국은 미국 독립침례교회에서 파송된 BBCI 사역을 통하여 구원받고 성경적으로 믿음생활 하려는 성도들이 모여 독립침례교회를 설립하고들 있다.

교회의 미래

오늘날 교회는 배교하고 있다. 그리고 성경에 예언된 대로 이스라엘의 회복이 일어나고 있다. 데살로니가전서 4장은 교회의 휴거에 대해 말씀하는데, 에녹이 노아의 홍수 전에 구원받았듯이 우리도 대환란 전에 휴거된다. 휴거된 우리는 하늘에서 그리스도의 심판석에 서는데, 이때 지옥에 가거나 하늘나라에 가는 심판을 받는 것이 아니라, 구원받고 난 후 우리의 행위와 동기에 대해서 주님께 심판을 받는다. 그 뒤 면류관과 유업을 받고 어린양의 혼인식에 참여한 뒤, 요한계시록 19장에 나오는 아마겟돈 전쟁 때 말을 타고 주님과 함께 내려온다. 그 후 주님께서 민족들을 심판하신 뒤, 다윗의 보좌에서 통치하시는 천년왕국 때 우리는 주님과 함께 통치할 것이다.

　　이것이 끝이 아니다. 주님께서 새 하늘과 새 땅과 새 예루살렘을 만드시고 영원 세계로 들어가실 때 우리들은 새 예루살렘에서 주님과 함께 영원히 살게 될 것이다. 우리는 이 세상에서 죄의 속박으로부터 해방되고 구원받은 것뿐만 아니라 주님이 다시 오신 뒤에는 천년왕국과 영원 세계에서 주님과 함께 통치할 것이다. 그러니 지금 우리가 어떻게 해야 하겠는가. 지나간 일은 돌이킬 수 없으니 과거의 것은 잊어야 한다. 오늘 이 시간부터 성경적으로 믿는 사람들로서 어떻게 하는지에 따라 앞으로 천년왕국과 영원 세계에서 주님과 함께 통치할 수 있는지가 결정된다. 앞으로 휴거와 대환란, 주님의 재림과 천년왕국에서의 통치, 새 예루살렘에서의 영원한 삶이 우리 앞에 남아 있다. 이것이 교회의 변천사이다.

시대에 따른
왕국의 변천사

『또 그가 나에게 하나님과 어린양의 보좌에서 흘러나오는 수정처럼 맑은 생명수의 정결한 강을 보여 주더라. 그 도성의 거리 한가운데와 그 강의 양편에는 생명나무가 있어 열두 가지 과실을 맺으며 달마다 과실을 내더라. 그리고 그 나무의 잎사귀들은 민족들을 치유하기 위한 것이더라. 다시는 저주가 없고 하나님과 어린양의 보좌가 그 안에 있을 것이며 그의 종들이 그를 섬기리니 그들은 그의 얼굴을 볼 것이며 그의 이름이 그들의 이마 위에 있으리라. 거기에는 밤이 없겠고 그들에게는 촛불도 햇빛도 필요하지 아니하리니 이는 주 하나님께서 그들을 비추시기 때문이라. 그들이 영원무궁토록 통치하리라』(계 22:1-5).

성경 전체를 알기 위해서는 성경을 시대별로 나누어 보아야 한다. 성경을 시대별로 나누는 것은 어떤 새로운 가르침이 아니라 미국의 성경적으로 믿는 사람들이 가르쳐온 것이다. 한국인들이 이 가르침을 생소하게 느끼는 것은 그동안 교회에서 잘못된 설교를 들어왔기 때문이다. 본 장에서는 왕국에 대한 내용을 살펴보려 한다.

성경은 주님께서는 마지막에 우주 만물을 다스리실 것이라고 말씀한다. 물론 주님은 현재에도 영적으로 다스리고 계시지만, 실질적으로 이 세상의 신은 사탄이다. 주님께서 셋째 하늘에서 모든 것을 주관하고 계시지만, 인간의 죄로 인해서 또 이스라엘의 반역으로 인해서 현재 이 세상을 지배하는 신은 사탄이다. 인간 역사는 누가 권력을 쟁취하고 누가 누구를 지배하는가를 두고 싸워 온 싸움의 연속이다. 기록된 하나님의 말씀의 끝인 요한계시록 22장에서는 주님께서 싸움에서 승리하시며 모든 것을 통치하시게 된다. 본 장의 주제인 왕국은 이러한 주님의 보좌에 대한 것이다.

성경은 이 세상과 우주 만물을 누가 통치하느냐에 대해 기록하고 있다. 많은 사람들이 성경의 주제가 '구원'이라고 생각하지만, 인간이 타락하지 않았다면 구원은 필요가 없었을 것이다. 하나님께 구원은 사탄을 따라 지옥으로 달려가는 인간을 구하시기 위한 부수적인 주제이지 성경의 본 주제는 아니다. 성경의 주제는 '왕국(kingdom)'이다. 주님께서는 이 왕국을 다스리기 위해서 인간과 우주 만물을 창조하셨다. 그런데 이 왕국이 피조물들로 인해서 망가져 버린 것이다. 주님께서는 성경 전체를 통해서 왕국을 보여 주셨으며 요한계시록 마지막에 가서는 그 보좌에 앉으실 것이다. 우리는 왕국의 역사, 왕국의 변천사라는 관점에서 성경을 보아야 한다.

두 왕국 - 하나님의 나라와 천국

성경에는 크게 두 가지 왕국, 즉 하나님의 나라(kingdom of God)와 천국(kingdom of heaven)이 나온다. 하나님의 나라는 영적인 왕국이다 천국은 별, 달, 태양, 지구 등이 있는 가시적이고 물리적인 왕국으로, 주님께서 오셔서 실제로 통치하시는 왕국이다. 대부분의 한국 교회들은 천국과 하나님의 나라가 서로 다른 왕국이라는 것을 알지 못하고 바르게 구분하지 못하기 때문에 성경의 많은 중요한 가르침을 혼동하고 있다.

성경에 의하면 이 둘은 서로 다른 왕국이다. 개념적으로 천국은 물리적, 실질적, 정치적으로 하나님께서 직접 다스리는 것이고, 하나님의 나라는 눈에 보이지 않는 영적인 것이다. 하나님의 나라에 들어가려면 예수 그리스도를 믿고 거듭나야 한다(요 3:3-6). 하나님의 나라에 들어가려면 거듭나야 한다. 죽은 영을 가지고서는 이 나라에 들어갈 수가 없다. 이 영적인 나라는 눈에 보이지 않지만 실질적으로 존재하는 나라이다. 이 두 왕국을 구분해야 하나님의 말씀을 올바로 이해할 수 있는데도 대부분의 교회들이 이를 간과하고 있다.

그러면 하나님의 나라와 천국을 성경에서 찾아보자. 마태복음은 왕으로 오신 예수님에 대해서 말씀하기 때문에 1장에 왕에 대한 족보가 나온다. 왕들이 있다는 것 자체가 실제적이고 가시적이며 물리적인 왕국임을 뜻한다. 마태복음 3장 2절에서 침례인 요한은 『너희는 회개하라. 천국이 가까이 왔느니라.』고 선포한다. 메시아께서 인자(Son of Man), 즉 사람의 아들로 오셔서 실질적, 물리적으로 통치하시는 것이다. 예수님은 하나님의 아들이시고 인자이신데, 이는 각각 예수님의 신성과 인성을 가리킨다. 영적인 나라인 하나님의 나라를 통치하시기 위해서는 하나님의 아들로 오시는데, 마가복음 1장 14절에는 하나님의 나라에 대해 말씀한다. 『요한이 감옥에 갇힌 후, 예수께서 갈릴리로 오셔서 하나님의 나라의 복음을 전파하시며』 신약시대에 들어와서 이제 천국은 감추어지고, 하나님의 나라가 나오게 된다.

교회 시대인 현재 우리는 하나님의 나라에 들어가는 것이지 천국에 들어가는 것이 아니다. 이런 차이점을 모르고 왕국에 대해 잘못 이해함으로써 오늘날 이 땅에서 천국을 확장시켜야 한다고 착각하는 무리들이 나오게 되었다. 그 대표적인 예가 카톨릭 교회다. 중세시대에 카톨릭은 하나님께서 천국을 카톨릭 교회에 맡겨주셨다고 생각했기 때문에 물리적으로 전쟁을 일으켜 무수한 사람들을 죽여서라도 전 세계를 통치하려고 했던 것이다. 교황은 현재도 변함없이 전 세계를 카톨릭 교회의 통제 하에 넣으려 하고 있다. 그들은 천국과 하나님의 나라에 대한 개념을 알지 못하는 것이다.

오늘날 하나님의 나라에서 일어나는 전쟁은 영적인 전쟁이지 물리적인 전쟁이 아니다. 신약 교회 시대를 다루는 바울 서신에는 구약 때처럼 하나님을 대적하고 우상을 숭배하는 악한 죄인들을 다 진멸하라는 말씀이 나오지 않는다. 오늘날 우리는 물리적이고 눈에 보이는 천국에 살고 있는 것이 아니기 때문이다. 지금은 주님께서 예루살렘 보좌에 앉으셔서 통치하시는 때가 아니다. 주님께서는 셋째 하늘로 가셔서 하나님 보좌 오른편에 계신다.

첫 번째 통치자 루시퍼

성경의 주제는 왕국이다. 이사야서 14장은 주님께서 첫 번째 왕국을 루시퍼, 즉 사탄에게 주셨다고 말씀한다.(개역한글판성경 등 변개된 성경에는 사탄의 이름인 '루시퍼'가 사라져 있어서 그의 정체를 분명히 알 수 없게 되어 있다. 루시퍼가 누구인지는 오직 변개되지 않은 킹제임스성경을 통해서만 알 수 있다.) 창세기 1장 1절에서 주님께서 하늘과 땅을 창조하셨는데, 그때 루시퍼는 피조물 중에 가장 아름답게 창조되었다. 에스겔서 28장에는 주님의 보좌 사방에 있는 네 그룹을 묘사하는데, 루시퍼는 보좌 위를 덮는 그룹이었다. 그는 음악을 관장했으며 아름답고 완벽한 존재였다. 이사야 14장 12절은 그를 "오 아침의 아들(son of morning) 루시퍼야"라고 부른다. 하나님께서는 그에게 하나님의 나라와 천국을 주시고 피조물들을 맡기셨다.

그런데 이 루시퍼가 자신의 완벽함으로 말미암아 교만해져서 하나님의 보좌, 즉 왕좌를 넘보게 된 것이다. 역시 문제는 누가 왕국을 차지하는가이다. 『네가 어찌 하늘에서 떨어졌느냐! 민족들을 연약하게 하였던 네가 어찌 땅으로 끊어져 내렸느냐! 이는 네가 네 마음속에 말하기를 "내가 하늘에 올라가서 내가 내 보좌를 하나님의 별들보다 높일 것이요, 내가 또한 북편에 있는 회중의 산 위에 앉으리라』(사 14:12,13). 하나님께서 피조물 중에 가장 으뜸으로 만들어 주셨으면 그것으로 만족해야 할 텐데 그렇지 못하고 하나님의 보좌를 넘본 것이다.

『내가 구름들의 높은 곳들 위로 올라가, 내가 지극히 높으신 분같이 되리라" 하였음이라. 그러나 너는 지옥까지 끌어내려질 것이요, 구렁의 사면에까지 끌어내려지리라』(사 14:14,15). 이 말씀은 요한계시록 20장에서 이루어진다.

두 왕국을 맡았던 루시퍼가 하나님을 대적하고 반역하여 사탄이 되었다. 사탄은 대적자라는 뜻이다. 가장 아름다웠던 피조물이 졸지에 악한 마귀, 고소자, 사탄, 옛 뱀, 용이 된 것이다. 이 사탄이 오늘날 교회 시대에 나타날 때에는 빛의 천사로 나타난다고 성경은 말씀한다. 은사주의, 뉴에이지 등에서 신비한 체험을 했다고 하는 많은 사람들이 빛을 봤다는 말을 흔히 하는데, 문제는 그들이 본 것이 예수님이 아니라 빛의 천사, 마귀라는 점이다.

창세기 1장 1절에서 하나님께서는 완벽한 하늘과 땅을 창조하셨다. 그런데 2절에서 갑자기 땅은 형체가 없고 공허하게 되었다는 말씀이 나온다. 중간에 무슨 사건이 있었던 것이다. 우리는 1절과 2절 사이의 기간이 얼마나 긴지에 대해 알지 못한다. 하나님께서 성경에 기록하지 않으셨기 때문에 알 수 없지만, 어떤 일이 일어났다. 이 뛰어난 영적 존재와 그 부하들이 하나님을 대적하는 사건이 있었고, 그래서 하나님께서 물로 심판을 하신 것이다. 2절은 그 결과를 말해준다. 『땅은 형체가 없고 공허하며 어두움이 깊음의 표면에 있으며, 하나님의 영은 물들의 표면에서 거니시더라.』 그리고 3절에서는 주님께서 "빛이 있으라."고 하시며 재창조를 시작하셨다. 하나님의 심판 그리고 재창조는 하나의 이론이 아닌, 사실이다. 재창조를 하나의 이론으로 가르치며 이를 믿지 않는 사람은 오류를 범하는 것이다.

주님께서 루시퍼를 심판하셨고, 그 루시퍼는 사탄이 되어서 6천 년 동안 지속적으로 하나님과 하나님의 사람들을 대적하고 있다. 아직도 사탄은 자신이 그 보좌를 차지할 수 있다고 생각한다. 성경에 사탄 자신이 어떻게 될 것인지 기록되어 있건만 이를 알면서도 대적하는 것이다. 우리는 어떠한가. 구원받은 사람으로서 하나님의 말씀대로 살지 않으면 징계받는다는 것을 성경을 통해 잘 알면서도 불순종하지 않는가. 다를 바가 없다. 마음이 완악하면 그렇게 되는 것이다. 교만의 자식들을 다스리는 왕인 사탄은(욥 41:34) 성경을 누구보다 잘 알고 있지만 완악하기 때문에 끝까지 하나님을 대적하는 것이다.

아담 - 하나님의 나라와 천국의 통치자

하나님께서는 창세기에서 그 왕국을 아담에게 주신다. 『하나님께서 말씀하시기를 "우리의 형상대로 우리의 모습을 따라 사람을 만들자. 그리하여 그들로 바다의 고기와 공중의 새와 가축과 모든 땅과 땅 위를 기어다니는 모든 기는 것을 다스리게 하자." 하시니라. 그리하여 하나님께서 자신의 형상대로 사람을 창조하셨으니, 곧 하나님의 형상대로 그를 창조하셨으며 그들을 남자와 여자로 창조하셨느니라』(창 1:26,27). 하나님의 형상대로 창조되었기에 하나님의 나라를 차지하게 되는 것이다.

『하나님께서 그들에게 복을 주시고 하나님께서 그들에게 말씀하시기를 "다산하고 번성하며 땅을 다시 채우고 그것을 정복하라. 그리고 바다의 고기와 공중의 새와 땅 위에서 움직이는 모든 생물을 다스리라." 하시니라』(창 1:28). 땅을 왜 '다시 채우라'고 하셨는가. 처음 왕국을 루시퍼가 망가뜨렸기 때문에 다시 채우라고 하신 것이다. 또 그것을 정복하라고 하신다. 아담은 하나님의 나라와 천국 모두를 통치하게 된다.

어떤 이들은 다시 채우라는 영어 단어 replenish가 '채우다'로 번역되어야 맞는 것이라며 킹제임스성경의 단어를 공격한다. 히브리어로 동일한 단어를 한 곳에서는 다시 채운다는 뜻의 replenish로, 다른 곳에서는 채운다는 뜻의 fill로 번역한 것이 오류라는 것이다. 그러나 킹제임스성경을 번역한 번역자들은 이유가 있어서 그렇게 한 것이다. replenish의 're'는 다시라는 뜻이며, 이곳에서 다시 채우다로 번역한 것이 성령께서 원하시는 의미인 것이다.

그 후 왕국을 뺏기는 사건이 생긴다. 한때 왕이었던 사탄은 이제 왕으로 군림하게 된 아담을 시기하고, 창세기 3장에서 이브를 속임으로써 아담과 이브가 하나님께 반역하게 만들었다. 이로 인해 영적인 하나님의 나라는 뺏기고, 이제는 물리적인 왕국만이 남게 되었다. 『아담이 일백삼십 년을 살며 자기 모습대로 자기의 형상을 따라 아들을 낳아 그의 이름을 셋이라 불렀더라』(창 5:3). 아담의 자손은 그때부터 하나님의 형상이 아닌, 아담의 형상을 따라 태어나게 되었다. 영이 죽은 상태가 되어 버린 것이다. 그래서 하나님의 형상인 예수 그리스도께서 오실 때까지 하나님의 나라는 없고, 주님께서는 물리적인 왕국을 가지고 통치하시는 것이다.

아담의 형상에 따라 태어난 인간들은 하나님을 대적하게 된다. 하나님의 아들들, 즉 타락한 천사들이 땅으로 내려와서 사람의 딸들을 취함으로 거인들이 태어나고, 그것으로 인해 전 세계에 죄악과 우상 숭배가 만연하게 된다. 이에 하나님께서는 홍수로 심판하시고, 그 후 창세기 9장에서 왕국은 노아에게 넘어간다.

『하나님께서 노아와 그의 아들들에게 복을 주시며 그들에게 말씀하시기를 "다산하고 번성하여 땅을 다시 채우라』(창 9:1). 여기서도 하나님께서는 홍수로 멸하셨던 땅을 채우라고 하시지 않고, 의도적으로 다시 채우라고 하신다. 노아가 왕국을 넘겨 받고, 이는 다시 노아의 세 아들 셈, 함, 야펫으로 이어진다. 셈은 아시아, 함은 아프리카, 야펫은 유럽을 맡아 왕으로 지배한 것이다. 그런데 그 후 바벨탑 사건이 일어난다. 이처럼 인간은 지속적으로 하나님을 대적하는 것이다. 이때 하나님께서는 칼데아 우르에서 아브라함을 택하셔서 이후로는 아브라함이 천국을 차지하게 된다(창 12장).

아브라함을 부르심

사탄은 창세기 3장에서 아담과 이브에게 죄를 짓게 함으로써 하나님께 심판을 받고 또 자기의 씨와 여인의 씨에 대한 경고의 말씀을 들었다. 여인의 씨에서 메시아가 나와서 사탄의 머리를 부순다고 하셨기 때문에 그때부터 지속적으로 여인의 씨를 혼잡케 하는 데 총력을 기울이는 것이다. 창세기 6장에서 타락한 천사들이 엄청난 죄악을 가져온 것도 그 씨를 혼잡케 하기 위한 것이었다. 그럼으로써 이 땅에 거인들, 잡종들이 나오게 되었다. 창세기 12장에서 주님께서 아브라함을 부르신 것도 그를 통해 깨끗한 씨를 보존시키시기 위함이다. 하나님께서 말씀하신 여인의 씨가 나올 때까지 이렇게 사탄은 지속적으로 공격하는 것이다.

타락한 세상에서 주님께서는 아브라함을 부르신다. 『주께서 아브람에게 말씀하셨는데 "너는 네 고향과 네 친족과 네 아비의 집을 떠나 내가 네게 보여 줄 땅으로 가라. 내가 너로 큰 민족을 이루게 할 것이며 네게 복을 주고 네 이름을 위대하게 하리니, 너는 복이 되리라. 너를 축복하는 자들에게 내가 복을 주고 너를 저주하는 자를 저주하리라. 네 안에서 땅의 모든 족속들이 복을 받을 것이라." 하셨더라』(창 12:1-3). 이 말씀은 아브라함에게 주신 무조건적인 언약이다. 아브라함의 자손인 이스라엘 민족 즉 유대인들을 저주하는 사람과 민족에게는 저주가 보장된다. 온 세상을 지배하던 대영 제국도 유대인들과 한 약속을 어겼기 때문에 몰락하게 되었다. 한 나라의 흥망성쇠는 바른 성경인 킹제임스성경과 유대인, 이 두 가지에 달린 것이다. 미국이 강성해진 이유는 단 하나, 온 세상이 등을 돌릴 때 유일하게 킹제임스성경을 지키고 유대인들을 받아들였기 때문이었다. 하나님께서 12장 3절에서 주신 말씀은 일시적인 약속이 아닌 영원한 언약이며 영원토록 이루어지는 것이다. 복을 받을지 저주를 받을지는 이것을 아는지 알지 못하는지에 달려 있다.

아브라함의 언약이 이삭과 야곱에게 내려온다. 영적인 하나님의 나라는 계속해서 떠난 상태이고, 주님께서 천국을 가지고 통치하시는 것이다. 『유다야, 너는 네 형제들이 찬양할 자라. 네 손이 네 원수들의 목을 잡을 것이요 네 아비의 아들들이 네 앞에서 절하리라. 유다는 사자의 새끼로다. 내아들아, 네가 먹이를 놓고 올라갔구나. 그는 몸을 구부리고 웅크림이 사자 같고, 늙은 사자 같으니, 누가 그를 성나게 하리요? 홀이 유다에게서 떠나지 않을 것이며 실로가 오실 때까지 입법자가 그의 발 사이에서 떠나지 아니하리니, 그에게 백성의 모임이 있을지어다』(창 49:8-10).

홀이 유다에게서 떠나지 않는다는 말씀대로 천국의 보좌는 유다 지파에게 넘어간다. 마태복음 1장에 유다 지파의 계보가 나오는 것이다. '실로가 오실 때까지' 즉 메시아가 오실 때까지 유다 지파의 계보가 이어진다. 이집트 땅으로 들어간 이스라엘의 열두 지파는 그 땅에서 나오면서 하나의 민족으로 탄생하는데, 그때 성경에서 여수룬의 왕이라고 하는 모세를 통해 하나님께서 인도하시고 통치하신다. 그 후 여호수아가 등장하고 이어서 재판관들이 나오는데, 이스라엘 백성들은 사무엘에게 이방인들처럼 자신들에게도 왕을 달라고 요구하기 시작한다.

사무엘이 고민하자 하나님께서는 그들이 원하는 대로 왕을 허락은 하셨으나, 그때 하나님께서 승인하지 않은 왕이 나오고 말았다. 하나님께서는 유다 지파에서 왕이 나오도록 하셨는데 베냐민 지파 사람인 사울이 왕이 된 것이다. 사울은 하나님께서 인정하지 않으신 왕이기 때문에 마태복음 1장에서 왕으로 오신 메시아의 족보에 포함되지 않았다.

사울 이후에 왕이 된 다윗은 유다 지파에서 나왔다. 그는 하나님께서 인정하신 왕이기에 천국을 통치하게 된다. 많은 전쟁에서 승리를 거둔 다윗은 전쟁에서 패배한 적이 없는 전쟁의 사람이었다. 다윗이 하나님의 성전을 짓기를 구했을 때 주님께서는 피를 많이 흘린 그에게 이를 허락하지 않으셨고, 이 일은 그의 아들 솔로몬의 손을 통해 이루어진다.

주님께서는 이스라엘에게 율법을 주셨고, 이때 복과 저주를 함께 말씀하셨다. 율법에 복종하면 복을 받고 복종하지 않으면 저주를 받는 것이다. 다윗 이후 왕들이 계속해서 율법을 지키지 않고 죄를 범하여 하나님께서 경고하신 저주를 받게 되고, 예레미야서 22장에서 하나님께서는 그 왕국을 빼앗아가신다. 『이 사람 코니야가 멸시받는 부서진 우상이냐? 그가 그 안에 아무런 즐거움이 없는 그릇이냐? 어찌 그들, 즉 그와 그의 씨가 그들이 알지 못하는 땅으로 쫓겨났느냐?』(렘 22:28). 왕국은 바빌론 느부갓넷살 왕에게 넘어간다. 『오 땅이여, 땅이여, 땅이여, 주의 말을 들으라. 주가 이같이 말하노라. 너희는 이 사람이 자식이 없겠고 그의 평생에 번성치 못할 사람이라고 쓰라. 이는 그의 씨에서는 아무도 번성치 못하며 다윗의 보좌에 앉아 유다를 다스릴 자가 더 이상 없을 것임이라』(렘 22:29,30).

천국을 빼앗긴 이스라엘

여코냐의 자식들을 통해 천국의 보좌가 이어지지 않고 그에게서 끝난다는 말씀이다. 그의 이름 여코냐는 여호와를 뜻하는 '여'가 빠져서 코니야가 된다. 그 말씀대로 예수 그리스도께서는 그의 씨에서 나오지 않으셨다. 메시아는 인간 아버지에게서 태어나지 않으신 것이다. 이것이 가장 중요한 동정녀 탄생에 대한 예언이다. 그 보좌를 이어받는 분이 유다에서 나오실텐데(창 49:8-10), 위 구절은 유다를 다스릴 자가 여코냐의 씨에서 나오지 않는다는 것이다. 이처럼 씨가 중요하기 때문에 하나님께서는 아브라함의 때로부터 할례를 받게 하셨다. 할례는 씨와 연관이 있는 것이다. 마침내 예수님께서는 동정녀 마리아 즉 나단의 계보를 통해 오셨고, 성령에 의해서 잉태되셨다.

여코냐 다음은 시드키야왕이지만 시드키야는 여코냐의 아들이 아니며, 바빌론의 느부캇넷살왕이 와서 완전히 끝내 버린다. BC 606년부터 유대인들은 1948년까지 나라가 없었다. 전 세계에 흩어져서 다른 나라의 지배를 받고 사는 불쌍한 민족이 되어버린 것이다. 하나님께서 율법을 주시면서 하신 약속대로 말씀을 지키지 않은 그들은 저주를 받은 것이다.

주님께서 다니엘에게 꿈과 환상으로 그 왕국에 대해서 보여 주셨는데, 왕국은 환상 속에 나오는 형상의 머리에서 발가락까지인 바빌론, 메데 페르시아, 그리스, 로마로까지 이어져 내려왔다. 그때 그 형상은 돌에 의해서 산산이 부서지는데, 그 왕국들을 부서뜨리는 돌 왕국이 예수 그리스도의 왕국이다. 그 왕국을 주님께서 가져오시려고 하시는 것이다.

구약에서는 말라키를 마지막으로 예수님의 초림 때까지 400년 동안 하나님의 계시가 없었다. 그동안 유대인들에게 엄청난 일들이 일어났고 많은 사상들과 외경이 등장했으며, 성경적 기독교의 진리에 반하여 혼란을 가져오는 많은 문헌들이 나왔다. 그러나 그 기간에 기록된 것으로 발견되었다는 모든 것들은 변개된 성경들이거나 인간이 지어낸 거짓된 이야기들에 불과하다.

예수 그리스도 - 두 왕국의 통치자

여코냐 때에 와서 천국마저 떠나고, 이제는 하나님의 나라도 천국도 모두 없는 상태가 되고, 이방인들이 세상의 신인 사탄에 의해서 통치를 받게 되었다. 주님의 초림까지 세상은 그런 상태였다. 그 이후 마태복음 3장에서 침례인 요한이 등장해서 천국의 도래가 임박했음을 전파했다. 『말하기를 "너희는 회개하라, 천국이 가까이 왔느니라."고 하니』(마 3:2). 그런데 마태복음 3장에서는 천국이 가까이 왔다고 말하고 누가복음과 마가복음에서는 하나님의 나라가 가까이 왔다고 말한다. 왜 이렇게 두 왕국이 모두 언급된 것인가. 주님께서 오셨기 때문이다. 주님께서는 두 왕국을 세우기 위해서 왕으로 오셨지만 그들은 왕을 죽이고 말았다. 십자가 사건이 없었다면 왕국이 바로 올 수 있었다.

요한복음 19장에서 이스라엘 백성은 자신들의 왕을 거절한다. 『그 날은 유월절 예비일이고 제육시쯤더라. 그가 유대인들에게 말하기를 "너희의 왕을 보라!"고 하니』(요 19:14). 그들은 빌라도보다 더 어리석은 자들이다. 빌라도는 '너희의 왕을 보라'고 했지만 그들은 그 왕을 죽이라고 외쳤다.

『그들이 소리지르기를 "처단하소서, 처단하소서, 그를 십자가에 못박으소서"라고 하더라. 빌라도가 그들에게 말하기를 "너희의 왕을 내가 십자가에 못박으랴?"고 하니 선임 제사장들이 대답하기를 "카이사 외에는 우리에게 왕이 없나이다."라고 하더라』(요 19:15). 그들의 입에서 나온 말은 자신들의 통치자가 로마의 카이사라는 것이었고, 그들은 결국 로마에게 멸망 당한다. 로마는 또 로마 카톨릭에게 넘어가고, 이 로마 카톨릭의 히틀러의 손에 유대인 6백만 명이 죽임을 당하게 된다. 이것은 메시아를 죽인 그들이 선택한 결과이다. 자신들의 왕이라고 한 그 로마에 의해서 죽임을 당하게 된 것이다. 이것이 성경의 역사이다.

『또 빌라도가 명패를 써서 십자가 위에 붙였으니 '유대인의 왕 나사렛 예수'라고 쓰여 있더라. 그때에 많은 유대인들이 이 명패를 읽었으니 이는 예수께서 못박히신 곳이 성읍에서 가까움이라. 그것은 히브리어[셈족]와 헬라어[야펫족]와 라틴어[함족]로 쓰여 있더라. 그때 유대인의 선임 제사장들이 빌라도에게 말하기를 "'유대인의 왕'이라고 쓰지 말고 '자칭 유대인의 왕'이라 쓰소서."라고 하니라』(요 19:19-21). 이렇게 끝까지 유대인들은 예수님을 인정하지 않았다. 이들보다 더 지혜로웠던 빌라도는 22절에서 『빌라도가 대답하기를 "나는 내가 써야 할 것을 썼노라."고 하더라.』라고 말한다. 빌라도는 예수님께서 어디서 오셨는지를 안 것이다. 결국 십자가에서 유대인들은 로마의 손을 빌어 유대인의 왕, 메시아를 죽이고 만다.

그 후 사도행전 2장에서 주님이 부활하신 뒤 베드로가 그 왕국에 대해서 설교한다. 사도행전 7장에서는 스테판이 유대인들에게 회개하고 돌아오라고 설교하다가 돌에 맞아 순교한다. 그때 주님께서는 천국과 하나님의 나라를 곧 주실 수 있었고, 사도행전 7장까지 유대인들에게 기회를 주셨다. 주님께서는 돌아가실 때까지도, 그들은 자신들이 무슨 짓을 하는지 모르니 용서해 주시기를 기도하시며 매번 기회를 주셨다.

『그들이 이런 말을 듣고 마음이 상하여 그를 향해 이를 갈더라. 그러나 그는 성령으로 충만하여 하늘을 주시하여 우러러보니 하나님의 영광과 예수께서 하나님의 오른편에 서신 것을 보고 말하기를 "보라, 하늘들이 열리고 인자가 하나님의 오른편에 서신 것을 보노라."하니』(행 7:54-56). 성경의 다른 구절에서는 예수님께서 하나님의 오른편에 앉아 계신다고 하는데 여기서는 오른편에 서 계신다고 말씀하시는 이유는 무엇인가. 주님께서 그때 바로 다시 오실 수 있었던 것이다. 그러면 휴거가 일어나고 바로 대환란으로 넘어갈 수 있었으며, 7년 안에 물리적 왕국과 영적인 왕국이 도래할 수 있었다.

교회 시대

『그때 그들이 큰 소리를 지르며 자기들의 귀를 막고 일제히 그에게 달려들어 그를 성읍 밖으로 끌어내어 돌로 치고 증인들은 겉옷을 벗어 사울이라고 하는 한 젊은이의 발 앞에 놓더라. 그들이 스데반을 돌로 치니그가 하나님을 부르며 말하기를 "주 예수여, 나의 영을 받아 주소서." 하고』(행 7:57-59). 결국 이스라엘이 메시아를 죽임으로써 천국이 사라졌다.그들이 물리적으로 이 땅을 통치할 수 있는 자격이 없어져 버린 것이다.

위 구절에 나온 사울은 바울이란 이름으로 이방인의 사도가 되어 하나님의 나라의 복음을 전하게 된다. 영적인 나라가 성립되는 것이다. 여러분중에 천국을 전파한다는 믿음을 가지고 물리적으로 사람을 죽여서라도 믿게 해야 한다며 '예수 그리스도를 믿어라. 그렇지 않으면 목숨을 잃을 것이다'라는 식으로 생각하는 사람이 있는가. 아무도 없다. 하나님의 나라는 영적인 나라이기 때문이다.

오늘날 교회 시대에는 물리적인 왕국이 아니라 영적인 왕국을 위해서싸우는 것이다. 우리가 싸우는 무기는 하나님의 말씀, 즉 영적인 무기이다.우리가 거리에 나가서 복음을 전파할 때 영적 전쟁에 임하는 것이다. 또 매일의 삶 속에서 생각과 말과 행동으로 짓는 죄에서 승리하고 성령 안에서기쁨과 평안을 누리는 것도 영적 싸움을 싸우는 것이다. 로마서 14장 17절을 보자. 『하나님의 나라는 먹고 마시는 것이 아니라 다만 성령 안에서 의와 화평과 기쁨이라.』 먹고 마시는 물리적인 나라가 아니다. 구약 때는 아브라함, 다윗 등 부자가 많았다. 하나님의 말씀에 순종하는 하나님의 사람들에게는 부가 따랐다. 천국의 개념 즉 물리적인 나라였으므로 그 왕들은 모두 부자들이었던 것이다.

이것을 오늘날 교회 시대에 적용해서 예수를 믿으면 부자가 된다며 기복신앙을 가르치는 자들이 있다. J목사, 로버트 슐러, 조엘 오스틴 같은 목사들이 이러한 거짓 교리로 설교를 한다. 오늘날 우리에게는 부가 보장된 것이 아니다. 현재 우리가 속한 곳은 영적인 나라이기 때문이다. 그래서 지금 우리는 하나님께 순종하고 또 지혜롭게 열심히 일하면 부를 얻을 수도 있지만 일도 안 하고 게으르게 살면 그렇게 될 수 없다. 『이러한 것들로 그리스도를 섬기는 자는 하나님께 기쁨이요, 사람들에게 인정을 받느니라. 그러므로 화평을 위한 일과 서로를 세워 주는 일들을 따라야 할지니라』(롬 14:18,19).

하나님의 나라는 성령 안에서 의와 화평과 기쁨을 누리는 영적인 나라이다. 그리스도인 안에서 일어나는 도덕적이고 의로운 나라인 것이다. 하나님의 나라에 들어갈 수 있는 사람들은 오직 구원받고 거듭난 사람들뿐이다. 구원받지 못한 사람들은 하나님의 나라에 들어갈 수 없다. 이것이 요한복음 3장에서 예수님께서 말씀하신 것이다. 『예수께서 대답하시기를 "진실로 진실로 내가 너에게 말하노니, 사람이 물과 성령으로 태어나지 아니하면 하나님의 나라에 들어갈 수 없느니라』(요 3:5).

주님께서 오셔서 십자가에 죽으신 후 사도행전 7장에서 바로 휴거, 대환란, 주님의 재림이 일어날 수 있었다. 그러나 이스라엘 백성이 끝까지 거부하고 스데반을 죽였을 때 천국은 떠나고, 하나님의 나라는 사도들과 사도 바울을 통해 연장되고 전파되어 지금까지도 전파되고 있다. 천국은 2천

년 동안 나타나지 않고 있으며, 우리는 앞으로 올 이 왕국을 기다리고 있다.

대환란과 적그리스도의 왕국

주님께서 공중에 오셔서 우리를 데려가시는 휴거가 일어나면 이 세상에는 곧바로 하나의 왕국이 임하는데, 그것은 적그리스도의 왕국이다. 요한계시록 13장이 이에 대해 말씀한다. 『그 짐승[적그리스도]이 큰 일들과 모독하는 말들을 하는 입을 받았으며 또 마흔두 달 동안 활동할 권세를 받았더라. 그 짐승이 입을 벌려 하나님을 대적하여 모독하되 그의 이름과 그의 성막과 하늘에 거하는 자들을 모독하더라. 그가 성도들과 싸워 그들을 이기는 권세를 받았으며 모든 족속과 언어와 민족을 다스리는 권세를 받았더라』(계 13:5-7). 적그리스도의 왕국에서 그가 왕이 되어 통치하는 것이다. 이때가 7년 대환란 기간이다. 『세상의 기초가 놓인 이래로 죽임당한 어린 양의 생명의 책에 그들의 이름이 기록되지 못하고 땅에 사는 모든 자는 그에게 경배할 것이라』(계 13:8).

천년왕국

이후 대환란 마지막에 주님께서 재림하셔서 심판하신다. 『그의 입에서는 예리한 칼이 나와서 그것으로 민족들을 칠 것이요 또 철장으로 그들을 다스릴 것이며, 그는 전능하신 하나님의 맹렬한 진노의 포도즙틀을 밟으실 것이라. 또 그의 옷과 넓적다리에 이름이 기록되어 있는데 "만왕의 왕, 또 만주의 주"라 하였더라』(계 19:15,16).

『첫 번째 부활에 참여하는 자는 복되고 거룩하도다. 둘째 사망이 그들을 다스리는 권세가 없고, 오히려 그들이 하나님과 그리스도의 제사장이 되어 천 년 동안 그와 함께 통치하리라』(계 20:6). 주님의 재림과 동시에 천국이 임하는 것이다. 실질적, 물리적인 왕국이 예루살렘 성전에서부터 세워지고, 우리도 그때 유업을 받고 위의 말씀처럼 주님과 함께 통치하게 된다. 유업은 우리가 구원받고 난 뒤에 어떤 순수한 동기로 주님을 섬겼는지에 따라서 받는다. 누가복음 19장의 열 므나의 비유에서 말씀하신 것처럼 자신이 남긴 므나에 따라 열 성읍, 다섯 성읍을 받아 다스리며, 하나도 남기지 못한 사람은 자신이 가진 것마저 빼앗기게 된다. 다스릴 성읍이 없는 것이다.

영원 세계

『또 내가 새 하늘과 새 땅을 보니, 처음 하늘과 처음 땅은 사라지고, 바다도 더 이상 있지 아니하더라. 나 요한은 거룩한 도성 새 예루살렘이 하나님께로부터 하늘에서 내려오는 것을 보았는데 마치 신부가 자기 남편을 위하여 단장한 것같이 예비되었더라』(계 21:1,2). 새 예루살렘은 그리스도의 신부인 우리들이 가게 되는 곳이다. 새 하늘, 새 땅, 새 예루살렘이 천년왕국과 백보좌 심판 이후 영원 세계에서 우리가 주님과 영원히 거하는 곳이다. 사악한 자들과 사탄과 타락한 천사들은 불못에 가게 되고, 영원 세계 즉 새 하늘, 새 땅, 새 예루살렘에서 주님께서 영원토록 통치하는 것이 왕국에 대한 오늘 본문이다.

『또 그가 나에게 하나님과 어린양의 보좌에서 흘러 나오는 수정처럼 맑은 생명수의 정결한 강을 보여 주더라』(계 22:1).『거기에는 밤이 없겠고 그들에게는 촛불도 햇빛도 필요하지 아니하리니 이는 주 하나님께서 그들을 비추시기 때문이라. 그들이 영원무궁토록 통치하리라」(계 22:5). 주님과 주님의 사람들이 하나님의 나라와 천국을 통치하게 되는 것이다.

시대에 따른 왕국의 변천사를 성경을 통해 살펴보았다. 많은 사람들이 이것을 오해해서 현재 물질적인 축복만을 바라거나 이 땅에서 물리적으로 통치하려고 한다. 우리는 현재 하나님의 나라 즉 영적인 나라의 백성이고, 우리가 임하는 영적 전쟁의 무기는 하나님의 말씀이다. 하나님의 말씀을 가지고 복음을 전할 때 사탄의 세력에 속한 사람들을 이겨올 수 있으며 매일의 영적 전쟁에서 승리할 수 있다.

시대를 나누지 못해 생긴
이단 교리들

『네가 진리의 말씀을 올바로 나누어 자신이 하나님 앞에 부끄럽지 않은 일꾼으로 인정받도록 공부하라』(딤후 2:15).

이 설교 시리즈의 마지막 주제는 성경을 어떻게 공부할 것인지에 대한 내용이다. 위 본문 구절은 성경을 공부하는 데 있어 가장 중요한 부분이라고 할 수 있다. 성경을 어떻게 공부하는지에 따라 그 사람의 혼이 멸망할 수도 있고 구원받을 수도 있기 때문이다.

주님께서는 본문 구절을 통해 우리에게 성경을 공부하라고 명령하셨다. 성경에서 '공부(study)하라'는 명령은 이 구절밖에 없다. 그런데 개역한 글판성경을 비롯해서, 한글킹제임스성경 외의 모든 성경은 이 구절을 변개해서 공부하라는 명령을 '힘쓰라'로 바꾸고 있다. 이것이 그저 힘써야 할 것이라면 '시간이 없어서, 바빠서 공부를 못했다'는 변명이 통할지도 모를 일이다. 그렇기 때문에 사탄은 이 핵심 단어를 변개한 것이다. 성경 변개가 사람들이 번역하다가 저지른 실수라고 생각할 수 있지만, 결코 그렇지 않다. 이유가 있기 때문에 사탄이 개입하는 것이다. 우리는 이 구절에 따라서 바쁘든 바쁘지 않든 매일 하나님의 말씀을 공부해야 한다. 하나님의 명령이기 때문이다.

그뿐 아니라 성경을 공부하는 방법에 대한 부분도 변개되었다. 성경을 공부할 때 '올바로 나누어' 공부해야 한다. 하나님께서 창세기부터 요한계시록까지의 성경을 주신 대상은 모든 시대 모든 사람이지 지금 이 시대에 살고 있는 우리만이 아니기 때문이다. 성경을 나누지 않고 과거의 것을 현재의 것으로 가르치면 혼들을 지옥에 가게 하는 것이고, 마찬가지로 미래의 것을 현재의 것으로 가르치면 그 또한 사람들을 지옥으로 보내는 것이다.

이단들은 다른 것이 아닌 성경을 인용하는데도 왜 이단 교리를 가르치게 되는 것인가. 성경을 공부하는 방법을 모르기 때문이다. 변개되지 않은 성경을 쓴다 하더라도 결과는 마찬가지다. 시대에 따라서 성경을 나누어 공부하지 않으면 교리가 잘못될 수밖에 없다. 사탄은 나누라는 단어를 변개함으로써 성경에서 가장 중요한 교리(딤후 2:15)를 없애 버렸다. 대신 그저 최선을 다해 읽고 열심히 하면 된다고 바꾼 것이다.

한국 교인들은 변개된 성경을 따라 '신령과 진정'으로 열심히 교회에서 예배 드린다 하는데 그것은 마귀에게 예배하는 것이 되는 것이다. 주님께서는 우리에게 하나님께 경배를 드리는 방법도 말씀해 주셨다. 영과 진리로 경배를 드리라고 하셨는데(요 4:23,24) 이것이 변개된 성경에는 신령과 진정으로 바뀌었다. 그로 인해 샤머니즘에 기초한 한국 전통대로 옛날 우리의 할머니, 어머니들이 나무 밑에서 정화수 한 그릇 떠 놓고 열심히 비는 식으로 예배를 드리게 된 것이다.

사탄은 이렇게 중요한 경배 드리는 방법과 성경 공부하는 방법을 모두 바꿔버렸다. 우리는 진리의 말씀을 올바로 나누어 자신이 하나님 앞에서 부끄럽지 않은 일꾼으로 인정받도록 공부해야 한다. 그렇게 하지 않으면 하나님께 인정받는 일꾼이 될 수 없다. 현재 성경적으로 믿는 사람들 외의 모든 한국 교회는 이 명령을 올바로 준수하지 못하고 있다.

베드로후서 3장은 성경을 나누지 못해 생긴 이단들에 대해 경고한다. 『그러므로 사랑하는 자들아, 너희가 이런 것을 기다리고 있으니 점 없고 흠 없이 평강 가운데서 그분께 발견되도록 힘쓰라. 또 우리 주의 오래 참으심이 구원인 줄로 생각하라. 우리의 사랑하는 형제 바울도 그가 받은 지혜대로 너희에게 그렇게 썼고, 그의 모든 편지에서도 이런 것에 관하여 말하고 있으나』(벧후 3:14-16). 사도 바울이 편지에 쓴 성경 공부 방법이 디모데후서 2장 15절의 말씀이다. 성경을 읽다 보면 깨닫기 어려운 것들이 있다. 그래서 사도 바울이 나누어서 공부하라고 말한 것이다. 그렇게 하지 않으면 성경을 알 수 없기 때문이다. 한 곳에서는 율법을 지켜야 구원받는다고 하고, 다른 곳에서는 믿음만으로 구원을 받는다고 하는데, 이를 어떻게 해석해야 할 것인가. 그렇기 때문에 나누어야 한다.

본 설교 시리즈를 통해 여러 가지 주제를 다루었다. 시대에 따른 예수님의 사역, 성령의 역사, 사탄의 사역, 이방인의 변천사, 교회의 변천사, 왕국의 변천사 등 모든 주제들은 성경을 공부하는 방법을 가르치기 위함이었다.

『그 가운데는 깨닫기 어려운 것이 더러 있어 무식한 자들과 견고하지 못한 자들이 다른 성경들처럼 억지로 풀다가 스스로 멸망에 이르느니라. 그러므로 사랑하는 자들아, 너희가 이런 것들을 미리 알았으니 악한 자들의 미혹에 이끌려 자신의 견고한 입장에서 떨어지지 않도록 주의하라』

(벧후 3:16,17). 위의 말씀에서 베드로는 말씀을 올바로 나누지 못했을 때 어떤 일이 생기는지를 말하고 있다. 초대교회 때부터 성경을 억지로 풀어보려고 하는 자들이 있었고, 그러한 자들로 인해서 이단 교리가 나오게 되어 스스로 멸망에 이르게 되는 것이다. 이단 교리는 한마디로 성경을 나누지 못해서 등장한 것이다. 은혜 복음 시대에 행위 구원을 가르치고, 행위 구원 시대인 대환란 때에는 은혜 복음을 적용하는 식으로 해서 이단들이 나오는 것이다. 안타깝게도 한국 교계에 성경적으로 믿는 사람들이 나오기 전까지는 이런 과정이 되풀이되고 있었다. 이제 성경을 올바로 나누지 못해 생겨난 이단 교리들을 하나씩 살펴보려 한다.

카톨릭의 누룩 (거짓 교리)

성경에는 믿음만으로는 구원받지 못한다고 하는 구절들이 있다. 종교 개혁자 마틴 루터(그는 종교개혁을 일으키기 전에 카톨릭 사제였다)가 오직 믿음으로, 은혜로 구원받는다고 전함으로써 종교 의식과 행위로 구원받는다고 하는 카톨릭 교회를 발칵 뒤집어놓자, 카톨릭측에서 반박하는 구절로 야고보서 2장을 들었다. 『우리의 조상 아브라함이 자기 아들 이삭을 제단에 드렸을 때, 그가 행함으로 말미암아 의롭게 되지 아니하였느냐? 믿음이 어떻게 그 행함과 더불어 작용하였으며, 믿음이 행함으로 온전케 되었음을 네가 보느냐? 그리하여 "아브라함이 하나님을 믿으니 그것이 그에게 의로 여겨졌느니라."는 성경이 이루어졌고, 그는 하나님의 친구라 불렸느니라』(약 2:21-23). 이 구절을 들어서 믿음만으로 구원받는 것이 아니라 행위에 의해 구원받는다고 반박했다. 이에 루터는 야고보서를 지푸라기 서신이라 부르며 불에 태워 버리고 싶다고 말하는 과격한 반응을 보였다. 그는 성경을 나누어서 공부해야 한다는 것을 몰랐기 때문에, 분명히 믿음만으로 구원받는다는 교리는 알았지만 그에 반대되는 것으로 보이는 구절에 대해 어떻게 답해야 할지를 몰랐던 것이다.

은혜 복음에 대해 전할 때 이에 대한 반박으로 우리가 가장 많이 듣게 되는 구절이 야고보서 2장 26절일 것이다. 『영이 없는 몸이 죽은 것같이 행함이 없는 믿음도 죽은 것이니라.』 성경을 제대로 공부하지 못한 자들이 이 구절을 가지고 나와서 억지로 성경을 풀다가 결국에는 멸망을 당하는 것이다. 예수 그리스도만 믿어야 구원을 받는 것인데 예수 그리스도도 믿고 행함도 있어야 구원받는다고 가르치면서 사람들을 모두 지옥에 보내는 것이다. 그래서 시대별로 성경을 나누어서 공부하라는 것이다.

아브라함이 의롭게 된 것과 은혜 복음 시대인 이 시대의 우리가 예수 그리스도를 믿고 의롭게 된 것은 같지 않다. 시대가 다르기 때문이다. 아브라함은 율법 전에 살던 사람이다. 그 당시 아브라함에게 나타나신 하나님께서 하늘의 별을 보여 주시면서 '네 자손들이 하늘의 별들처럼 많아질 것이다.' 하셨을 때 아브라함이 그 말씀을 믿었더니 의로 여겨졌다고 성경은 말씀한다. '의롭게 된 것'이 아니라 '의롭게 여겨졌다'. 그러다가 몇 년 뒤에 이삭을 바쳤을 때 비로소 의롭게 된 것이다(약 2:21). 아브라함이 의롭게 여겨짐과 의롭게 된 것은 이렇게 차이가 있다. 반면 우리는 십자가 사건을 믿을 때 의롭게 여겨질 뿐만 아니라 동시에 의롭게 된 것이다. 이것이 우리가 아브라함과 다른 점이다.

이렇게 시대를 구분하지 못했기 때문에 마틴 루터는 카톨릭의 반박에 성경적으로 대응할 수 없었다. 그는 당시 카톨릭의 부패상과 잘못된 교리를 지적함으로써 종교개혁을 일으켰지만 성경을 나누어서 공부하지 못했기 때문에 믿음만으로 의롭게 된다는 바른 교리를 제대로 옹호하지 못했다.

아브라함은 율법 전, 십자가 이전 시대의 사람이지만, 야고보서와 히브리서는 미래의 이스라엘의 회복과 관련된 말씀이다. 야고보서 1장 1절은 『하나님과 주 예수 그리스도의 종 야고보는 널리 흩어져 있는 열두 지파에게 문안하노라.』라고 말씀한다. 즉 이스라엘 열두 지파에게 야고보가 쓴 편지라서 야고보서이고 히브리서는 히브리인들에게 쓴 것이라서 히브리서이다. 물론 모든 성경은 우리 삶의 교훈으로서 '영적으로' 적용할 수 있다. 그러나 히브리서와 야고보서를 가지고 오늘날 '교리적으로' 행위 구원을 전한다면 이단이 되는 것이다.

창세기부터 요한계시록까지 모든 구절들이 모두 우리의 영적 생활에 도움을 준다. 주님의 말씀은 우리에게 교리로만 주신 것이 아니라 책망과 바로잡음과 의로 훈육하기에 유익이 된다고 말씀하셨다(딤후 3:16). 교리뿐만 아니라 우리의 일상 생활에도 도움이 된다는 말이다. 그렇기 때문에 우리는 성경을 공부하고 그것을 우리의 교훈으로 삼지만, 교회 시대의 구원론의 교리는 사도 바울의 13서신서에서 가져오는 것이다. 사도 바울의 13서 신서에는 분명히 교회 시대에는 믿음만으로 구원을 받는다고 말씀하고 있다. 거기에서 벗어나면 믿음만으로 구원을 받을 수 없고 행함이 있어야 된다고 가르치게 되는 것이다.

성경적으로 믿는 사람들이 나오기 전까지는 성경을 올바로 공부하는 방법을 몰랐던 것이 한국 교회의 모습이다. 현재 한국 교회에서는 복음을 전할 때 예수님을 믿기만 하면 구원받는다고 하다가도, 야고보서같이 행위 구원을 말씀하는 구절들을 어떻게 다루어야 할지 모르기 때문에 은혜 구원의 교리를 제대로 변론하지 못하며 따라서 은혜 복음을 확신있게 전하지 못한다.

구약 시대에 율법을 어기고 죄를 지으면 동물의 피로써 일시적인 죄사함을 받은 것과, 신약 시대인 오늘날 예수 그리스도를 믿고 구원이 영원히 보장되는 것이 어떻게 같은가. 구약 시대에 구원받은 사람들은 죽으면 곧바로 하늘나라, 즉 하나님이 계시는 셋째 하늘에 가지 못하고 아브라함의 품속이라는 낙원으로 갔다(눅 16:22). 그러다가 예수님께서 이 땅에 오시고 십자가에서 죽으신 뒤 땅 속 심장부로 가셔서 사로잡힌 자들을 사로잡아 하늘로 올라가셨다(엡 4:8). 그때 구약성도들은 하늘나라로 올라간 것이다.

구약성도들과 우리들은 다르다. 우리는 죽으면 몸은 흙으로 돌아가고 혼은 곧바로 주님이 계시는 셋째 하늘로 올라간다. 이러한 차이가 있는데도 불구하고 구약과 신약을 나누지 못하게 되면 억지로 풀다가 멸망의 길로 가게 된다. 오늘날 은혜 복음 시대에 복음도 믿고 행함도 있어야 한다고 하면 혼들을 지옥으로 보내는 것이다.

안식일 교회에서는 안식일을 지켜야 한다고 한다. 전에는 드러내놓고 안식일을 지키지 않으면 구원받지 못한다고 했지만, 요즘은 대놓고 그렇게 가르치지는 않고 처음에는 믿음만으로 구원받는다고 한다. 그러다가 나중에 가서 '그러나 토요일 안식일을 안 지키면 구원받은 사람이 아니다'라며 말장난을 한다.

에스겔서에서 안식일은 유대인, 즉 이스라엘에게 준 하나님의 표적이라고 말씀한다. 『또 내 안식일들을 거룩하게 하라. 그 안식일들은 나와 너희 사이에 표적이 되리니 이는 내가 주 너희 하나님인 것을 너희로 알게 하려 함이라.』 하였노라』(겔 20:20). 하나님께서 이스라엘을 이집트에서 불러내실 때 표적으로 주신 것이다(출 31:13). 창세기 1장에서 주신 것이 아니다. 창세기 1장의 아담부터 모세 이전까지 안식일을 지킨 사람은 한 사람도 없었다. 타락한 인간들은 우상 숭배하기에 바빴을 뿐 안식일을 지키지 않았다. 안식일은 하나님께서 모세에게 주신 것이며 '이것은 이스라엘과 나 사이의 표적이니 이것을 지켜라'라고 하신 것이다.

십자가 사건 이후에 사는 우리들은 안식일을 지킴으로써 구원받는 것이 아니다. 구원은 안식일과 상관이 없다. 성경이 말씀하는 대로 예수를 믿음으로써 구원받는 것이다. 안식교와 마찬가지로 여호와의 증인들도 행위로 구원받는다는 거짓 교리를 가르친다.

다른 것도 아닌 하나님의 말씀으로 멸망한다면, 지옥에 가서 얼마나 억울하겠는가. 믿음만으로는 구원받을 수 없다고 해서 열심히 행위를 쌓았는데, 예수님도 믿고 교회생활 하고, 세례도 받고, 새벽 기도도 나가고, 하라는 대로 다 했는데, 그래서 연옥 정도는 갈 줄 알았는데 죽어서 지옥에 가 있다면 불 속에서 이를 갈 것이 아닌가.

혹자는 우리가 믿음만으로 구원받는다고 전하면 이단 취급을 한다. 구원파가 일으킨 다수의 범죄, 사회적 물의로 인해 더더욱 믿음만으로 구원받는다는 교리가 멸시를 받게 되었다. 그러나 성경은 많은 구절에서 우리가 오직 믿음으로 구원받는다고 말씀한다. 지면상 몇 구절만 나열하면, 먼저 에베소서 2장 8절을 보자. 『너희가 믿음으로 말미암아 은혜로 구원을 받았으니 이것은 너희에게서 난 것이 아니요, 하나님의 선물이라.』 얼마나 선명한가. 우리가 선물을 받을 때 대가를 지불하면 그것은 선물이 아니다. 그래서 행위 구원을 말하는 자들은 영생을 선물로 받을 수가 없다. 구원은 그만큼 귀중한 것이며 그 무엇과도 바꿀 수 없고 돈을 주고 살 수도 없고 교회 생활을 몇십 년을 해도 받을 수가 없고, 예수님의 보혈로 이룬 것이기에 하나님께서 선물로밖에 주실 수가 없는 것이다. 그런데 자신이 교회 생활 등 뭔가를 열심히 해서 구원받으려 한다면 영생의 선물은 사라져 버리는 것이다.

'나는 구원받기 위해 예수도 믿고 열심히 살기도 하는데 그게 뭐가 다른가?'라고 묻는다면 대답은 '다르다'이다. 하나는 지옥에 가는 것이고 다른 하나는 하늘나라에 가는 것이다. 여러분이 구원받고 난 후, 열심히 말씀대로 사는 것은 반드시 필요한 것이다. 그러나 열심히 노력해서 구원을 받겠다고 하면 안 된다. 구원은 선물이기 때문이다. 이 차이점을 분명히 알아야 한다.

『행위에서 난 것이 아니니 아무도 자랑하지 못하게 하려 하심이라』(엡 2:9). 행위에서 난 것이 아니라고 말씀하신다. '교회에 헌금도 많이 하고 세례도 받고 열심히 봉사도 많이 했기 때문에 구원을 받았다'라고 한다면 심판석에서 자기 자랑만 하는 것이다. 선물로 영생을 받은 사람은 자랑할 것이 하나도 없다. '나는 비참한 죄인이었고, 죽음과 지옥의 두려움 속에 있을 때에 주님께서 나를 주님의 보혈로 구원해 주셨습니다'라는 것이 우리의 고백이 되어야 한다. 우리는 자랑할 것이 오직 예수님밖에 없어야 한다.

우리가 이렇게 예수님을 믿는 믿음만으로 구원을 받는다는 것을 강조하는 이유는 수많은 사람들이 이 귀한 선물을 놓쳐 버리기 때문이다. 지금도 열심히 새벽 기도에 나가서 주여, 주여 부르짖다가 지옥에 가는 사람들이 있다. 그들은 그렇게 해야만 이 세상에서도 복을 받고 죽어서 지옥에 안 가는 줄 알고 있다. 자기 자신이 뭔가를 열심히 노력해야만 구원받는 줄 알고 그러는 것이다. 성경을 나누지 못하고 억지로 풀다가 멸망할 자들에게서 배웠기 때문에 그러는 것이다.

알미니안주의의 누룩

야고보서 2장, 히브리서 6장의 구절들을 바르게 이해하지 못해 알미니안주의가 나온 것이다. 알미니안주의에서는 한번 받은 구원은 영원하다고 믿지 않는다. '예수를 믿는 믿음만으로 구원은 받지만 구원받은 후에 죄를 지으면 구원을 잃어버리고 지옥에 간다'고 말한다. 칼빈주의자들은 요한 웨슬리를 성경에 무지한 자로 보고, 요한 웨슬리는 칼빈주의자들이 자유 의지가 없어서 스스로는 믿지 못한다고 하니 그들을 지옥의 자식들로 본 것이다. 실제로 요한 웨슬리는 '칼빈주의는 지옥에서 나온 교리'라고 말했다.

칼빈과 요한 웨슬리 모두 당대에는 뛰어난 사람들이었을지는 몰라도 성경을 공부하는 방법은 알지 못했다. 사실 칼빈주의는 신앙이 아니라 하나의 철학 사상이다. 알렉산드리아 학파가 당시에 플라톤, 필로 등 철학자들의 사상을 어거스틴 때에 이상한 교리로 만들었는데, 그것을 가지고 칼빈이 기독교 신앙에 접목시킨 것이다. 말하자면 운명론인 것이다. 세상 사람들이 점을 치러 다니고 미신을 믿으면서 숙명론이니, 운명론이니 하는 그런 류의 사상인 것이다.

『한 번 깨우침을 받고, 하늘의 선물을 맛보며, 성령의 동참자가 되고 하나님의 선한 말씀과 오는 세상의 능력을 맛본 자들이 만약 떨어져 나간다면 다시 새롭게 하여 회개시킬 수 없나니, 이는 그들이 스스로 하나님의 아들을 다시 십자가에 못박아 공개적으로 조롱함이라』(히 6:4-6). 알미니안주의자들은 이 구절을 근거로 '성령의 동참자가 되고 구원을 받은 사람도 만약에 떨어져 나간다면 지옥에 간다'고 해석한 것이다. 반면 위 구절에도 불구하고 구원을 잃어버리지 않는다고 믿는 사람들 가운데 첫 번째 부류는 "이것은 구원을 받았지만 그리스도의 심판석에서 상을 잃어버리는 것이다"라고 가르치고, 두 번째 부류는 "머리로만 믿고 마음으로는 100% 믿지 않는 사람을 말하는 것이다"라고 말하며, 세 번째 부류는 "이것은 어쩌면 떨어져 나갈지도 모른다는 것이지 실제로는 절대 떨어져 나가지는 않는다"라고 가르친다.

진리는 이것이다. 히브리서는 대환란 때의 교리이다. 대환란 때는 예수 그리스도를 믿는 믿음만으로 구원받는 시대가 아니다. 많은 사람들이 이렇게 가르치면 이상하다고 여기는데, 실질적으로 하나님께서 성경에서 그렇게 말씀하셨다. 마태복음 24장에서 대환란에 대해서 말씀하실 때 "끝까지 견디는 자는 구원을 받는다."고 하셨다. 그들이 이 시대의 우리처럼 예수님만 믿으면 그 자리에서 구원을 받는다고 말씀하지 않으셨다. 대환란에 관한 구절을 가지고서 교회 시대의 구원론으로 가르쳐서는 안 된다. 교회 시대에는 한 번 받은 구원은 영원하기 때문이다.

마태복음 24,25장은 대환란 때 일어날 일들이다. 앞으로 교회는 휴거되고 이 세상에는 전에 없었던 엄청난 대환란이 오는데, 그때는 예수 그리스도를 믿을 뿐만 아니라 그 믿음을 행함으로 끝까지(환란 끝까지, 또는 죽을 때까지) 지켜야 구원받는다. 적그리스도의 표를 받으면 완전히 저주받는 것이다. 먹고 살기 위해서 그 표를 받으면 떨어져 나간다. 어린 자식에게 먹일 우유를 사야 하기 때문에 적그리스도의 표를 받는 일이 일어날 것이다. 주님께서는 그때에 "아이를 밴 자들, 젖 먹이는 자들에게 화 있으리라!"(마 24:19)고 경고하셨다. 이 구절을 제대로 이해 못하고 마음대로 해석해서 이 교회 시대에 아이를 낳지 말라고 가르치는 자들이 있다. 이 일은 대환란 때 일어날 일이다. 우리는 대환란 전에 휴거되니까 염려할 것이 없다. 또한 선과 악을 구별하는 지식이 없는 어린 아기들은 우리와 함께 휴거되거나 죽더라도 지옥에 가지 않는다. 이스라엘 백성이 출애굽 이후 광야에서 40년을 보낼 때 어른들은 전부(여호수아와 칼렙만 빼고) 죽었지만 선과 악의 지식이 없었던 아이들은 모두 약속의 땅에 들어갔다.

사탄이 성경을 변개하는 궁극적 목적은 성경을 공부하는 방법을 없애고 성경을 나누지 못하게 함으로써 하나님 말씀의 효력을 없애버리는 것이다. 『이는 땅이 그 위에 자주 내리는 비를 흡수하여 밭 가는 자들에게 적합한 농작물을 내면 하나님께 복을 받으나, 만일 가시와 엉겅퀴를 내면 버림을 당하고 저주함에 가까워서 그 마지막은 불사름이 되기 때문이라』(히 6:7,8). 4-6절의 다음 절인 이 구절에서 분명하게 불의 심판과 멸망에 대해서 말씀하는데도 불구하고 사람들에게 말씀에 있는 그대로 가르치지 않는 것이다.

지금까지 살펴본 성경 두 구절(약 2장, 히 6장)에서만도 많은 이단 교리들이 나왔으며 70-80%의 한국 교회들은 그런 잘못된 교리를 가르치고 있다. 성경을 올바로 나누어서 공부하지 않았기 때문이다. 대환란 때는 떨어져 나가면 안 된다. 믿음을 끝까지 지켜야 한다. 배가 고파 먹을 것을 사러 상점에 갔을 때 표를 보여주지 않으면 아무것도 사지 못한다. 그뿐 아니라 적그리스도의 왕국에서 적그리스도를 숭배하지 않으면 목베임을 당하게 된다. 그래서 대환란 때 믿음을 지킨 순교자들에게 생명의 면류관을 주시는 것이다.

은사주의의 누룩

다음은 오늘날 교회 시대에도 표적의 은사가 있다고 하는 은사주의 교리이다. 표적은 앞에서 말했던 것과 같이 하나님께서 왕국 복음과 함께 유대인들에게 주신 것이다. 유대인은 표적을 구하는 민족이기 때문에 출애굽 때도 표적을 보고 모세를 따라 나와서 민족으로 형성되었다. 성경은 『유대인들은 표적을 구하고 헬라인들은 지혜를 찾지만』(고전 1:22) 우리는 십자가에 못박히신 그리스도를 전파한다고 말씀한다. 우리는 표적을 보고 따르는 것이 아니라 은혜 복음을 듣고 믿는 것이다. 이 표적의 은사는 왕국 복음 전파와 함께 병고침과 방언이 따르는 것인데, 은사주의자들도 하나님의 말씀을 나누지 못해서 잘못된 교리를 가르치고 있다. 표적의 은사는 초대교회 때 유대인들을 위해 주어졌으며, 앞으로 대환란 때 유대인들을 위해 다시 등장한다. 오늘날 은혜 복음 시대에 존재하는 은사가 아닌 것이다. 그들은 예수님, 베드로, 사도 바울이 했던 대로 병을 완전히 고치는 것도 아니고 죽은 자를 살리는 것도 아니면서 자신들에게 신유의 은사가 있다고 거짓말한다.

한편 마귀들도 병을 고칠 때가 있다. 무당이 악령을 힘입어서 작두도 타고 앉은뱅이도 고치는 것처럼 말이다. 사탄에게도 능력이 있다. 그래서 은사주의 교회에서 하는 신유는 대부분은 사기지만 가끔 병이 나았다는 얘기도 한다. 그러나 그것은 성령의 역사가 아니다. 성령의 역사는 우리가 하나님의 뜻 안에서 기도하는 것이다. 우리는 누군가에게 가서 머리에 안수 기도를 받을 필요가 없다. 하나님께 간절하게 기도하고, 성도들과 합심해서 기도하면 되는 것이다.

은사주의자들은 또 방언의 은사를 말한다. '랄랄랄...' 하는 이상한 소리 내는 것을 그들은 방언이라고 한다. 우리가 성경의 방언이 언어라고 하니 어떤 이들은 자신이 성령 받았을 때 일본어, 히브리어 등 외국어를 받았다고 한다. 그러나 마귀가 그런 언어도 줄 수 있는 것이다. 성경을 나누어서 공부하면 신유와 방언의 표적은 유대인들에게 준 것이며, 유대인들이 은혜 복음을 거절했을 때 끊어졌다는 것을 알 수 있다. 오늘날에는 지혜의 은사, 남을 돕는 은사 등 일반적인 은사들만 있다.

은사주의자들이 이용하는 기복신앙, 번영신학도 성경을 나누지 못해 나온 거짓 가르침이다. 구약 시대에는 하나님을 믿고 의롭게 산 이들에게 실질적인 부를 주셨다. 구약은 물리적 왕국인 천국의 개념이기 때문이다. 그러나 신약으로 넘어와서 십자가 사건 이후에는 영적인 나라인 하나님의 나라에 들어가는 것이지 천국에 들어가는 것이 아니다. 천국은 이스라엘 백성이 거부함으로 인해 2천 년 동안 연기되었다. 영적 왕국과 물리적 왕국을 나누지 못하기 때문에 은사주의자들은 오늘날에 구약 시대의 천국의 개념을 가르치고 예수 믿으면 병이 낫는다, 부자가 된다는 등 샤머니즘적인 이단 사상들을 가르친다. 한국 교회 과반수 이상이 이에 물들어 있는 것으로 보인다. 한국 교회가 성경적 복음의 토양이 없이 시작된 상태에서 미신적 신앙, 샤머니즘을 구원론에 연결시킨 것이 은사주의 교회들의 가장 큰 문제이다. 예를 들면 방언을 받으면 구원받았다고 가르치는 것이다. 복음이 없는 상태, 구원받지 못한 상태에서 이상한 방언을 함으로써 구원받았다고 착각하고 지옥 가는 것이 문제다.

우리가 구원받는 것, 거듭나는 것은 썩어질 씨로 된 것이 아니라 썩지 아니하는 씨, 살아있고 영원히 거하는 하나님의 말씀으로 된 것이다(벧전

1:23). 하나님의 말씀은 성령의 칼이며, 그 성령의 칼이 우리의 혼과 몸을 가른다(히 4:12, 골 2:11). 그러나 이상한 체험으로는 그런 영적 할례가 일어나지 않는다. 체험을 했다고 간증하며 구원받았다는 사람들은 절대로 구원받은 것이 아니다. 하나님의 말씀을 믿었을 때 성령이 들어와 죽은 영이 살아나서 거듭나는 것이다. 이상한 체험을 했다든지 방언을 받은 사람은 성령이 아니라 악령을 받은 것이다. 옛날에 동네에서 신들린 무당들도 악령을 받아서 교회에서 방언하는 사람들처럼 '랄랄랄…' 하는 경우들이 있었다. 그런 무당들이 교회 안으로 들어온 것이다. 성경을 나누지 못하면 그렇게 하나님의 말씀이 멸망의 길로 이끄는 통로가 되고 만다.

칼빈주의의 누룩

칼빈주의 역시 이는 성경을 나누지 못해 나온 이단 교리로서 한국 교회에 가장 큰 폐해를 끼치는 교리이다. 한국 교회는 칼빈주의의 누룩이 들어가지 않은 곳이 없다. 한 마디로 말해서 칼빈주의의 문제는 예정론이다. 그들이 주장하는 것을 간단하게 말하면 '인간은 타락으로 인해 자유의지가 없기 때문에 예정된, 선택받은 사람들만 하늘나라에 가고 버림받은 사람은 지옥에 간다'는 것이다. 그들이 말하는 것이 언약 신학이다. 언약이라는 말까지는 좋은데, 문제는 이들이 예레미야 31장에서 주님이 이스라엘 백성들과 한 언약을 가지고 교회와 한 언약이라고 착각한다는 데 있다. 그래서 예정된 사람만 구원해 주시고 백성으로 삼으신다는 것이다. 역시 성경을 나누지 않은 결과이다. 하나님께서 이스라엘 백성들에게 말씀을 주셨는데 그들이 복음을 거절했고, 십자가 사건 후 은혜 복음이 교회에게 주어졌으며,

이스라엘은 후에 다시 회복된다는 것이 성경의 가르침이다. 그러나 칼빈주의자들은 이것을 모르는 것이다.

칼빈주의자들은 '하나님의 백성은 오직 하나다'라고 한다. '구약 때에는 이스라엘 백성들이 하나님의 백성이고 신약 때에는 교회가 하나님의 백성'이라는 것이다. 언뜻 들으면 맞는 것 같지만, 여기서 그들이 놓치는 것이 있다. 이스라엘이 아직 끝난 것이 아니라는 것이다. 교회가 휴거되고 나면 이스라엘에 다시금 초점이 맞춰질 것이다. 이와 같은 진리는 구약의 많은 곳에서와 로마서 11장 전체에 기록되어 있다. 그런데도 칼빈주의자들은 이스라엘 백성이 완전히 끝난 것처럼 여기고 있는 것이다. 그러나 교회가 휴거되고, 이스라엘 백성을 연단하는 대환란이 끝나고 나면, 이스라엘 백성들이 천년왕국을 통치할 것이다. 그들은 이처럼 성경 전체에서 어떤 일이 벌어지는지를 보는 것이 아니라, 인간의 타락과 구속의 언약에만 초점을 맞추다 보니 오로지 구속이 성경 전체의 주제가 돼 버린 것이다.

그들은 '아담에서부터 예수님이 오시기 전까지는 오실 예수님을 믿고 구원받고, 십자가 사건 다음에는 오신 예수님을 믿고 구원받는다'라고 가르친다. 이 웃지 못할 교리가 그들이 말하는 구속의 언약이다. 성경이 분명히 가르치시는 것은, 구약 때에는 오늘날 우리처럼 믿음만으로 구원받지 않았다는 것이다. 노아는 방주를 지어서 구원받았고, 아브라함은 이삭을 바쳤더니 의롭게 되었고, 이스라엘은 율법을 지켜서 구원받았다. 신약과는 다른 것이다. 그들은 모든 것을 억지로 십자가에 맞추어서 이해하려고 한다.

사실 하나님께서는 십자가를 마련해 주실 필요가 없었다. 그러나 하나님께서는 인간의 타락을 미리 아셨기 때문에 창세 전에 예수님에 대해서, 영생에 대해서 미리 정하신 것이다. 그것이 예정이지, 구원받을 사람이 예정되었다는 말이 아니다. 전지전능하신 하나님께서 모르시는 것이 있으신가. 인간의 타락을 미리 아셨기 때문에 구원 계획을 세워 놓으신 것이다.

인간이 타락을 안 했으면 구속 사역이 필요가 없었다. 그런데 그것이 어떻게 성경의 주제가 되겠는가. 아담이 타락을 안 했으면 에덴 동산에서 계속 있었을 것이다. 이브도 해산의 고통 없이 자손들을 낳아서 인류를 번성시켰을 것이다. 문제는 인간이 죄를 지었기 때문에 구속의 사역을 마련해 주셔야만 했다. 그런데 칼빈주의자들은 구속의 언약에만 초점을 맞추니 그들에게는 구속의 언약이 성경의 주제가 되어버린 것이다.

성경의 주제는 왕국, 즉 왕과 왕국이다. 그 왕국에서 왕과 함께 영원히 통치하는 것이다. 이것을 놓쳤기 때문에 십자가만 보이는 것이다. 율법 전에는 결코 믿음만으로 구원받지 못했다. 율법을 지켜야 했고, 율법을 어기면 동물의 피로 속죄제를 드림으로써 일시적인 죄사함을 받았다. 만약 구약 때 어떤 사람이 죄를 지었는데 동물을 사기도 싫고 귀찮아서 속죄제를 드리지 않았다면 그는 지옥에 갔다.

시대에 따른 성경 공부법을 모르는 칼빈주의 장로교 목사들은 휴거, 대환란, 천년왕국을 가르치지 않는다. 그들은 십자가 전, 후로 나누지도 않고 모든 시대 모든 사람이 예수님을 믿어 구원받은 것으로 가르칠 뿐 아니라 왕국의 교리를 전혀 가르치지 않는다. 성경이 말씀하는 이스라엘에 대한 교리를 믿지 않기 때문이다. 그들은 또 왕국은 이미 도래한 것이고 앞으로 그 왕국이 점점 영광 가운데 크게 임한다고 한다. 이것은 후천년주의에서 가르치는 사상이다. 그러나 성경이 가르치는 것은 전천년주의이다. 전천년주의는 세상의 타락, 교회의 휴거, 대환란의 심판, 이스라엘의 회복 그리고 이 땅에 실제 재림하신 주님에 의한 천년왕국 통치를 믿는 것이다. 그러나, 그들의 언약 신학은 이를 모두 무시한다.

어거스틴의 〈하나님의 도성〉은 전세계에서 소위 기독교 고전으로 불린다. 하나님의 도성 제5권을 인용하려 하는데, 어거스틴은 그가 살았던 AD 354-430년 당시에 이미 천년왕국을 믿었던 사람들이 있었다고 기록하고 있다. 칼빈주의의 아버지는 칼빈이 아니라 어거스틴이며, 칼빈주의 논리는 모두 어거스틴에게 받은 것이다. 어거스틴은 카톨릭의 교리를 수립한 사람이다. 어거스틴과 칼빈을 따르는 것이 장로교회인데 한국 교회는 장로교회를 장자교회라면서 자랑스럽게 생각한다. 칼빈주의자들은 세대적 진리를 가르치는 사람들을 이단으로 몰기 위해, 세대주의는 존 다비(19세기)가 만들었다고 말한다. 그러나 그들 신앙의 선조 어거스틴은 이 책에서 그것이 거짓임을 말하고 있다.

이 책의 p76에서 어거스틴은 요한계시록 20장의 "천 년 동안 그리스도와 함께 왕노릇 하리라."는 구절에 대해 말하고 있는데, 「이 구절을 근거로 삼아 첫째 부활을 미래의 신체의 부활로 생각하는 사람들은 다른 점도 있지만 천년이라는 숫자가 있기 때문에 성도들이 그 기간에 일종의 안식일의 휴식을 즐기는 것이 합당하다는 듯이 생각하게 되었다」라고 기록하고 있다. 어거스틴 당시에도 '천년 안식'을 가르치는 사람들이 있었다는 것이다. 이로 인해 세대적 진리가 근대에 등장한 이단 교리라고 하는 칼빈 신학자들의 거짓 주장은 그대로 무너지고 만다.

「사람이 창조된 후 에덴에서 살다가 그 후 큰 죄 때문에 행복한 낙원에서 쫓겨나 슬픔 많은 죽을 인생을 6천 년 간 살았으니 성경에 하루가 천년 같고 천 년이 하루 같다는 말씀이 있는 것같이(벧후 3:8) 6천 년, 엿새가 지난 후에 일종의 제 7일 안식과 같은 천년이 올 것이며」 어거스틴이 당시의 전천년주의자들이 믿었던 것을 설명하는 부분이다.

　이처럼 기록이 증명하는 대로, 세대주의는 근대에 들어서 생긴 교리가 아니다. 초대교회 때부터 지금까지 가르쳐 온 성경적 진리이다. 또한 그들이 말하는 세대적 진리는 이스라엘과 교회를 분리한다는 정도에 그친다. 그러나 세대적 진리는 그들이 말하는 것보다 엄청난 진리를 가르치는 체계이다. 우리는 단순히 세대적 진리라고 표현하지 않고 '시대에 따른 진리'라고 말한다. 창세기부터 요한계시록까지 성경은 주님께서 모든 시대의 모든 인류에게 주신 것이기 때문에 나누지 않으면 이스라엘에 대한 것을 교회에 적용하고 교회에 대한 것을 이스라엘에 적용하여 혼란에 빠지게 되는 것이다.

　시편에는 이스라엘이 받는 물질적 축복에 대해서 많이 기록되어 있는데, 칼빈주의에서는 그 모든 것이 교회가 받는 축복이라고 한다. 이스라엘과 교회를 구분하지 않는 그들은 하나님께서는 한 백성만 부르셨기 때문에 그 백성이 구약 때는 이스라엘이고 신약 때는 교회라고 결론짓는다.

　그러나 하나님께서는 각 시대별로 살았던 사람들에게 성경을 주신 것이다. 예를 들어, 어떤 아버지에게 자식이 열 명이 있는데 아버지가 유언을 남길 때 한 자식에게만 남기겠는가. 그래서 우리는 성경의 어떤 구절이 어느 시대, 누구에게 주신 말씀인지를 공부하고 그에 맞게 적용해야 한다.

　어거스틴은 그 책에서 전천년주의자들에 대해 이렇게 적었다. 「나 자신도 이렇게 생각한 때가 있다. 그러나 그들의 주장은 다르다. 그때에 부활한 사람들은 육적인 연회에서 한 가지 음식을 진탕 먹으리라 한다. 그 음식의 분량은 절제된 사람들을 놀라게 할 뿐만 아니라 믿을 수도 없는 것이어서 이런 주장을 믿을 수 있는 것은 육적인 사람들뿐이다.」 천년왕국이 있다는 것을 조롱하기 위해 한 가지 음식을 진탕 먹는다고 표현했다. 「이런 사람들은 전천년론자들이라고 할 수 있다. 그들의 견해들을 자세히 반박하면 지루하게 될 것이며 그것보다는 우리는 성경 구절에서 해석 방법을 밝혀야 한다.」이것이 어거스틴의 성경 실력이다.

시대에 따라 성경을 나누지 않는 한국 목사들은 시편에 나오는 이스라엘의 회복에 따르는 축복이 교회의 것이라고 가르친다. 시편은 주님의 초림에 대해서도 기록되어 있지만, 대부분은 이스라엘의 회복과 대환란, 주님의 재림 그리고 천년왕국에 대해서 말씀하고 있다. 그들은 시편을 교회에 적용하려 하면 말이 안 되므로 시편의 모든 말씀을 거의 다 은유적, 비유적으로 해석하며 성경을 변개한다. 찰스 스펄전까지도 그의 유명한 시편 주석서에 그렇게 썼다. 성경을 나눠서 공부하지 못했기 때문이다. 은유법, 비유법은 오리겐으로부터 알렉산드리아학파, 필로, 플라톤 등의 철학에서 나온 것이다. 결국 인간의 철학이 교회로 들어온 것이다.

다음 성경 구절을 보자. 어린 아이들도 이해할 수 있는 평이한 말씀이다. 해석할 필요도 없이 문자 그대로 믿으면 된다. 『그들이 땅의 넓은 데로 올라가서 성도들의 진영과 사랑하시는 도성을 포위하니, 하늘에서 불이 하나님께로부터 내려와 그들을 삼켜 버리더라』(계 20:9). 천년왕국의 끝에 사탄이 하나님께 대적하자 주님께서 불로 치시는 장면이다. 이 구절에 대해 어거스틴은 자신의 책에 「'하늘에서 불이 내려와 저희를 소멸하고'라고 한 말씀은 '저주를 받는 자들아, 나를 떠나 영원한 불에 들어가라'는 말씀으로 가해진 최후의 벌이라고 해석하면 안 된다. '하늘에서 불이 내려와'는 성도들의 강경한 저항을 의미한다.」라고 기록했다. 성경의 주제인 왕국을 모르고 대환란과 천년왕국을 있는 그대로 믿지 못하니까, 모든 것을 의인과 악인의 싸움에 대한 은유적 표현으로 만들어 버리는 것이다.

「그들은 날뛰는 원수들에게 항복하거나 굴복하는 것을 강경히 거부하였기 때문이다. 타는 듯한 열성을 견지한 성도들은 적그리스도쪽으로 끌어갈 수밖에 없는 원수들에게 이 일이 큰 고통일 것이다. 이 일이 그들을 소멸할 불이며 하나님에게서 오는 불이다. 즉 하나님의 은혜가 성도들에게 불굴의 용기를 주며 원수들에게는 고통을 주는 것이다. 좋은 의미로는 '주의 전을 향한 열성이 나를 삼켰나이다.' 즉 열성이 불이고, 천년왕국 때 사탄을 따르는 무리들을 불사르는 것을 단순한 성도들의 열성이라고 한다. 성경을 나누어서 공부하지 않으니 비유적인 방법을 사용할 수밖에 없는 것이다.

한국에는 근래에 S단체 L교주라는 사람이 은유적 성경 해석 방법을 퍼뜨려 많은 사람들을 파멸의 길로 이끌고 있다.

「요한계시록 2장 7절, 하나님의 낙원에 있는 생명나무에 대한 해석. 창세기 2,3장에서 본 바 생명나무와 선악을 알게 하는 나무가 있고 선악을 알게 하는 나무의 과실을 먹으면 죽고 생명나무의 과실을 먹으면 영생한다고 하셨다. 본문에 나오는 고린도후서 12장과 계시록 22장에서 본 바 하나님의 영계의 나라 천국이었다. 성경에는 천국이 두 가지가 있으니 그것은 하늘 영계 천국이고 또 하나는 하늘에서 이룬 것같이 땅에 이루어지는 천국이 있다. 기록된 바 영계의 천국이 임한 예수님 자신은 천국이라고 마태복음 13장에서 말씀하시고 작은 씨를 심어 큰 나무가 된 그곳에 새들이 와서 깃드는 것을 천국이라고 했다. 하나님의 말씀은 생명과 빛이라고 하셨고 이 생명의 말씀을 씨라고 하셨으며 이 작은 씨를 심어서 나는 그 나무를 천국이라고 하였다. 씨, 곧 말씀을 심는 자는 사람의 마음 밭이다. 콩 심으면 콩이 나듯이 생명의 씨를 심으면 솟아나는 그 나무는 생명의 나무이다.」

이렇듯 길게 설명한 것은 그 다음을 말하고자 한 것이다. 「또한 생명의 말씀의 씨를 받는 자가 곧 생명 나무이다.」 여기서 말하는 것은 생명 나무가 실질적인 생명 나무가 아니라는 것이다. 코에 걸면 코걸이, 귀에 걸면 귀걸이 식으로 완전히 자의적인 해석을 하는 것이다. 성경을 이렇게 비유적으로 풀면 L교주, 칼빈, 어거스틴 중에 누구의 해석이 맞는지 어떻게 알겠는가. 말씀을 나누어서 공부하면 비유적으로 해석할 필요가 없고 문자 그대로 믿으면 된다.

예를 들어 내가 누군가에게 '서울역 광장 앞에 오동나무 아래서 5시 55분에 만납시다.'라는 이메일을 보냈는데, 받는 사람이 '서울역 광장에 있는 오동나무? 아, 목사님이 서울역 광장아파트 5동의 55호에서 만나자고 하는구나.'라고 해석하면 어떻게 되겠는가. 또 어떤 사람은 '성경에서 나무는 사람에 비유되니까 오동이라는 이름의 사람을 찾고, 5시 55분이라는 말은, 5가 죽음과 관련 있는 숫자니까 오동이를 죽이라는 뜻이구나!'라고 멋대로 생각하게 될 수도 있는 것이다. 이처럼 비유적, 은유적, 영적, 풍유적 해석을 하며 미혹하는 사람들을 조심해야 한다. 성경은 나누어서 공부하면 문자 그대로의 의미로써 구절들이 이어지고 연결되어 쉽게 이해된다. 성경은 성경으로 해석해야 한다.

S단체의 〈요한계시록, 계시와 주석〉에서 조금 더 살펴보자. 「예수님은 자기를 참포도나무라 하였고 또 자기를 생명이라 하셨다. 이뿐만 아니라 진리의 말씀을 받는 자가 곧 처음 익은 열매라 하였고 또 인 맞은 열두 지파, 14만 4천이 처음 익은 열매, 추수한 알곡이라고 하였으니 생명의 말씀을 받은 사람이 생명나무이다.」 결국 S단체에 들어온 사람들이 생명나무요, 14만 4천 명이고 열두 지파이며, L교주가 곧 말씀이니 L교주만 믿어야 하고 그렇지 않으면 지옥에 간다는 것이다. 이렇게 성경을 비유적으로 해

석한다는 것은 대단히 위험한 것이다. 성경에서 생명 나무는 생명 나무이지 다른 것이 아니다.

지금까지 교리적인 것만을 간략하게 살펴 보았다. 전부 다 비교하고 가르치려면 책 몇 권으로도 모자랄 것이다 (김경환 목사 저, 〈구원에 관한 문제의 구절들〉 참조). 성경을 나누어서 공부하지 못하면 그리스도인으로서의 생활 방식도 비성경적으로 된다. 앞에서 기복신앙에 대해 얘기했는데 성경을 나누지 못하면 영적인 성장보다 물질적인 것을 추구하게 된다. 또 안식일, 음식 등의 문제로 혼동에 빠지게 된다. 하나님께서 주신 음식을 우리는 감사함으로 먹으면 되는데 안식교에서는 어떤 음식, 예를 들면 고기를 먹지 말라고 가르친다. 성경은 그것이 마지막 때에 마귀가 준 교리라고 말씀한다. 원수에 대한 개념도 마찬가지다. 구약에서는 하나님을 대적하는 원수는 잡아서 죽이라고 했다. 만일 오늘날 그 말씀 그대로, 믿음이 다르다고 상대를 죽인다면 십자군 원정으로 무수한 목숨을 앗아간 카톨릭처럼 되는 것이다. 결론적으로, 성경을 나누어서 공부하지 않으면 성경을 억지로 풀다가 멸망하게 된다. 이 설교를 통해 많은 사람들이 바른 성경 공부법을 앎으로써 진리로 돌아오기를 간절히 기도한다.

하나님의 구원 계획

성경은 인류의 조상은 하나님의 형상을 따라 창조된 아담이라고 말씀하고 있습니다. 아담이 죄를 지음으로써 죄가 이 세상에 들어왔습니다. "이런 연유로 한 사람에 의하여 죄가 세상으로 들어오고 그 죄에 의하여 사망이 왔으니, 그리하여 모든 사람이 죄를 지었으므로 사망이 모든 사람에게 전달되었느니라"(롬 5:12).

이 사망은 우리의 육체가 죽어 땅에 묻혀 흙으로 돌아가는 것뿐만 아니라, 죽은 사람의 몸을 떠난 혼이 영원한 지옥에 있게 되는 것을 말하는 것입니다. "보라, 모든 혼들은 내 것이라. 아비의 혼이 그렇듯이 자식의 혼도 내 것이라. 범죄하는 혼은 죽으리라"(겔 18:4). 혼은 물질이 아니기 때문에 지옥 불에서 금방 타 없어지지 않고 영원히 고통받습니다. 당신이 만일 구원받지 못했다면 이것은 매우 심각한 문제입니다. 만일 지금 불행한 일로 죽는다면 무섭도록 뜨거운 지옥 불로 떨어지기 때문입니다. 이것은 거짓말하실 수 없는 하나님께서 하신 말씀입니다.

그러나 하나님께서는 당신을 사랑하시기 때문에 지금 이 시간에 당신을 지옥으로부터 구원해 주시기를 원하십니다. "하나님께서는 모든 사람이 구원을 받고 진리의 지식에 이르기를 원하시느니라"(딤전 2:4). 하나님께서는 어린 아이들까지도 다 이해하고 구원받을 수 있도록 쉽게 구원받을 수 있는 방법을 마련하셨습니다.

먼저 자신이 죄인임을 깨달아야 합니다. 성경은 말씀하십니다. "모든 사람이 죄를 지었으므로 하나님의 영광에 이르지 못하다가"(롬 3:23), "죄의 삯은 사망이요"(롬 6:23), "그러나 두려워하는 자들과 믿지 아니하는 자들과 가증스런 자들과 살인자들과 음행하는 자들과 마술하는 자들과 우상 숭배하는 자들과 모든 거짓말하는 자들은 불과 유황이 타는 못에 참여하리니 이것이 둘째 사망이라"(계 21:8).

이 구절들은 우리가 죄인이기 때문에 죽는 것이고 죽음 뒤에 지옥에 간다는 사실을 경고하고 있습니다. 그러나 하나님께서는 당신을 너무나 사랑하셨기 때문에 독생자이신 예수님을 보내 주셔서 당신의 죄값을 치르기 위해 대신 죽게 하셨습니다. 이것이 하나님께서 인류의 죄를 용서하고 구원하기 위해 마련하신 방법입니다. "우리가 아직 죄인이었을 때 그리스도께서 우리를 위하여 죽으심으로써 하나님께서는 우리를 향한 그의 사랑을 나타내셨느니라"(롬 5:8). 당신이 아무리 좋은 일을 많이 한다고 해도, 열심히 교회에 나간다 해도, 침례를 받는다고 해도 예수님을 통해서 죄사함을 받지 못하면 구원을 받을 수 없습니다.

그 이유는 "피흘림이 없이는 죄사함이 없느니라."(히 9:22) "그 안에서 우리가 그의 보혈을 통하여 구속, 곧 죄들의 용서함을 받았느니라."(골 1:14)고 성경이 말씀하기 때문입니다. 하나님께서는 "…이제는 어디에 살고 있는 어떤 사람에게도 회개하라고 명령하고 계시니라."(행 17:30) 이 말은 거룩하신 하나님 앞에서 자신이 죄인인 것을 인정하고 죄에서 돌이켜 주님께 돌아오는 것을 말합니다.

하나님께서는 죄인인 것을 인정하고 회개하며 그분께 나아가는 자는 로마서 10장 말씀에 의하여 구원받을 수 있도록 자비를 베풀어 주셨습니다.

"네가 네 입으로 주 예수를 시인하고 또 하나님께서 그를 죽은 자들로부터 살리신 것을 네 마음에 믿으면 구원을 받으리라. 이는 사람이 마음으로 믿어 의에 이르고 입으로 고백하여 구원에 이르기 때문이라"(롬 10:9,10).

이 말씀은 첫째, 예수님께서 육신으로 오신 창조주 하나님이신 것을 믿고 입으로 시인하라는 것이며, 이것은 디모데전서 3장 16절에 잘 나타나 있습니다. "경건의 신비는 논쟁의 여지없이 위대하도다. 하나님께서는 육신으로 나타나셨고…"

둘째, 주님께서 우리의 죄를 위하여 십자가에서 피 흘려 죽으시고 장사되셨다가 부활하신 사실을 마음으로 믿으면 구원을 받는다고 하나님께서는 말씀하셨습니다. 불가능한 것이 없으신 하나님께는 부활도 엄연한 사실입니다. 당신이 이 정확무오한 하나님의 말씀을 믿고 지금 구원받기를 원하면 다음과 같이 기도하여 예수님을 구주로 받아들이십시오.

"위대하신 하나님 아버지, 저는 지옥에 갈 수밖에 없는 죄인입니다. 죄를 회개하오니 용서하여 주십시오. 저는 예수님께서 육신으로 오신 하나님이시며, 저의 모든 죄를 위하여 십자가에서 피 흘려 죽으시고 장사되셨다가 다시 부활하신 사실을 믿습니다. 저는 지금 예수님을 저의 구주로 제 마음에 영접합니다. 제 마음에 들어오셔서 저를 지옥으로부터 구원해 주셔서 감사하며, 주 예수 그리스도 이름으로 기도드립니다. 아멘."

김경환 목사 저서 목록

기초 성경 공부 1,2

하나님의 사랑

올바른 성경 공부법

향후 출간 계획 저서

교회 개혁을 위하여 바른 성경으로 돌아가자

교회 개혁을 위하여 바른 믿음으로 돌아가자

구원에 관한 문제의 구절들

구원 이후의 삶

그리스도인의 성품

하나님의 경륜 (가제)

한국인이 모르는 진리 (가제)

야고보서 주석 (가제)

무료 책자 링크

올바른 성경공부법

시대에 따른 진리
Truth according to the Ages

2024년 5월 13일 1판 1쇄 발행

지은이   김경환

펴낸곳   BBCI (Bible Believing Christian, Inc.)
주소   서울 강서구 마곡중앙4로 10 그랑트윈 A동 422호
이메일   Bbcipress@gmail.com
           bbcipress@naver.com

ISBN   979-11-987745-0-7 (03230)

가격   18,000원